가장 오래된 새 교회, 가정교회

# 가장 오래된 새 교회,
# 가정교회

지은이 | 최영기

초판 발행 | 2015. 4. 27

개정판 2쇄 발행 | 2025. 3. 18

등록번호 | 제1988-000080호

등록된 곳 | 서울특별시 용산구 서빙고로 65길 38

발행처 | 사단법인 두란노서원

영업부 | 2078-3333    FAX | 080-749-3705

출판부 | 2078-3331

책값은 뒤표지에 있습니다.

ISBN 978-89-531-4929-8   03230

독자의 의견을 기다립니다.

tpress@duranno.com    www.duranno.com

두란노서원은 바울 사도가 3차 전도여행 때 에베소에서 성령 받은 제자들을 따로 세워 하나님의 말씀으로 양육하던 장소입니다. 사도행전 19장 8-20절의 정신에 따라 첫째 목회자를 돕는 사역과 평신도를 훈련시키는 사역, 둘째 세계선교 (TIM)와 문서선교 (단행본·잡지) 사역, 셋째 예수문화 및 경배와 찬양 사역, 그리고 가정·상담 사역 등을 감당하고 있습니다. 1980년 12월 22일에 창립된 두란노서원은 주님 오실 때까지 이 사역들을 계속할 것입니다.

예수가 남긴 바로 그 교회

# 가장 오래된 새 교회

최영기 지음

두란노

Contents

**저자 서문** 6

**들어가는 말** 신약교회, 21세기에도 가능한가? 8


1부 가정교회는 신약교회다

1. 신약교회, 주님이 원하시는 교회 16
2. 신약성경에 기초한 21세기 교회 29


2부 가정교회를 보여 주신 하나님

3. 서른 살 회의주의자와 성경 36
4. 주님의 영원한 종이 되다 49
5. 행복한 목회 20년 54


3부 가정교회란 무엇인가?

6. 가정교회의 3축과 4기둥 66
7. 밥상 교제와 영혼 구원의 열정 90
8. 누룩처럼 부풀어 오르는 가정교회 101

4부 가정교회가 걸어온 발자취

9. 성경대로 세워지는 교회 공동체  112
10. 가정교회의 독특한 문화  121
11. 가정교회 바로 알기  139


5부 가정교회의 정신을 고수하라

12. 가정교회의 선교  150
13. 주님이 맛보게 하시는 교회 성장의 기쁨  154
14. 영혼을 구원하고 신앙을 전수하라  161
15. 전부를 바칠 정도로 가치 있는 사역  177


6부 한국 교회의 위기를 극복할 수 있는 가정교회

16. 신약교회의 회복이 해법이다  192
17. 이 시대의 교회 생존 전략  201
18. 영적 전쟁을 치열하게 치르는 교회  214


**나가는 말**  가정교회, 예수님이 꿈꾸는 교회  234
**부록**  바울과 교회 _ 홍인규 교수  238

2012년 8월, 은퇴하면서 나는 가정교회의 지난 20년 사역을 총정리하는 책을 한 권 쓰고 싶었다. 여러 바쁜 일정 때문에 물리적으로 도저히 시간을 낼 수가 없었지만, 다행히 여러 분들의 도움으로 출간이 이루어질 수 있었다. 먼저 이 책의 출간을 제안해 주었을 뿐만 아니라 초안 작업 비용을 부담해 준 이종관 목사(울산 시민교회)에게 감사드린다. 그리고 초안 원고의 집필자를 소개해 준 이경준 목사(서울 다운교회), 초안 집필자 이나경 자매의 도움에 감사 인사를 전하고 싶다.

가정교회 원리는 성경적인 원리이기 때문에 가정교회 목회를 하는 목회자는 물론이고, 일반 목회자들의 목회와 성도들의 신앙생활에도 큰 도움이 된다. 초안 원고의 집필자는 평신도인데다가 가정교회에 대해 낯선 분이어서, 무엇보다도 일반 목회자들과 성도들이 관심을 가지고 유익함을 느낄 수 있는 가정교회의 면면을 소개하는 데 적합하다는 판단이 들었다. 부디 그러한 소원이 이 책에 반영되었기를 바란다.

이 책을 통해 다음 두 가지가 이루어지면 좋겠다. 첫째는, 가정교회에 대한 오해가 사라지고 바른 이해가 자리 잡는 것이다. 둘째는, 이 책이 가정교회 목회자와 성도들뿐만 아니라, 일반 모든 교회 목회자들과 성도들에게 구체적인 도움이 되는 것이다.

초고를 읽고 코멘트를 해준 김명국, 이경준, 이정필 목사에게 감사한 마음이다. 특별히 가정교회가 신약교회라는 것을 증명하기 위해 바쁜 가운데도 "바울과 교회"라는 소논문을 쓰고, 부록으로 실을 수 있도록 허락해 준 백석대학교 신학대학원 원장 홍인규 교수에게 심심한 사의를 표한다.

2015년 4월
최영기

# 신약교회,
# 21세기에도 가능한가?

지금 한국 기독교가 위기 상황을 맞고 있다. 문을 닫는 교회가 개척되는 교회 숫자보다 많아지고 있고, 모 교단에서는 성도수가 지난해에 비해 수만 명이 줄었다는 것을 공식적으로 발표했다. 이렇듯 비신자 전도가 점점 어려워지고 있다. 허다한 반기독교 인터넷 사이트에 들어가면 교회와 기독교인에 대한 반감이 섬뜩할 정도이다. 비관적인 사람은 30-40년 안에 한국 기독교가 유럽 기독교와 마찬가지로 건물과 노인들만 남은 하나의 종교로 전락할 것이라고까지 말한다.

그렇다면 이런 위기 상황을 어떻게 극복할 것인가? 기본으로 돌아가는 수밖에 없다. 운동선수들도 슬럼프에 빠지면 새로운 기술을 습득하려 하기보다 기본으로 돌아간다. 농구 선수 같으면 슈팅 연습을, 축구 선수 같으면 드리블 연습을, 좀 더 나아가서 기초체력을 단련하는 데 힘을 쏟는다.

위기에 처한 한국 교회가 이를 극복할 해법도 한 가지밖에 없다. 기본으로 돌아가는 것이다. 기본으로 돌아간다는 것은 성경으로 돌아가는 것이다. 성경적인 교회를 세우기로 마음먹는 것이다. 16세기에 가톨릭교회가 부패했을 때 칼뱅, 마르틴 루터를 포함한 종교 개혁자들이 교회를 살리기 위해 취했던 방안도 성경으로 돌아가는 것이었다.

성경으로 돌아가 신약적인 교회를 회복하는 것은 한국 교회의 위기에 대한 해답이 될 뿐만 아니라 많은 목회자들과 평신도들에게 교회에 대한 꿈을 회복시켜 줄 것이다.

예수님을 주님으로 영접한 사람이라면 목회자이건 평신도이건 바른 신앙생활과 교회생활을 하고 싶은 욕구를 다 갖고 있다고 생각한다. 특히 목회자에게는 주님이 원하시는 교회를 이루고 싶은 소망이 있다. 그러나 목회자가 된 후 세월이 흐르면서 현실에 부대끼다 보니 이런 소망이 점점 퇴색되어 간다. 그러다 보면 성경적인 교회는 2천 년 전에나 가능했고, 현실에서는 불가능하다는 체념 속에 포기하고 지나게 된다.

그러나 대부분의 목회자들은 처음 부름받았을 때 가졌던 성경적인 교회에 대한 꿈을 조금이나마 갖고 있다. 이러한 성경적인 교회에 대한 꿈을 가능하게 하는 것이 가정교회다. 가정교회는 성경적인 교회이고 신약교회이기 때문이다.

성경적인 교회 회복에 대한 꿈을 꾸는 목회자와 평신도들이 의외로 많은 것 같다. 신문광고를 한 번도 하지 않았음에도 불구하고 국제가정교회사역원에서 주최하는 '목회자를 위한 가정교회 세미나'가 100회를 넘겼고, '평신도를 위한 세미나'가 300회를 넘겼는데도 등록 인원이 항상 꽉 차는 것을 보면 말이다. 이러한 지워지지 않는 꿈 때문에 미국 휴스턴에 소재한 크지 않은 한 작은 교회에서 시작된 가정교회가 한국을 거쳐 일본, 중국, 중앙아시아, 심지어 아프리카로까지 번져가고 있다.

나중에 좀 더 상세한 설명을 하겠지만, 모태 신앙으로 태어난 내가 예수님을 주님으로 영접한 것은 서른 살이 되던 해, 미국 대학원에서 박사과정을 공부하고 있을 때였다. 어른이 된 다음에 의지적으로 예수님을 주님으로 영접했기 때문에 예수님이 내 인생의 주인이 되셨다면 그분 뜻대로 사는 것이 당연하다고 생각했다. 그래서 성경이 삶의 기준이 되었다.

박사학위를 취득하고 반도체 분야에서 연구생활을 하다가 41세에 하나님의 부르심을 받아 신학원에 입학하였고, 졸업과 더불어 44세에 목사 안수를 받았다. 목사가 된 후에도 나의 목회 기준은 당연히 성경이었다. 그러면서 갈등이 끊이지 않았다. 성경에 기록되어 있는 교회와 현실에서 경험하는 교회의 차이점 때문이었다. '성경에 있는 교회와 오늘날 교회 모습이 왜 이렇게 다를까?', '왜 목회자들은 성경에 있는 방법대로 목회를 하지 않을까?', '왜 성도들은 성경에서 가르치는 삶을 살지 않을까?' 하는 의문들이 끊임없이 이어졌다.

그러다가 1992년 말 미국 텍사스 주에 있는 휴스턴 서울교회에서 담임목사로 청빙이 왔을 때, 하나님께서 성경적인 교회를 만들어 보라고 하시는 것으로 알고, 교육목사로 헌신하여 교육목사로 은퇴하겠다는 계획을 접고 초청에 응했다. 14년 된 교회에 3대 목사로 부임한 것이다. 부임하고 10개월 간의 준비 끝에 1993년 10월에 가정교회를 출범시켜 20년간 목회를 하고 2012년 8월에 은퇴하였다.

20년이라는 기간 동안 120-150명이던 장년 출석 인원이, 1,000명을 넘겼고(어린이와 영어 회중을 합치면 약 2,000명), 23개로 시작한 가정교회가 180개가 넘었다. 가장 기쁜 것은 비신자 영혼 구원이 지속적으로 일어났다는 것이다. 가정교회로 전환하면서부터 매주일 평균 1명씩 예수님을 영접하고 세례(침례)받기 시작하여 내가 은퇴할 즈음에는 매주일 평균 3명씩 예수님을 영접하고 세례를 받게 되었다. 한인 인구가 2-3만 명밖에 안 되는 휴스턴에서 이러한 비신자 전도의 열매가 지속적으로 맺힌다는 데 대해 교단에서도 경이로운 눈으로 바라보았다. 이러한 영혼 구원의 열매는 성경적인 교회, 신약교회를 회복했을 때 얻어진 결과였다.

이러한 영혼 구원의 열매가 있었지만, 가정교회를 영혼 구원의 도구로 시작한 것은 아니다. 신약교회를 회복하기 위하여 가정교회를 시작했다. 어떤 분들은 가정교회 목회자들이 추구하는 것은 오직 가정교회라고 생각한다. 하지만 그렇지 않다. 가정교회가 신약교회이기 때문에 가정교회를 하는 것이지, 가정교회 자체가 목표는 아니다. 그렇기 때문에 30-40년 지나서 새로운 유적이 발굴되고 새로운 문헌이 발견되어 신약교회가 가정교회가 아닌 다른 것이라는 결론이 내려진다면 우리는 언제라도 가정교회를 버리고 새로운 신약교회의 모델을 따를 것이다.

휴스턴 서울교회가 가정교회를 처음 시작했지만, 신약적인 교회라고 부르기에는 미흡한 점이 많다. 신약교회의 모델이라기보다는 샘플이라고 하는 것이 더 가깝다. 그럼에도 불구하고 휴스턴 서울교회에서는 신약성경에 기록된 교회에서 볼 수 있는 능력, 사랑, 섬김, 은사 등이 나타나고 있다.

이 책에서는 휴스턴 서울교회를 신약교회로 만들기 위한 경험담과 지혜를 나눌 것이다. 단순한 이론이 아니라 열매를 통해 검증된 지혜이다. 이러한 지혜는 가정교회 목회자뿐만 아니라 일반 교회 목회자들에게도 많은 도움이 될 것이다. 왜냐하면 이 지혜는 성경적인 원칙에 기초한 지혜이기 때문이다. 그렇기에 가정교회에 관한 책이라고 생각하고 던져 버리지 말고 끝까지 읽어 주었으면 좋겠다.

또한 이 책은 평신도들에게도 큰 도움이 될 것이다. 성경에는 사실 평신도라는 단어가 나오지 않는다. 성직자와 평신도를 구분하는 것은 4세기 콘스탄틴 대제가 기독교를 공인하면서 제국주의 시스템이 들어와 생긴 것이다. 신약교회 회복을 추구하는 가정교회는 평신도들에게 고유의 사역을 되찾게 해주고 진정한 그리스도의 지체가 되도록 해줄 것이다. 평신도들도 목회자를 위한 책이라고 던져 버리지 말고 끝까지 읽어 주기를 바란다.

# 1부

# 가정교회는
# 신약교회다

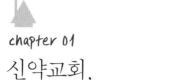

chapter 01

# 신약교회,
# 주님이 원하시는 교회

### 단순하게 성경을 따르다

신약성경에 등장하는 교회는 가정교회이다. 그것이 우리가 가정교회를 선택한 이유다. 가정교회로 모인 사람들은 무엇을 했는가? 가정에 모여 밥을 먹고 하나님을 경배하며 삶을 나누었다. 모인 사람들이 함께 기도하고 복음을 나누는 자리에서 섬김과 복음 전파와 교육이 이루어졌다. 가정교회를 이끄는 사람은 평범한 그리스도인이었다. 오늘날의 목사와 같이 특수계급의 사람이 아닌, 평범한 그리스도인이라는 점은 가정교회의 정신을 이해하는 데 매우 중요하다. 우리는 신약에 나오는 일반적인 교회의 모습을 따랐고, 거기에 가정교회라는 이름을 붙였다.

가정교회가 성경적인 교회라고 말하면 이렇게 반문하는 사람도 있을 것이다. "그렇다면 다른 교회는 비성경적인 교회라는 말인가?" 그렇지 않다. 그러나 우리는 다음과 같은 사실을 인정하지 않을 수 없다. 많은 개혁 운동들이 성경을 근거로 시작되었지만, 시간이 흐르면서 다양한 이론들이 끼어들고 관행이 자리 잡으면서 성경으로부터 점점 멀어졌다는 것을 말이다.

내가 저술한 다른 책에서 든 예화를 다시 한 번 이야기하고 싶다. 편자는 말굽에 대어 붙이는 쇳조각이다. 어느 날 편자를 만드는 명장이 제자에게 편자 하나를 맡기며, 한동안 자리를 비우게 되었으니 이걸 본으로 삼아 100개의 편자를 만들어 놓으라고 명했다. 제자는 밤낮을 가리지 않고 땀 흘려 편자를 만들었다. 몇 달 후에 돌아온 스승은 제자가 들고 온 편자를 보고 의아해했다. 제자의 손에는 자신이 명했던 것과는 전혀 다른 편자 100개가 들려 있었기 때문이다. 왜 이런 결과가 생겼을까?

제자는 편자를 만들 때 스승의 본을 보고 만든 것이 아니라, 방금 자기가 만든 편자를 본으로 다음 것을 만들었던 것이다. 그랬더니 스승의 본을 보고 만든 첫 번째 편자는 괜찮았지만, 1호 편자를 보고 만든 2호 편자는 원본과 조금 달라졌고, 2호 편자를 보고 만든 3호는 좀 더 달라졌으며, 결국 100호는 스승의 것과는 전혀 다른 편자가 만들어진 것이다.

오늘의 교회 모습에서 이러한 편자의 잔영을 본다. 예수님이 원하셨던 교회의 모습들은 2천 년의 시간이 흐르면서 이론과 관행이 끼어들어 누적되다 보니 본래 신약교회와는 다른 모습이 되어 버렸다. 각 세대가 신약교회를 모델로 교회를 세워 간 것이 아니라, 앞의 선배들이 세운 교회를 보고 교회를 만들어 갔기 때문이다.

가정교회에 대한 평가도 마찬가지다. 가정교회는 신약교회의 회복을 목표로 하기 때문에 신약성경에 의해 평가받아야 한다고 생각한다.

후세에 정립된 교회론에 근거하여 평가할 수 없는 것은 아니지만, 가정교회를 교회가 아니라고 결론 내린다면 그것은 잘못된 것이라고 생각한다. 예를 들어서 16세기 교회론에 비추어 평가한다면 신약성경에 등장하는 많은 교회들은 교회로 인정받을 수 없을지 모른다. 성경적인 교회론은 복음서에 나오는 하나님의 공동체에 관한 주님의 가르침, 사도행전 곳곳에 나오는 교회 모습, 사도들의 편지에 암시되어 있는 교회생활을 기초로 평가 받고 비판 받아야 한다고 생각한다.

가정교회가 성경적인 교회라고 말할 때 '성경적'이라는 것은 '단순한 성경 접근' 방법을 의미한다. 성경이 그렇다고 하면 그런 줄 알고, 아니라고 하면 아닌 줄 알고, 성경이 하라고 하면 하고, 하지 말라고 하면 하지 않는다. 이 단순한 성경 접근 방법 위에 가정교회가 세워졌다. 이렇게 하는 것이 편자의 예화처럼 스승이 만든 편자와 다른 편자를 만드는 위험을 방지하는 노력이다.

성경에 대한 이러한 단순한 접근 방법은 다양성, 유동성, 신축성을 필요로 한다. 어떤 사람이 "신약교회는 이런 것이다", "신약교회는 이래야 한다"고 독선적으로 말한다면 그것은 신약교회에 대한 이해의 부족을 드러내는 것이다. 신약에 나오는 교회들은 천편일률적으로 똑같은 형태가 아닌, 이미 다양한 형태로 등장하기 때문이다.

예를 들어 사도행전만 보더라도 지도자를 부르는 호칭이 달랐다. 히브리 사람들이 주로 모인 교회에서는 '장로'라고 불렀고, 헬라 사람들이 주가 된 교회에서는 '감독'이라고 불렀다. 얼핏 성경을 읽어 보아도 예루살렘 교회, 안디옥 교회, 로마 교회, 고린도 교회가 서로 많이 다르다는 것을 감지할 수 있다. 그러므로 신약교회를 재현하려면 신약교회의 형태적 특징에 매달리기보다는 주님과 사도들이 주신 교회에 관한 가르침과 신약성경에 등장하는 교회들로부터 신약교회의 정신을 발견하고 추구해야 한다.

### 주님이 꿈꾸셨던 가족 공동체

'가정교회'라는 의미는 '가정에서 모이는 교회'라는 것이다. 신약교회는 가정에서 모였다. 그랬기 때문에 우리도 가정에서 모이고 이 모임을 '가정교회'라고 부르는 것이다.

신약에 언급된 바울이 세운 교회들은 모두 가정교회였다. 로마서 16장에 언급된 인사들을 보자.

> "그리스도 예수 안에서 나의 동역자인 브리스가와 아굴라에게 문안하여 주십시오. … 그리고 그들의 집에서 모이는 교회에도 문안하여 주십시오. 나의 사랑하는 에배네도에게 문안하여 주십시오. … 아순그리도와 블레곤과 허메와 바드로바와 허마와, 그들과 함께 있는 형제자매들에게 문안하여 주십시오. 빌롤로고와 율리아와 네레오와 그의 자매와 올름바와, 그들과 함께 있는 모든 성도에게 문안하여 주십시오." 롬 16:3, 5, 14-15

이 구절을 보면 브리스가와 아굴라 가정에서 가정교회가 모였고, 아순그리도를 비롯한 여러 명이 다른 곳에서 가정교회로 모였으며, 빌롤로고를 비롯한 여러 명이 또한 가정교회로 모였던 것을 알 수 있다. 여기에 열거된 이름들은 사도 바울과 친분이 있는 사람들이다. 로마 교회가 사도 바울에 의해 창립되지 않았던 것을 고려해 볼 때, 이 외에도 사도 바울이 모르는 사람들로 구성된 다수의 가정교회가 있었으리라고 쉽게 짐작할 수 있다. 이러한 여러 개의 가정교회가 합쳐져서 '로마 교회'라는 더 큰 공동체를 형성한 것이다.

어떤 이들은 가정교회가 과도기적 형태의 교회라고 생각한다. 교회가 시작될 때, 인원도 적고 모일 곳도 마땅치 않았기 때문에 과도기적으로 가정에서 모였다는 것이다. 그러나 가정교회는 과도기적 교회가 아니라 예수님이 꿈꾸셨던 교회의 형태이다. 예수님이 원하셨던 교회 공동체는 가족 공동체였기 때문이다.

마태복음 12장에는 이런 사건이 기록되어 있다.

> "예수께서 아직도 무리에게 말씀하고 계실 때에, 예수의 어머니와 형제들이 예수와 말을 하겠다고 바깥에 서 있었다. [어떤 사람이 예수께 와서 말하였다. "보십시오, 선생님의 어머니와 형제들이 선생님과 말을 하겠다고 바깥에 서 있습니다."] 그 말을 전해 준 사람에게 예수께서 말씀하셨다. "누가 나의 어머니이며, 누가 나의 형제들이냐?" 그리고 손을 내밀어 제자들을 가리키고서 말씀하셨다. "보아라, 나의 어머니와 나의 형제들이다. 하늘에 계신 내 아버지의 뜻을 따라 사는 사람이 곧 내 형제요 자매요 어머니이다." 마 12:46-50

언뜻 보면 이 장면에서 예수님은 어머니와 형제들을 거절하고 부인하는 것처럼 느껴진다. 하지만 예수님은 그런 성품을 가진 분이 아니다. 십자가에 매달려 돌아가실 때도 사랑하는 제자에게 어머니를 부탁

하실 정도로 효성이 극진한 분이었다.

그런 예수님이 여기서는 왜 이런 말씀을 하셨을까? 본문을 보면 예수님은 "누가 나의 어머니이며, 누가 나의 형제들이냐?"고 물으신 다음, 손을 내밀어 제자들을 가리키신다. 그리고 "보아라, 나의 어머니와 나의 형제들이다. 하늘에 계신 내 아버지의 뜻을 따라 사는 사람이 곧 내 형제요 자매요 어머니이다"라고 말씀하신다. 즉 육신의 가족이 아닌, 하나님의 가족을 염두에 두신 것이다. 이는 곧 장래에 있을 교회 공동체가 가족 공동체라는 것을 시사한다.

주님이 원하셨던 교회 공동체는 하나님의 뜻을 따라 사는 사람들의 모임이며, 가족과 같은 공동체였기 때문에 가정에서 모이는 것이 당연했다. 모일 곳이 없어서, 아니면 규모가 작아서 가정에서 모인 것이 아니었다. 주님이 원하셨던 것이 가족 공동체였기 때문에 가정에서 모인 것이다.

2세기 중반까지 그리스도인들은 가정교회로 모이던 공동체였다. 고고학자들이 발견한 2세기 중반 이후 가옥 구조의 변화에서도 그것을 확인할 수 있다. 그 전에는 작은 방들만 있었는데, 2세기 중반 이후부터 가정집을 개조해 모임하기에 적합한 별도의 큰 공간을 둔 것이다. 1931년에서 1932년 사이, 유프라테스 강 서안의 두라-유로포스에서 발굴된 주택에는 70명 내외의 사람을 수용할 수 있는 매우 큰 방이 있었다. 이렇게 유적과 성경은 신약시대의 가장 보편적인 교회 형태가 가정교회였음을 보여 준다. (이에 대한 자세한 내용은 부록에 실린 홍인규 교수의 소논문, "바울과 교회"를 비롯한 기타 논문들을 참고하기 바란다.)

그러나 313년 콘스탄틴 대제에 의해 기독교가 공인되면서 제국적인 중앙집권 제도가 교회에 도입되었고, 주님이 원하셨던 공동체로서의 가정교회는 소멸되고 말았다. 그리고 그 자리를 차지한 것이 건물 중심의 교회였다. 가족과 같은 친근감과 역동성을 가졌던 가정교회를 밀어내고 들어선 건물 중심의 교회에서 성직자들은 사역을 독점했고 성도들은 청중으로 전락했다.

16세기에 이르러 부패한 교회 지도자들에 의해 변질된 교회에 대항하여 "성경으로 돌아가자"는 기치를 걸고 종교개혁이 일어났지만, 그 개혁은 부분적인 개혁에 그치고 말았다. 당시 역사적인 상황 때문에 신학은 성경적으로 회복하였지만 교회는 성경적으로 회복하지 못한 것이다.

가정교회는 16세기에 실패했던 성경적인 교회 회복을 21세기에 이루어 보려는 일종의 교회 개혁이라 할 수 있다. 새로운 형태를 만들어 내자는 것이 아니다. 4세기 이후 역사에서 사라졌던 주님이 원하셨던 교회의 모습을 회복하자는 것이다. 반복해서 말하지만 우리의 목표는 가정교회 자체가 아니라, 신약교회이다.

신약교회를 회복하는 데 있어서 중요한 것은 신약교회의 정신이다. '내 교회'를 세우겠다는 그리스도의 약속에 의거해 "모든 민족을 제자로 삼으라"(마 28:19)는 대사명을 수행하는 가운데 성령의 인도하심에 따라 상황에 맞게 세워진 것이 신약교회이다. 이러한 신약교회의 특징은 유동성, 다양성, 신축성이었다. 지역에 따라, 상황에 따라, 다양한 모습의 교회들이 세워진 것이다. 신약성경에 기록된 장로나 집사도 오늘날과 같이 명확하게 정의된 직분이 아니다. 사실 사도행전에 등장하는 집사나 장로는 신분인지, 직분인지, 은사인지 구분하기 어렵다. 사도나 예언자라는 명칭도 직분보다는 사역을 의미했을 가능성이 더 높다.

신약교회를 회복하기 위해서는 어떤 틀에 고정되어 있지 않고, 지금의 모습이 주님이 원하시는 교회의 모습인지 성경에 비추어 끊임없이 성찰하고, 잘못되었으면 시정하고, 미흡하면 보강하겠다는 유동성, 다양성, 신축성을 갖추어야 한다. 성경에 기록된 교회의 모습과 가장 가깝게 만들려고 노력하면서, 끊임없이 성경을 상고하여 수정하고 보강해 가는 것이다. 그래서 가정교회 세미나 교안은 거의 3개월마다 수정된다. 상황이 바뀌면서 버려야 할 것들과 보충해야 할 것들이 성경에서 발견되기 때문이다.

이러한 유동성, 다양성, 신축성 때문에 가정교회는 교단이 다르고, 형태가 다르다고 해도 모두 수용할 수 있다. 장로교회의 장로제도, 감리교회의 감독제도, 침례교회의 회중제도가 모두 성경을 근거로 만들어졌기 때문이다.

유동성, 다양성, 신축성을 추구하는 최고의 예가 국제가정교회사역원이지 않을까 싶다. 국제가정교회사역원은 가정교회를 섬기는 기관으로 모든 가정교회 세미나와 컨퍼런스를 주관하고 있다. 그럼에도 불구하고 국제가정교회사역원에는 별도의 예산이나 건물이 없다.

선한 동기에서 시작된 많은 단체나 기관들도 처음에는 설립 목적에 맞게 역동적으로 일하지만, 일정한 시간이 지나면 정체기에 들어간다. 그러다가 더 이상 존재의 의미가 사라졌는데도 불구하고 여전히 존속을 위해 몸부림친다. 새로운 사업을 구상하고, 거기에 필요한 인력을 충원하고, 예산을 확보하지만 그것은 단체의 존재 목적을 성취하기 위한 것이 아니라 존속 자체를 위한 것이다.

그래서 국제가정교회사역원은 건물도 없고 예산도 없이 모두 자비량으로 섬기도록 정관에 못 박아 놓았다. 하나님이 쓰시고 난 다음에 용도가 다했다고 하시면 해체할 생각이다. 건물과 예산이 있으면 존속 자체가 목적이 되어 해체를 어렵게 만들기 때문이다. 이렇게 하는 것은 하나님이 원하시는 교회의 존재 목표를 위해서만 존재하겠다는 의지의 표현이요, 성령님의 인도하심만을 따르겠다는 선언이요, 신약교회의 정신인 유동성, 신축성을 구현하겠다는 무언의 선포이다.

## 가정교회에서 가장 중요한 사람, VIP

교회에서 가장 중요한 사람은 누구일까? 담임목사? 아니면 중직자? 아니면 교회에 새로 등록한 사람? 교회에서 가장 중요한 사람은 예수를 믿지 않는 사람들이 되어야 한다. 이들을 구원하기 위해 예수님이 세상에 오셨고, 이 목적을 위해 주님이 교회를 세우셨기 때문이다. 그래서 우리는 그들을 VIP, 영어 문자 그대로 '가장 중요한 사람(Very Important Person)'이라고 부른다. 가정교회의 시선은 언제나 한결같이 VIP에 가 있다.

요즘 많은 사람들이 한국 기독교의 쇠락을 우려하고 있다. 한국 사회에서 기독교에 대한 반감과 비호감이 사상 최악이라는 진단에 동의하지 않는 사람이 없을 정도이다. 이와 같은 시대적인 분위기에서 복음 전파는 갈수록 어려워지고 있고, 예수를 잘 믿던 사람들마저 교회에 혐오감을 느껴 떠나는 일이 크게 늘고 있다. 성장하는 교회는 매우 드물고, 성장한다는 교회를 가보면 새신자들이 아닌, 다른 교회에서 수평이동한 사람들로 숫자가 증가한 것에 지나지 않음을 알게 된다. 이러한 수평이동으로 인한 성장은 진정한 성장이라고 볼 수 없다.

가정교회는 기신자 등록을 사절하고 있으며, 그 사실을 주보 1면에 적어 공식화하고 있다. "영혼 구원해서 제자 삼는다"는 목표에 충실하기 위해 기신자들에게 다른 교회에 갈 것을 권유하고 있다. 가정교회는 교회의 모든 에너지를 예수를 믿지 않는 사람들, 난생 처음 교회에 나온 사람들에게 쏟기를 원하기 때문이다. 물론 기신자를 절대 받지 않는 것은 아니다. 신약교회 회복에 동참하고자 하는 욕구를 가진 기신자들의 등록을 허락하기도 하지만, 이것은 어디까지나 예외에 해당된다.

다른 교회에서 상처를 받아 교회를 떠난 사람들은 받아줘야 하는 것 아니냐고 말하는 사람들도 있다. 그때 난 이런 예를 든다. 야전병원에는 여러 종류의 환자들이 있다. 팔이 부러진 사람도 있고, 총에 맞아 심한 부상을 입어 긴급 수술이 필요한 사람도 있다. 상황은 말할 수 없이 열악하다. 의료 인력도 태부족이고, 지원 인력도 턱없이 모자란다. 그렇다면 누구를 먼저 치료해야 할까? 팔이 부러진 사람에게 달려가야 할까, 아니면 출혈이 심한 총상 환자를 먼저 돌봐야 할까? 우선순위는 명확하다. 목숨이 경각에 달린 환자를 먼저 살려내야 한다. 교회도 마찬가지다. 복음을 모르고 죽어 가는 영혼을 먼저 살려야 할까? 아니면 복음을 알고 있는데 경미한 부상을 입은 영혼에게 신경을 써야 할까? 이 교회에서 저 교회로 옮겨 다니는 기신자들은 이미 구원받은 이들이기 때문에 비신자만큼 심각한 상태는 아니다.

2014년에 출간된 배성호의 《우리나라가 100명의 마을이라면》

(푸른숲주니어)에서는 종교 분포에 관해 이렇게 말하고 있다.

> "마을 사람 100명 가운데 23명은 불교, 18명은 기독교, 11명은 천주
> 교, 1명은 원불교나 천도교, 그 외의 종교를 믿어요. 그리고 47명은 종
> 교가 없습니다."

이 책에서는 한국 개신교 인구를 18%로 잡고 있다. 그러나 2004년
한국 갤럽이 전국의 만 18세 이상의 남녀 1,500명을 상대로 〈2004 한국
인의 종교와 종교의식〉에 관한 조사 결과는 불교인 24.4%, 개신교인
21.4%, 천주교인 6.7%, 기타 0.9%로 나타났다. 또한 2005년 통계
청이 발표한 〈국가통계자료집〉에 따르면 대한민국 내국인 4,700만 명
중 자신을 개신교라고 적은 사람은 861만 명, 천주교는 515만 명이라
고 밝혔다.

이와 같은 자료에 따라 천주교인들과 이단 종파에 속한 사람들을
포함해서, 자신을 기독교인이라고 말하는 사람들은 대략 30%가 되는
데, 절대 그럴 리가 없지만 이 사람들이 모두 죽어서 천국에 간다고 치
자. 그러면 오늘밤에 예수님이 재림하신다고 할 때 몇 명이 천국에 가
고 몇 명이 지옥에 갈까? 대한민국을 100명의 마을로 생각해 보면 30명
은 천국에 가고 나머지 70명은 지옥에 간다. 그런데 대부분의 교회들
은 지옥에 가는 70명에게는 관심이 없고 천국에 가는 30명에게만 모
든 관심을 쏟고 있다. 30명을 데리고 주일예배를 드리고, 큐티하고, 제
자훈련 하고, 기도회를 갖는다. 그러다가 A 교회 성도 중 1명이 B 교
회로 옮기면 A 교회는 낙심을 하고 B 교회는 1명 늘어서 부흥했다고

좋아한다.

미국 캘리포니아에 있는 어느 대형 교회에서 행정목사로 사역했던 사람이 이런 말을 한 적이 있다.

"제가 2년간 행정목사를 하는 동안 350명이 새로 등록을 했습니다. 어마어마한 숫자죠. 그런데 2년 동안 예수님을 영접하고 세례받은 사람은 딱 한 사람뿐이었습니다. 하도 신기해서 그분의 이름까지 기억합니다."

이 교회는 급성장하는 교회로 알려졌고, 그 교회 담임목사는 목회를 잘하는 사람으로 알려져 있다. 그러나 그 성장은 이미 믿고 있는 사람들이 모여 교인수가 늘어난 것이지 하나님 나라의 확장에는 전혀 기여하지 못하고 있는 셈이다.

가정교회는 구원받지 못한 70명에게 관심을 갖고 있다. 일반 교회에서 관심을 쏟지 않는 70명. 그러나 주님이 애타게 찾으시는 70명. 가정교회는 30명이 어느 교회에 출석하는지 별 관심이 없다. 구원받지 못한 70명에게 복음을 전해 그들이 구원받은 그룹에 속하도록 하는 것에 관심이 있을 뿐이다. 새로 구원받은 사람이 내가 속한 교회에 나온다면 좋지만, 다른 교회에 나가도 좋다. 하늘나라 백성이 되었으면 그것으로 족하다. 가정교회는 자신이 속한 교회의 부흥이 아니라 하나님 나라의 부흥을 추구하기 때문이다.

미국 휴스턴 서울교회는 매주일 평균 3명이 예수님을 영접하며 침례를 받지만, 장년 주일 출석 숫자는 1,000명 근처를 맴돌고 있다. 그 지역에서 오래 산 사람들은 교회를 다닌 경험이 있기 때문에 등록이 허락되지 않는다. 그러므로 휴스턴 서울교회에서 구원받는 사람들은 대부분 잠시 휴스턴에 머물다가 예수를 믿게 된 사람들이다. 휴스턴에 있는, 세계적으로 유명한 MD앤더슨 암센터에 연수를 왔거나 치료차 온 사람들, 지상사 주재원들, 유학생 등이 일정 기간이 지나면 한국으로 귀국하거나 타지로 이주하기 때문에 장년 주일 출석 인원은 크게 늘지 않는다. 그러나 우리는 교회가 정체되었다고 생각하지 않는다. 매주 3명이 예수님을 영접하고 있으므로 우리 교회가 하나님 나라에 기여하고 있다고 여긴다.

휴스턴 서울교회뿐만 아니라 국제가정교회사역원 주소록에 이름을 올린 교회들은 모두 하늘나라에 기여하고 있다. 주일 출석 인원의 3-20% 정도에 해당하는 비신자에게 매년 장년 세례(침례)를 주고 있기 때문이다.

이런 일이 가능한 것은 가정교회를 하는 교회들이 비신자 70명에 집중한 결과다. 수평이동을 하는 30명을 대상으로 하는 교회 광고나 프로그램을 만들지 않고, 그들을 위한 행사도 하지 않는다. 어떻게든 주님을 모르는 70명이 예수님을 영접하고 예수님의 제자가 되도록 하는 데 집중한다. 이것이 교회의 존재 목적이고, 가정교회의 목표이다.

chapter 02

# 신약성경에 기초한
# 21세기 교회

## 가정교회의 정의

신약성경에서 교회라는 단어는 매우 넓은 의미로 사용된다. 예수님을 주님으로 고백하는 공동체라면 교회라고 불렀고(마 16:16-18), 어떤 경우에는 단순한 모임에도 교회라는 단어를 사용한다(행 19:32, 39, 41). 가정교회에서 사용하는 '교회'라는 의미 역시 이와 같이 넓은 의미에서의 교회다.

'가정교회'는 '가정'과 '교회'가 합쳐진 것이다. 성도들이 '가정'에서 모여 '교회'의 기능을 다하는 것이다. 교회가 하는 일은 예배요, 교육이요, 교제요, 전도와 선교다. 가정교회에서는 이 모든 일이 이루어진다.

우리가 추구하는 '가정교회'의 정의는 다음과 같다.

"평신도가 지도자가 되어 가정집에서 6-12명이 매주 한 번 이상씩 모여 교회의 본질적인 기능(예배, 교육, 교제, 전도와 선교)을 다하는 공동체."

가정교회의 기초 공동체는 각 가정에서 모이는 '목장'이다. 작은 교회에는 몇 개의 목장이 있고, 좀 더 큰 교회에는 수십 개의 목장이 있으며, 그 목장들이 합쳐져서 우리가 흔히 생각하는 교회, 즉 연합교회를 이룬다. 예를 들어 휴스턴 서울교회에는 약 180개의 목장이 있는데, 이들이 합쳐져서 '휴스턴 서울교회'라는 연합교회를 이룬다.

예배, 교제와 치유, 교육과 훈련, 섬김과 사역, 전도와 선교 부분에서 가정교회와 연합교회는 저마다의 역할이 있다. 가정교회는 주중에 모여 하나님의 임재를 체험하는 예배를 드리지만, 주일에는 모든 성도가 모여 연합교회에 모여 하나님의 거룩함을 체험하는 예배를 드린다. 목장 모임에서는 비신자에게 지식을 제공하는 데 초점을 맞춘 간단한 성경 공부를 하고, 연합교회에서는 주중에 성경 공부반을 만들어 심도 있는 성경 공부를 시킨다. 가정교회에서는 선교사 가정을 기도와 물질로 후원하고, 연합교회에서는 성도들을 훈련시켜 하기, 단기 선교 봉사를 보낸다. 일반 교회에서 행해지는 모든 사역이 가정교회에서 이루어지지만, 성찬, 세례(침례), 권징은 연합교회에서만 이루어진다.

이러한 가정교회의 정의를 불편해하는 신학자들이 있다. 목장을 '교회'로 칭하는 데 대한 불편함이다. 이들은 지역교회만을 '교회(에클레시아, ekklesia)'라고 부를 수 있다고 믿는다. 이들의 불편을 덜어 주기 위해 국제가정교회사역원에서는 다음과 같은 가정교회 정의도 수용하기로 했다.

"신약교회의 원형을 회복하기 위해 평신도가 지도자가 되어 가정집에서 6-12명이 매주 한 번 이상씩 모여 교회의 본질적인 기능(예배, 교육, 교제, 전도와 선교)을 다하는, 기초 공동체인 목장으로 이루어진 지역교회."

이렇게 정의하기로 한 것은 단순히 반대 의견을 무마하기 위한 것이 아니다. 신약교회의 유동성, 다양성, 신축성 때문이다. 신약성경에 등장하는 예루살렘 교회, 안디옥 교회, 로마 교회가 서로 다르듯이 약간 다른 교회론도 수용하자는 것이다. 교회의 정의 때문에 에너지를 소진하지 말고, '영혼 구원하여 제자 만든다'는 교회의 본질에 집중하고 신약교회 회복의 동역자가 되자는 것이다.

일반적으로 미국인들에게 '가정교회(the house church)'는 교단, 직분, 교회 건물조차 인정하지 않는 급진적인 공동체를 의미한다. 그러나 우리의 가정교회는 그와 같은 극단적인 교회가 아니다. 가정교회를 이해하는 데 도움이 되도록 2011년 11월에 선포된 가정교회 사명 선언문을 여기에 소개한다.

### 가정교회 사명 선언문

1. 신약교회의 회복을 추구한다. 조직, 활동(행 2:42), 사역 방법(행 2:46-47), 리더십 스타일(마 20:26-27)을 가능하면 신약성경에 가깝게 만들어 보려고 노력한다.
2. 교회 성장보다 영혼 구원에 우선순위를 둔다. 모든 사람이 다 구원

받기를 원하는 것이 하나님의 소원이라고 믿기 때문이다(딤전 2:4).

3. 비신자를 전도하여 제자 만드는 것에 교회의 존재 목적을 둔다. 이 것이 주님이 교회를 세우신 목적이라고 믿기 때문이다(마 28:19-20).

4. 지식 전달보다는 능력 배양에, 교실 교육보다는 현장 실습에, 말로 가르치기보다는 행동으로 보여 주는 방법을 제자훈련의 방법으로 선호한다. 이것이 예수님의 방법이라고 믿기 때문이다(막 3:14-15).

5. 목회자와 평신도 각자가 본연의 사역을 되찾도록 한다. 목회자는 성도를 온전하게 하는 일(엡 4:11-12), 기도와 말씀 선포(행 6:2-4), 리더십 발휘에 집중한다(행 20:28). 성도들은 목양과 교회를 세우는 일을 한다(엡 4:12).

6. 셀 그룹이나 소그룹이 아닌, 신약적 원형 교회를 추구한다. 가정교회의 기초 공동체인 목장이 신약적인 공동체가 되기 위해 다음 사항을 고수한다.

   1) 매주일 모인다(행 20:7).

   2) 남녀가 같이 모인다(롬 16:3-5).

   3) 신자와 비신자가 같이 모인다(고전 14:23-25).

7. 직제, 성례, 설교권 등 제반 사항에 관해서는 각개 목회자의 신학적 배경과 소속된 교단의 전통을 존중해 준다.

성경이 그렇다고 하면 그런 줄 알고, 아니라고 하면
아닌 줄 알고, 성경이 하라고 하면 하고, 하지 말라고 하면 하지
않는다. 이 단순한 성경 접근 방법 위에 가정교회가 세워졌다.

2부

# 가정교회를
# 보여 주신 하나님

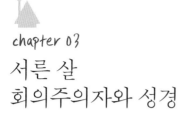

# 서른 살
# 회의주의자와 성경

### 소명은 지나고 나서 발견하는 것

가정교회를 시작할 때는 신약교회 회복이라는 거창한 단어도 몰랐고, 가정교회가 교회 개혁의 도구가 될 것이라는 것은 꿈도 꾸지 못했다. 성경 하나 붙들고 주님이 원하시는 교회를 이루려고 노력하다 보니 이 자리까지 오게 된 것이다. 그러나 뒤돌아보면 하나님께서 이 목적을 위해 나를 불러 주시지 않았나 싶다.

흔히 '소명' 하면 하나님께로부터 장기 계획을 받는 것으로 생각한다. 그런데 성경을 보면 하나님께서 그의 종에게 장기 계획을 가르쳐 주신 적이 없다. 하나님이 주시는 소명은 미리 받는 것이 아니라 지나고 나서 발견하는 것이다. 하나님은 당장 할 것만 보여 주신다. 여기에 순종하면 다음 것을 보여 주시고, 거기에 순종하면 그다음 것을 보여 주신다. 이러다 보면 언젠가 하나님이 어떤 목적을 위해 자신을 부르셨는지를 깨닫게 된다. 이 순간이 소명을 발견하는 순간이다.

그래서 나는 비전이라는 단어를 입에 자주 올리는 목회자를 보면 불

가장 오래된 새 교회, 가정교회

36

안하다. 자신의 야망이나 계획을 소명, 사명, 비전으로 착각하는게 아닌가 하는 의구심 때문이다.

창세기에 등장하는 요셉을 꿈의 사람, 비전의 사람이라고 설교하기도 하지만, 그는 그런 사람이 아니었다. 그는 단지 형들의 곡식 단이 자신의 곡식 단에 절하는 꿈을 꾸었을 뿐이다. 요셉이 비전의 사나이였으면 미쳐 죽었을 것이다. 하는 일마다 꼬였기 때문이다. 요셉은 형제들에 의해 팔려서 노예 신세가 되고 말았다. 그러다가 주인을 잘 만나서 형편이 나아지는 듯했다. 그런데 주인의 아내가 성적 유혹을 하며 다가오자 이를 거절했고, 그 결과 투옥되었다. 그러다가 옥에서 고관의 꿈을 풀이해 주고, 복직된 고관이 자신을 기억해 주기를 기대했지만, 고관은 요셉을 수년 동안 기억조차 못했다.

요셉이 소명을 발견한 것은 애굽의 총리가 되어, 가나안 흉년을 피해 애굽에 오게 된 가족들을 만날 때였다.

> "형님들이 나를 이곳에 팔아넘기긴 하였습니다만, 그것은 하나님이, 형님들보다 앞서서 나를 여기에 보내셔서, 우리의 목숨을 살려 주시려고 그렇게 하신 것입니다." 창 45:5

이때 비로소 요셉은 자신의 소명을 깨닫게 된 것이다.

그러므로 소명이라는 거창한 단어 앞에서 주눅 들 필요가 없다. 비전이 없다고 자신을 비하하거나 장기 계획을 가르쳐 달라고 하나님께 떼쓰지 말아야 한다. 지금 서 있는 자리에서 하나님이 주신 일에 전력투구하다 보면, 언젠가 하나님이 소명을 깨닫게 해주시고 소명을 위해 사는 보람과 기쁨을 맛보게 해주실 것이다.

나의 경우도 그러했다. 1970년 9월 1일, 스물여섯에 유학을 목적으로 미국행 비행기를 탔을 때, 내가 목회자가 되는 모습은 상상도 못했다. 1985년 직장을 그만두고 신학교에 들어갔을 때도 내가 신약교회 회복을 위해 일하게 될 거라고는 생각하지도 못했다. 하나님의 음성에 귀 기울이고 절대 순종하며 살다 보니 여기까지 오게 된 것이다. 내가 어떻게 해서 가정교회를 이끌게 되었는지 궁금해하는 사람들도 있고, 그 과정을 이야기하는 것이 가정교회를 이해하는 데 도움이 될 거라 믿으며 나의 이야기를 시작하려고 한다.

### 기독교에 대한 막연한 거부감

내 조부님 성함은 최석모(崔錫模)이다. 서울에 있는 아현성결교회를 23년간 담임하시고 한국 전쟁 때 순교하셔서 성결교단에서 배출한 6명의 순교자 중 한 분이셨다. 이러한 목회자 가정에서 태어난 나는 선택할 여지 없이 어릴 적부터 교회생활을 했다. 고등학교 2학년 때 세례를 받았고, 고등부 학생회장을 하고, 성가대 지휘도 하면서 목사 손자답게 교회생활을 성실히 하였다. 경기중, 경기고를 졸업한 나는 서울대 전자공학과에 입학하고 대학생이 되면서부터 교회와 멀어지기 시작했다.

대학생이 되어 바깥세상에서 교회를 바라보았을 때 교회는 너무 초라해 보였다. 하나님께 의지하지 않고는 제 힘으로 살아갈 수 없는 무능하고 무력한 사람들, 천국이라는 소망이 없으면 이 세상에 희망이 없는 사람들이 모인 초라한 집단으로 여겨진 것이다. 내가 그런 집단의 한 사람이 되는 게 싫었다. 그래도 대놓고 교회에 안 나갈 수는 없어서 설교 직전에 교회당에 들어갔다가 설교가 끝나고 기도할 때 살짝 빠져나오는 신앙생활을 하면서 교회와 점점 멀어졌다. 그리고 술도 하고 담배도 입에 대면서 서서히 방탕한 생활에 빠져들기 시작했다.

1967년 대학을 졸업하면서 학사 장교에 지원해 해군 장교로 3년 3개월을 복무하고 중위로 제대했다. 제대한 다음날인 1970년 9월 1일 나는 오하이오 주립대학에서 박사과정을 공부하기 위해 미국행 비행기에 몸을 실었다. 그리고 대학원 공부를 5년째 하던 1974년, 내 나이 서른 되던 해에 주님을 만났다.

어느 날 나는 학교에 가다가 성경책을 나눠 주는 전도대원들을 만나게 되었다. 당시 나는 예수 잘 믿는다는 사람들에 대해 두 가지 상반된 감정을 갖고 있었다. 첫째는, 부러움이었다. 사실 나도 그들처럼 미치도록 믿고 싶었지만, 그것이 잘되지 않았다. 둘째는, 역겨움 같은 것이었다. 자신들만 신앙생활 하는 것처럼 설치는 것 같았고, "당신은 구원받았습니까?"라는 질문이 다그치듯이 들려 거부감을 느꼈다. 전도대원을 만난 그날 내 감정은 후자에 가까웠다. '남들 다 일하는 시간에 뭣들 하고 있는 거야?' 이런 마음으로 이들을 지나치다가, 문득 공짜 성경책을 나눠 준다는데 한 번 받아 보자는 생각이 들었다. 나는 되돌아가 성경책 한 권을 받아 가방에 찔러 넣었다. 손바닥만 한 크기의 초록색 신약성경이었다.

실험을 끝내고 논문을 쓰던 때라 시간적인 여유가 좀 있었던 나는 방에 돌아와 가방에서 신약성경을 꺼내 읽기 시작했다. 나는 설교도 많이 듣고 신학서적도 더러 읽었지만 성경을 첫 페이지부터 끝 페이

지까지 읽은 적이 없었다. 물론 마음이 답답할 때 성경 구절을 찾아 마음의 기쁨과 위로를 받을 때도 있었지만, 부끄럽게도 성경을 처음부터 끝까지 읽자고 덤벼든 건 그때가 처음이었다.

그런데 이상한 건 마치 성경이 내가 처음 접하는 책 같았다는 것이다. '성경에 이런 이야기가 있었나?', '왜 목사님들은 이런 이야기는 안 해 주셨지?' 이런 생각이 들면서 성경을 손에서 내려놓을 수가 없었다. 나는 결국 KJV 신약성경 전체를 사흘 만에 다 읽었다.

성경을 읽고 은혜를 받았다는 이들이 많지만, 나는 반대로 부담감이 생겼다. 첫째, 예수에 대한 거부감이었다. 예수는 그 시절의 나와 같은 30대 초반이었다. 그를 나와 비교해 보았을 때 나보다 나은 점이 하나도 없어 보였다. 나는 박사 공부를 하고 있었지만, 그는 정규 교육이라곤 받은 적이 없었다. 직업도 지극히 평범한 목수인데다가 외국 한 번 나가 본 적도 없었다. 그런데 말하는 것이 건방지고 독선적으로 느껴졌다. 당시 나는 하나님의 존재를 믿지 않았지만, 그렇다고 하나님이 존재하지 않는다고 자신 있게 말하지도 못하는 엉거주춤한 상태에 있었다. 막연하게 신이 있다면, 다양한 종교는 방법론의 차이이고 결국은 같은 곳에 도달한다고 생각했다. 하지만 예수는 '내가 길이요, 진리요, 생명이라'고 단언했고 자신을 통하지 않고서는 하나님께 갈 자가 없다고 말했다. 서른 살 내 눈에 비친 예수는 독선적인 사람으로 보였다. 그러니 강한 거부감이 든 것은 당연했다.

둘째, 성경에 기록된 기적의 사건이었다. 그 당시 나는 병이 낫는 기적은 가능하다고 생각했다. 우리가 완전히 이해할 수 없는 정신과 육체의 어떤 상관관계에 의해, "내가 낫는다, 내가 낫는다" 혹은 "이 사람이 분명히 날 고쳐준다"라고 강하게 믿으면 나을 수 있다고 생각했다. 그런데 신약성경에는 거의 판타지에 가까운 기적들이 나온다. 항아리의 물이 포도주로 변하고, 예수님이 물 위를 걷고, 떡 다섯 덩이로 5천 명이 먹는다. 떡 다섯 덩이로 5천 명이 먹자면 떡이 불어나야 하는데, 떡은 어느 순간에, 어떤 식으로 불어났을까? 예수님이 제자들에게 주었을 때일까? 아니면 제자들이 사람들에게 나눠 줄 때였을까? 바구니에 담긴 떡이 불어났다면, 이런 신기한 장면을 보느라 떡을 나누어 줄 겨를이 있었을까? 나는 여러 생각이 들면서 예수를 믿기 위해 이런 것까지 믿어야 하나 싶어 당혹스러웠다.

서른이 된 나는 다양한 종교가 어떻게 확산되었는지에 대한 호기심이 생겨 나름대로 공부를 했다. 그런데 유교, 불교, 이슬람교 등 다른 종교들은 종교 창시자가 죽었을 때 그의 사상이 종교로 확산될 만한 충분한 근거와 이유가 있었다. 그러나 기독교는 달랐다. 설명이 되지 않았다. 30대 초반의 가난한 목수 예수가 자신이 하나님의 아들이라는 황당한 주장을 하고, 고작 3년의 포교 활동 끝에 결국은 정치범으로 몰려 십자가에 매달려 처절하게 죽고 말았다. 그를 따르던 몇 안 되는 이들은 뿔뿔이 흩어져 도망쳤다. 그렇다면 예수가 전한 메시지나 그의 종적은 자취를 감추는 것이 자연스러운 귀결이다. 그런데 기독교는 B.C.와 A.D.로 역사의 분수령을 만들 정도로 퍼져 나갔다. 그 이유는 무엇일까? 도대체 무엇이 기독교를 그렇게 만들었을까?

당시의 상황을 보면서 의문은 더욱 증폭되었다.

첫째, 돌변한 제자들의 모습이었다. 제자들은 예수님과 함께 다닐 때는 예수님이 왕이 될 줄로 기대했다. 그러나 예수님이 체포되자 죄다 도망쳐 버렸고, 심지어 수제자인 베드로는 예수님을 모른다고 저주하기까지 했다. 그런 그들이 완전히 변했다. 예수님을 죽인 사람들이 맹위를 떨치고 있는 예루살렘에서 대담하게 전도를 했다. 사람이 극적 변화를 보인다면 거기엔 그만한 이유가 있다. 담배 하나만 끊어도 분명한 이유가 있지 않은가? 그렇다면 소심한 제자들을 담대한 증인으로 바꾼 데는 어떤 절대적인 이유가 있었을 것이다.

둘째, 제자들이 전한 메시지다. "예수가 하나님의 아들이라는 증거로 하나님이 그를 죽음 가운데에서 살리셨고, 이분은 지금도 우리와 더불어 살아 있다!" 이것이 그들이 전한 메시지다. 죽은 사람이 살아난다는 것이 쉽게 믿어지지 않았다. 전도가 목적이라면 쉽게 믿을 수 있는 메시지를 전하는 것이 상책일 텐데, 제자들은 사람들이 쉽게 받아들일 수 없는 메시지를 전했고, 또 이 일에 목숨을 바쳤다.

셋째, 당국자들의 태도이다. 아무리 금해도 예수의 제자들은 예수를 전했고, 성도들의 숫자는 계속해서 늘어났다. 당국자들은 어쩔 줄 몰라 했다. 하지만 이 문제는 아주 간단하게 해결될 수 있다. 예수가 죽지 않고 부활했다는 것이 메시지의 핵심이므로, 예수의 시체를 찾아내 그것을 마차에 싣고 예루살렘 시내를 한 바퀴만 돌면 문제는 깨끗이 해결된다. "봐라, 여기 예수의 시체가 있다. 너희들의 메시지는 거짓이다!" 그렇게 간단하게 처리할 수 있는 일을 당국자들은 하지 못했다.

이렇게 제자들의 돌변한 모습, 예수가 부활했다는 믿기 어려운 메시지, 예수의 시체만 들이밀면 되는 일을 하지 못하는 당국자들의 태도를 보면서, 나는 마침내 인정하지 않을 수 없었다. 예수의 부활은 부인할 수 없는 사실이라는 것을! 다른 종교 창시자들은 나름대로 위대한 인생을 살았기에 사람들에게 이 세상 삶에 대한 도움과 지혜를 줄 수 있다. 그런데 그들은 죽음 앞에서 무력했고, 그것은 다시 말해 죽음 이후의 삶에 대해서는 그들도 나처럼 추측할 수밖에 없다는 것이다. 그러나 예수의 부활이 사실이라면, 그분이야말로 하나님이 어떤 분이고, 죽음 이후에 어떻게 된다는 것을 말할 자격이 있는 분이 아닌가! 그런 고민과 결론 끝에 나는 예수를 믿기로 결정했다.

이렇게 나는 조목조목 따지다가 결국 납득이 되어 예수님을 주님으로 영접했다. 그리고 내가 따져 가며 예수를 믿었기 때문에 믿지 않는 사람들이 갖는 질문을 이해할 수 있었고, 그에 대한 답을 줄 수 있었다. 가정교회 성경 공부 과정에서 첫 번째로 제공되는 '생명의 삶' 공부는 나의 이러한 질문과 결론을 바탕으로 만들어졌다. 안 믿는 사람들이 '생명의 삶' 공부를 통해 변화되는 이유도 여기에 있다. 그들이 궁금해하는 것들에 대한 답을 주고 있는 것이다. 모태신앙을 가지고 평생을 예수 믿는 신자들 속에서 성장하고 생활한 목회자들은 믿지 않는 사람들이 어떤 질문을 갖고 있는지 잘 모른다. 그냥 믿으면 된다는 태도로는 믿지 않는 사람들의 마음을 움직일 수 없다.

### 평신도 사역자로 서다

1974년 가을, 나는 그렇게 서른 살에 예수님을 영접했다. 그리고 예수님이 내 인생의 주인이시라면 그의 뜻대로 사는 것은 당연하다고 생각했다. 그래서 성경은 내 삶의 기준이 되었다. 또한 나는 내가 이전에 싫어했던 사람이 되었다. 누구를 만나든 그 사람이 '구원받은 사람'인가에 관심을 갖고 물어보는 사람이 된 것이다.

그로부터 얼마 후 미국인과 결혼한 자매 두 사람이 나를 찾아왔다. 주변에 자신과 비슷한 처지의 친구들이 많이 있는데, 그들과 함께 성경 공부를 해줄 것을 부탁했다. 그래서 성경통신학교를 운영하던 형제에게 성경 공부를 맡기고, 나는 모임을 챙기는 일을 맡았다. 이 모임은 나중에 20명까지 늘었고, 이들은 이 모임을 통해 교회에도 나오게 되고 예수님도 영접했다. 이 경험을 통해 나는 비신자를 직접 교회로 초청하는 것보다 편안한 모임을 거쳐 교회에 나오도록 하는 것이 더 효과적이라는 것을 깨달았다.

비슷한 때에 대학원생 중심으로 기도 모임이 생겨났다. 토요일 저녁에 모여서 같이 식사를 하고 기도하는 모임이었다. 기도 제목을 나눌 때 자신의 상황을 구체적으로 설명하기 때문에 이 모임은 매번 새벽 한두 시까지 이어지곤 했다. 이 기도 모임을 통해 빤질대던 대학원생들이 회심하는 역사가 일어났고, 이 모임에 참석하던 사람 중 목회자가 된 사람도 6-7명이나 된다. 이 모임을 통해 나는 같이 식사를 하고 기도하는 소그룹의 즐거움을 맛보았고, 모임 안에 역사하시는 하나님의 능력을 체험하게 되었다.

박사학위를 받은 1976년, 나는 북캘리포니아에 있는 회사 배리언의 중앙연구실에서 근무하게 되었다. 지금 캘리포니아에는 수백 개의 한인 교회가 있지만, 그때는 불과 4개뿐이었다. 처음엔 4개 교회를 한 달씩 참석해 본 후에 교회를 정하려고 했으나 첫 번째 방문한 교회에 문제가 많아 보여서, 바로 등록하고 성가대를 지원했다. 문제 많은 교회에서 헌신하라는 하나님의 뜻이 있다고 생각했기 때문이다. 이 교회는 한국에 선교사를 많이 파송했던 북장로교회 후신인 연합장로교회(The United Presbyterian Church) 교단(프린스턴 대학이 속한 교단)에 속한 교회였다.

이 교회에서 생활하면서 나는 젊은 나이에 장로로 피택되었고, 당회원으로 섬기게 되었다. 그러나 이 교회는 다툼이 많은 교회였다. 담임목사 청빙 문제, 장로 선출 문제 등으로 교인들 사이의 갈등이 끊임없었고, 교회는 몇 번씩 분열되었다. 교회는 내게 쉼과 기쁨을 주기보다 갈등과 고통을 안겨 주었다. 그러나 이런 쓴 경험은 성도들이 교회로 인해 행복하도록 만드는 것을 나의 목회 사역 목표로 삼는 계기를 제공했다.

이 어려운 교회 생활 속에서 나를 버티게 해준 것은 학생들과의 성경 공부였다. 내가 사는 아파트에 6명의 대학생, 고등학생들이 모여 성경 공부를 시작했다. 이 인원이 점점 늘어, 교회 건물을 빌려 모이게 되었고, 많이 모일 때는 참석 인원이 50명이나 되었다. 대학생과 고등학생이 같이 모이니까 형, 동생과 같은 관계가 형성되었고, 성경 공부를 통해 신앙이 다져진 고등학생들은 착실히 공부하여 명문대학에 입학했다. 그러나 바깥에서 이루어지는 학생 사역에는 한계가 있었다. 성경 지식이 생기고 생활의 변화도 생겼으나 나에 대한 의존도가 너무 높고 성경 공부 모임 그 이상을 뛰어넘지 못했다. 그리스도의 몸 된 공동체가 이루어지지 않은 것이다. 그래서 주님의 제자를 키우고 주님이 원하시는 사역을 하려면 교회라는 울타리 안에서 하는 것이 최선임을 깨닫고, 앞으로는 어떤 사역을 하든 교회 안에서 하겠다고 결심하게 되었다.

성경 속 목회를 하고 싶다!

성경 공부에서 얻는 기쁨 덕분에 근근이 버티고는 있었지만, 교회로 인한 갈등이 반복되는 가운데 나 자신은 신앙적으로 탈진 상태에 이르렀다. 그러던 중 어떤 침례교회 목사가 교회를 개척한다는 소식을 듣게 되었다. 그 교회 예배에 참석해 본 나는 강단에서 흘러나오는 단순한 복음의 메시지에 하염없이 눈물을 흘리다가 교회를 옮기기로 결정했다.

이 교회로 옮긴 후 담임목사인 이지춘 목사의 위촉을 받아 나는 장년 주일학교를 시작했다. 교사들을 모아 장년 주일학교 교재로 훈련시키면 그 교사들이 주일예배가 끝난 후에 나이별로 나눠져 성경 공부를 하는 모임이었다. 장년 주일 출석이 약 100명일 때 7개 반으로 장년 주일학교를 시작했고, 11년 후 이 교회를 떠날 때는 32개 반에 420-430명의 교인이 참여하는 성장을 이루었다. 주일 장년 출석이 500명 정도였으니 80% 이상이 모임에 참여하는 셈이었다. 그러는 가운데 나는 장년 주일학교 전문가로 알려져 남침례회 교단이 주관하는 장년 주일학교 세미나 강사로 초청받아 이곳저곳을 다니며 세미나를 인도하기도 했다.

장년 주일학교의 성공에도 불구하고 내 안에는 답답함이 있었다. 침례교회 장년 주일학교 교재는 7년에 걸쳐 신구약 전체를 배울 수 있게 구성되어 있다. 그렇다면 내가 장년 주일학교 사역을 하는 12년 동안 신구약을 한 번 반 가르친 셈인데, 거기에 상응하는 삶의 변화가 없었다. 예수 믿고 첫 2-3년 동안은 성경 공부가 삶의 변화를 가져오지만 그 후에는 머리만 커지는 것을 느꼈다.

그 사이 하나님께서는 나를 목회자로 부르셨다. 그런데 담임목사가 아닌 교육목사로 부르셨다. 교인들의 필요가 다양해졌기 때문에 담임목사 혼자서 감당할 수가 없으니, 목회자로 유명해지려 하지 말고 오직 성도들의 필요만을 위해 일하는 교육목사가 되라고 보내신 것이다. 이 부름 앞에서 나는 많이 주저하였다. 나 자신이 목회자가 될 그릇이 안 되고 자격도 없다고 느꼈기 때문이다. 그러나 이 목적을 위해 가르침과 상담의 은사를 주지 않았느냐는 하나님의 꾸짖음에 바로 무릎을 꿇고, 1985년 41세 되는 해에 직장생활을 접고 미국 남침례회 5대 신학교 중의 하나인 골든 게이트 침례신학교(Golden Gate Baptist Theological Seminary)에 입학했다.

예수님을 영접한 후로 예수님이 내 인생의 주인이기 때문에 성경이 내 삶의 기준이 되었고, 목회자가 되기로 결심한 후에는 성경이 내 목회의 기준이 되었다. 그러면서 갈등이 생겼다. 성경과 현실 사이의 괴리 때문이었다. 성경을 보면 교회는 이래야 된다고 하는데 현실 속의 교회는 왜 그렇지 않은가? 목회는 이렇게 하라고 되어 있는데 목회자들은 왜 그렇게 목회를 하지 않는가? 성도의 삶은 이래야 한다고 하는데, 왜 그런 삶을 살지 않는가? "왜?"라는 질문이 계속해서 튀어나왔고, 성경과 다른 교회, 목회, 성도의 모습 때문에 갈등이 되었다.

그때 나는 두 권의 책을 만나게 되었다. 하나는 후안 카를로스 오르티즈 목사의 《제자입니까》(*Disciple*, 두란노)였다. 오르티즈 목사는 원래 프로그램과 심방에 의존하는 전통적인 목회를 통해 교회를 성장시켰다. 그러나 목회에 기쁨이 없었고 늘 피곤했다. 그러던 중 어느 날 하나님의 음성을 듣게 되고, 진정으로 제자를 만들어 내는 교회를 만들기 위해 교회의 모든 조직과 프로그램을 없애고 사랑의 공동체를 만들어 가기 시작했다. 나는 이 책을 통해 처음으로 성경적 교회가 현실에서 가능하다는 것을 보았다.

또 하나는 랄프 네이버 목사의 《셀교회 지침서》(*Where Do We Go from Here*, NCD)였다. 그는 《영적 성장의 기본 진리》(*Survival Kit*, 요단)를 쓰기도 했는데, 이 책을 읽으며 소그룹 공동체에 대한 실제적인 노하우를 알게 되었다.

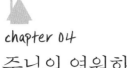

chapter 04
# 주님의 영원한
# 종이 되다

### 부목사 마인드가 주는 자유함

교육목사로 바쁘게 지내던 어느 날 휴스턴 서울교회에서 담임목사로 와 달라는 초청이 날아들었다. 그때까지만 해도 나는 교육목사로 은퇴하는 것이 나의 소명이라고 믿고 있었지만, 혹시 하나님의 뜻일지도 모른다고 생각하여 그 교회에 부흥집회 강사로 가 보기로 했다. 3일 동안의 집회를 인도하는 동안 나는 모든 만남의 자리에서 가정교회에 대해 이야기했다. 그리고 가정교회 하는 것을 결정해 준다면 청빙에 응할 의사가 있다는 뜻을 전달했다. 얼마 후 휴스턴 서울교회에서는 공식 초청장을 보내왔고, 나는 1993년 1월 1일 휴스턴 서울교회 3대 담임목사로 부임했다.

2012년 은퇴할 때까지 20년 동안 휴스턴 서울교회에서 나는 스트레스 없이 재미있게 목회를 했다. 그렇게 할 수 있었던 이유는 나 자신을 휴스턴 서울교회 담임목사가 아니라 부목사로 여겼기 때문이다.

주변에서 담임목사를 만나면 대부분 많은 스트레스를 받으면서 목회를 하고 있었다. 스트레스를 받는 이유는 담임목사로서 책임이 따르는 어려운 결정을 내려야 한다는 것 때문이었다. 그에 반해 부교역자들은 그만한 스트레스를 받지 않았다. 어려운 결정을 내릴 필요가 없기 때문이다. 그래서 나는 휴스턴 서울교회에 부임하면서 이런 생각을 했다. '나도 담임목사가 되면 스트레스 속에서 목회를 해야 할까? 그렇다면 담임목사가 아닌 부목사로 가면 되는 것 아닌가?' 그래서 나는 주님께 이렇게 기도했다. "주님이 담임목사 하시고 저를 부목사로 삼아 주시면 제가 가겠습니다." 그래서 기도 시간을 늘렸다. 주님이 담임목사이고 내가 부목사라면 담임목사인 주님의 음성을 잘 들어야 하기 때문이다. 새벽에 3시간씩 기도하기로 작정하고 무슨 일이 있어도 이기도 시간을 지키려고 노력하였다.

나 자신과 교회에 관한 기도제목은 딱 한 가지였다. 나는 주님의 소원을 풀어 드리는 종된 목회자가 되고, 휴스턴 서울교회는 주님께서 마음 놓고 써먹을 수 있는 종된 교회가 되게 해달라는 것이었다. 이렇게 종의 자리로 내려앉자 목회의 자유함이 생겼다. 목회 결과에 대해서는 염려하지 않았다. 왜냐하면 결과는 담임목사이신 주님의 몫이라고 생각했기 때문이다. 사역을 해야 하는데 일꾼이 없으면 하지 않았다. 예를 들면 찬양예배가 있으면 좋겠다는 사람들이 있었지만 몇 년 동안 찬양예배를 드리지 않았다. 인도할 만한 사람이 없었기 때문이다. '정말로 찬양예배가 필요하다면 담임목사이신 주님이 찬양 인도자를 보내 주시지 않겠는가?' 하고 생각했다.

주님의 종이 되어 주님의 음성에 귀를 기울이고 순종하는 것을 사역의 목표로 삼았다. 그렇다고 해서, 주님의 뜻을 100% 확신했다는 의미는 아니다. 사실 나는 주님의 뜻을 100% 확신해 본 적이 별로 없다. 오래 기도해도 100% 확신이 생기지 않으면 70-80%의 확신만 가지고 뛰어들었다. 진정으로 주님의 뜻을 찾으려 했는데 영성이 부족해 주님의 뜻을 분별하지 못했다면, 그래서 결정이 잘못되었다면 하나님이 바로잡아 주실 것이라 믿었다. 또한 합력하여 선을 이루어 주실 것이라는 배짱을 가졌다.

아울러 나는 자신에게 부목사의 소임과 역할을 거듭 상기시켰다. 하나님께서 그만두라고 하시면 목사직을 포기하고 언제든지 평신도로 돌아가겠다는 각오를 다졌다. 종의 자리에 머물기 위해 "주님이 원하시는 곳에서, 주님이 원하시는 일을, 주님이 원하시는 방법으로 하겠습니다"라고 무한반복으로 고백했다. 까딱 잘못하면 그러한 부르심을 잊어버리기 쉬운 곳이 바로 목회 현장이기 때문이다.

이렇게 했을 때 주님은 나의 목회를 축복해 주셨다. 교회 안에서 문제가 될 만한 일이 생겨도 문제없이 지나가게 하셨고, 문제를 예방하고 해결할 수 있는 지혜를 주셨다.

### 가정교회로 이룬 엄청난 축복

내가 처음 부임했을 때 휴스턴 서울교회의 상황은 썩 좋지 않았다. 6개월 동안 담임목사의 부재와 그로 인한 상처들이 성도들 속에 남아 있었다. 부임하자마자 가정교회와 관련된 설교를 했고, 가정교회를 시작하기 위해 목자 후보자들을 대상으로 '생명의 삶'과 '경건의 삶(가정교회 핵심 훈련 과목 중의 하나)' 훈련을 시작했다. 13주 과정의 '생명의 삶'을 처음 개강할 때, 전 교인의 절반인 80명이 신청해서 깜짝 놀랐다.

성도들 마음에 훈련과 배움에 대한 갈망이 있다는 것을 확인할 수 있었다. 이렇게 가정교회를 하기 위한 준비들이 하나씩 시작되었다. 그리고 부임하던 해 10월에 가정교회를 출범시켰다.

이렇게 시작된 휴스턴 서울교회 가정교회는 지속적으로 성장하여 20년 후에는 120-150명이었던 주일 장년 출석 인원이 1,000명으로 늘어났고(영어린이와 영어 회중을 합치면 주일 출석 인원 2,000명), 23개로 시작한 목장은 180여 개로 늘어났다. 매주 3명꼴로 예수님을 영접하고 침례받는 사람들이 생겼으며, 2012년 은퇴 당시 교인의 84%가 나를 통해 예수 믿고 침례받은 사람들이었다.

목사가 된 후 나는 그다지 목회의 어려움을 느끼지 못했다. 내가 평신도였을 때, 목회자들에게 바랐던 좋은 모습을 갖추기 위해 애쓰고, 목회자들이 하지 말았으면 하는 것들은 하지 않자 성도들이 나를 좋아하고, 잘 따라와 주었던 것이다.

내가 평신도로 41년을 살았기 때문에 평신도들이 얼마나 힘들게 살고 있는지를 잘 알고 있었다. 평신도로서 한정된 시간과 에너지를 바쳐 주님과 교회를 섬기는 것이 얼마나 어려운지도 알고 있었다. 목회자는 교회 사역에만 전념하면 되지만, 평신도는 직장생활, 가정생활, 교회생활을 다 해야 하기 때문이다. 이 세 가지가 모두 사역의 영역인데, 어떤 목사는 평신도 사역이 교회 봉사가 전부인 것처럼 요구하기도 한다. 하지만 나는 직장과 가정도 사역의 영역이라고 생각했다.

그리하여 성도들이 교회 사역을 할 때 중요한 것에만 집중하도록 최선을 다했다. 나는 가정교회를 하면서 '목자'와 '목녀(목자의 아내)'가 교회 오는 빈도수와 참석해야 할 모임 수를 줄이려고 노력했다. 기도 없이는 목장 사역이 불가능하기 때문에 기도를 강조했지만, 새벽에 교회에 나와서 기도해야 한다든가, 기도회에 참석해야 한다고 강요하지 않았고, 언제 어디서 어떻게 기도할지는 본인이 알아서 하도록 했다. 그런데 이렇게 해도 집에서 기도가 잘 되지 않으니까, 많은 사람들이 새벽에 교회에 나와서 자발적으로 기도했다.

목자와 목녀에게 연합교회 사역을 당연히 해야 한다는 식의 요구도 하지 않았고, 각자의 은사에 따라 자원하여 사역하도록 했다. 영혼을 구원하여 제자를 만드는 사역과 상관없는 일은 철저하게 자신의 선택에 맡겼다. 그랬을 때 성도들은 담임목사의 배려를 느끼고 더욱 자발적으로 사역하며 더 많은 사역의 열매를 맺는 것을 보았다.

평신도가 탈진했을 때 훈련이나 수련회가 도움이 될 수도 있으나, 더 중요한 것은 담임목사의 이해와 배려다. 목장을 위해 매주 밥을 하는 일이 얼마나 고단한지, 비신자들을 섬기는 일이 얼마나 어려운지, 평신도로서 목양을 하는 일이 얼마나 피곤한지, 목자와 목녀로 서약한 것을 지키는 일이 얼마나 힘든지를 담임목사가 알고 고마워하고 있다는 것을 전달할 때 성도들은 힘을 얻는다.

휴스턴 서울교회에서 금요일마다 나는 아내와 함께 목장을 순방했는데, 목자와 목녀가 섬기는 모습을 보면서 감동 받을 때가 한두 번이 아니었다. 나는 흉내도 낼 수 없는 섬김의 모습을 보았기 때문이다. 그래서 어느 날 목장을 방문하고 집으로 돌아오는 길에 아내에게 물었다. "내가 교인 숫자가 많아서 그렇지 10명 정도 섬긴다면 나도 저렇게 섬길 수 있을까?" 아내는 딱 잘라서 대답했다. "당신은 어림도 없어요." 나는 목자감이 못 되어 하나님이 목사로 부르신 모양이다.

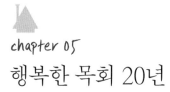

# chapter 05

# 행복한 목회 20년

**"너희는 먼저 하나님의 나라와 의를 구하라"**

앞에서 나는, 하나님이 주신 소명은 지나고 나면 발견되는 것이라고 말했다. 내 삶을 돌아볼 때 하나님께서 내게 신약교회의 회복이라는 소명을 주셨다는 것을 깨달았기 때문이다.

나는 조부께서 성결교회 목사이셨기 때문에 어릴 적에 성결교회에서 교육을 받았다. 미국에서 박사과정을 공부하며 예수님을 영접했을 때, 오하이오 주립대학이 소재한 콜럼버스에는 한인 교회가 하나밖에 없었는데, 그 교회는 감리교회였다. 담임목사는 박사학위를 따러 미국에 오셨다가 교회를 개척하게 된 염필형 목사로, 나중에 감리교 신학대학 총장을 역임하셨다. 그리하여 나는 감리교 목사 밑에서 지도를 받았다. 이후 학위를 취득하고 첫 직장을 얻어서 간 곳이 캘리포니아 실리콘 밸리였는데, 앞서 말한 것처럼 연합장로교회를 다녔고 거기서 장로가 되었다. 그러나 계속되는 교회 분열 때문에 마침내 교회를 옮기게 되었고, 옮겨 간 교회가 침례교회였다. 그래서 난 지금 침례회 목사가 되어 있다.

나는 본의 아니게 성결교, 감리교, 장로교, 침례교 등 큰 교단들을 섭렵하게 되었고, 다양한 교회의 모습들을 경험하게 되었다. 또 모태신앙이지만 교회를 박차고 떠나기도 했고, 다시 교회로 돌아와서 평신도로, 집사로, 장로로, 전도사로, 교육목사로, 담임목사로 섬겼다. 그래서 다양한 신분에서 교회를 관찰하고 경험할 수 있었다. 이 모든 것이 하나님께서 가정교회를 통한 신약교회 회복을 위해 나를 준비시키신 것이다.

목회와 상관없어 보이는 공학박사 학위도 목회에 필요했기 때문에 하나님이 주신 것이 아닌가 하는 생각이 든다. 휴스턴은 세계 최고의 암센터인 MD앤더슨 암센터가 있는 곳이다. 그래서 한국의 많은 의사나 연구원들이 연수를 받거나 직장을 갖기 위해 이곳에 온다. 그러다가 휴스턴 서울교회를 방문하게 된 그들은, 내가 과학 분야에서 학위를 갖고 있다는 것을 알고는 내 말에 더 귀를 기울이고, 마침내 예수님을 영접하는 경험을 했다.

나는 마태복음 6장 33절을 붙들고 평생을 살았다.

"너희는 먼저 하나님의 나라와 하나님의 의를 구하여라. 그리하면 이 모든 것을 너희에게 더하여 주실 것이다."

우선순위만 바로 세우면 하나님이 생활을 책임져 주신다는 약속의 말씀을 붙든 것이다.

직장생활을 할 때도 이 말씀을 붙들었다. 주변 사람들은 미국인 직장에서 동양인이 살아남으려면 영악해야 한다고 조언했지만, 나는 이 말씀을 붙들었다. 직장 상사를 예수님이라고 생각하며 섬겼고, 동료는 경쟁 상대로 여기기보다 도와주어야 할 대상으로, 아랫사람은 부려 먹을 대상이 아닌 내가 돌봐야 할 사람으로 여겼다. (의도가 그랬다는 뜻이지 항상 이렇게 살았다는 것은 아니다.) 그랬더니 하나님은 연구생활이 나의 적성에 맞지 않았음에도 불구하고 많은 논문을 발표하게 하셨고 높은 연봉과 승진을 허락해 주셨다.

휴스턴 서울교회에 처음 부임했을 때 담임목사의 6개월 공석으로 인해 재정 상태가 좋지 않았다. 휴스턴 서울교회에서 정식 청빙서를 보낸다고 했을 때 나는 청빙위원들에게 다음과 같은 당부를 적어 보냈다.

"휴스턴 서울교회의 담임목사가 되는 것이 하나님의 뜻이라면 사례가 없다고 해도 갈 것이고, 하나님의 뜻이 아니라면 아무리 많은 사례를 준다고 해도 가지 않을 것입니다. 그러므로 초청장에 사례비는 적지 마시기 바랍니다."

결국 사례비가 적히지 않은 초청장을 받았고, 첫 사례를 받은 후에야 이 교회에서 받는 사례가 전보다 적다는 것을 알게 되었다. 사례비가 줄어들었음에도 불구하고 나는 마태복음 6장 33절을 붙들고 십일조를 훨씬 넘는 헌금을 드렸다. 어떤 원로목사님이 하신 말씀이 기억났기 때문이다.

"성도들은 목사를 닮습니다. 교인들이 기도하기를 원하면 목사가 먼저 기도하십시오. 성도들이 전도하기를 원하면 목사가 먼저 전도하십시오. 교인들이 헌금하기 원하면 목사가 먼저 헌금하십시오."

교인들이 희생적으로 헌금하기를 원하면 내가 먼저 희생적으로 헌금해야 한다는 생각이 들었다. 그럼에도 불구하고 휴스턴 서울교회에 부임한 이후 나는 재정적으로 쪼들린 적이 한 번도 없었다.

나는 마태복음 6장 33절 말씀을 교회에도 적용했다. 목사 사례금을 주기 어려울 정도로 재정 상태가 열악한 가운데 부임했지만, 성도들이 드린 감사헌금 전액은 모두 선교헌금 계정으로 넣었다. 부활절 감사헌금은 국내 선교헌금으로, 성탄절 감사헌금은 해외 선교헌금으로 보냈다. 추수감사절 헌금은 우리 교회가 아닌 다른 이들을 위해 사용했다. 이렇게 했을 때 하나님께서 교회 재정을 축복해 주셨다. 헌금이 점점 늘어나면서 재정 압박 없이 교회 건물 증축을 세 번이나 할 수 있게 하셨고, 1년 예산을 집행하고도 헌금이 남아 이웃을 위해 쓸 수 있게 해 주셨다.

### 나의 영원한 멘토, 최석모 목사님

안타깝게도 나에게는 반면교사는 있었지만 보고 배울 스승은 주위에 없었다. 내게 멘토가 있다면 나의 조부이신 최석모 목사이다. '성경대로'에 대한 나의 고집은 조부로부터 나왔다고 해도 과언이 아니다. 조부님이 서울 서대문 근처의 아현성결교회에서 23년간 목회하시고 한국 전쟁 때 납북되셨을 당시 나는 겨우 여섯 살이었다. 그래서 내 기억 속의 할아버지 모습은 희미하다. 그러나 주위 어르신들이 들려주셨던 조부님의 일화는 내가 어떤 목사가 되어야 하는지에 대해 큰 영향을 미쳤다.

조부님은 교회 안에서 신분 차별이 없어야 한다는 야고보서의 말씀을 따라, 주일예배 때 맨 앞자리에 아현시장 맹인 거지들을 불러다 앉히셨다고 한다. 조부님은 1940년대에 동양선교회 후원으로 동양선교회 사역을 소개하고 후원을 부탁하기 위해 미국을 방문한 적이 있었다. 당시 미국 사회는 흑인에 대한 인종차별이 극심해서 화장실도 '사람용(For Men)'과 '흑인용(For Negro)'으로 구분하던 시절이었다. 그때 조부님은 집회는 백인 교회에 가서 하고, 잠은 흑인 목사 집에 가서 주무셨다고 한다. 참으로 대단한 발상이자, 용기가 아닐 수 없다. 인종차별에 대한 조부님의 무언의 항의였던 것이다.

이런 조부님의 신념이 나의 목회에도 영향을 미쳐서 휴스턴 서울교회에서 목회를 하는 동안 나는 신분에 의한 차별을 하지 않았다. 삼성 이건희 회장을 비롯해 한국 사회의 유명 인사들이 MD앤더슨에서 암 치료를 받고, 그들 중에 휴스턴 서울교회를 방문해 예배를 드리는 사람들도 있었다. 하지만 나는 한 번도 성도들에게 그들의 소속과 직책을 밝히며 알리지 않았다.

조부님은 대한민국 초대 대통령인 이승만 대통령과 함께 한성영어학원을 다녔는데, 일제 강점기가 끝나고 해방이 되자 이승만은 귀국해 제일 먼저 조부님을 찾았다고 한다. 당시 조부님과 함께했던 한 장로는 미군정 시절이라 영어 잘하는 사람이 절대적으로 필요했는데, 그때 조부님이 이승만의 요청에 응했다면 대한민국 정부가 수립된 후에 상당한 위치에 올랐을 것이라고 말한다. 그러나 조부님은 이승만의 요청을 이렇게 거절했다고 한다.

"하나님께서 당신에게는 나라 일을 맡기셨고, 나에게는 교회 일을 맡기셨는데, 내게 맡겨 주신 일을 버리고 나라 일을 할 수 없소."

내가 오직 목회에만 전념하고 대외 활동에 별로 관심을 두지 않는 것도 조부를 닮아서 그런 것이 아닌가 싶다.

한국 전쟁 당시 맥아더 장군에 의한 인천상륙작전이 성공을 거두며 서울 탈환을 눈앞에 두고 있던 시점에 성결교단 청년회 회장이라는 사람이 교단의 미래가 걸린 문제로 긴급회의가 열린다면서 조부님을 모시러 왔다. 조부님은 아침도 들지 못한 채 황급히 옷을 차려입고 나가셨고, 이것이 가족들이 기억하는 조부님의 마지막 모습이다. 나중에 가족들은 조부님이 이미 유서를 작성해 놓으셨다는 사실을 알게 되었다. 조부님은 이런 일이 있을 것을 미리 예견하고 순교를 받아들이신 것이다.

이런 조부님의 영향 때문인지 내가 머리에 그리는 지도자 상은 침몰하는 배와 함께 운명을 같이하는 군함 선장이다. 군함이 어뢰에 맞아 침몰하기 시작할 때 사람들을 모두 대피시킨 후 브리지에서 국기를 향해 경례를 하며 배와 함께 장렬하게 바닷속으로 잠기는 함장 말이다.

## 목회자로서 가졌던 세 가지 소원

나는 목회자가 되면서 세 가지 소원을 가졌다.

첫째 소원은, 성경적인 교회를 세우는 것이었다. 이 꿈은 신약교회 회복을 추구하는 가정교회 사역으로 인해 어느 정도 이루어졌다고 본다.

둘째 소원은, 이민교회라는 특수성에서 비롯된 꿈이지만, 이민 1세대와 2세대가 평화롭게 공존하는 교회였다. 한국에서 이민 온 1세대 부모와 2세대 자녀는 언어도 문화도 생활양식도 아주 다르다. 바지에 손을 찔러 넣고 고개를 까딱하는 것이 2세대에게는 인사로 통하지만, 1세대에게는 버르장머리 없는 놈으로 보인다. 게다가 많은 한인 교회가 2세대 중심의 영어 회중들을 교회의 한 부서쯤으로 취급한다. 이러한 상황에서 2세대가 교회에 머물기는 어렵다. 혹여 독립해 나간다 해도 부모들처럼 헌신할 준비가 안 되어 있기 때문에 교회가 성장하기 어렵다. 그래서 "한 교회, 두 회중(One Church, Two Congregations)"이라는 개념을 잡았다. 2세대를 신앙 안에서 살리기 위해 사역적으로 자치권을 주고, 재정적으로도 완전한 지원을 해주는 것이다. 그들의 독특한 문화를 인정하고 모든 것을 2세대 회중이 자유롭게 결정하고 시행하도록 한 것이다. 그래서 2세대 회중의 담임목사가 따로 있고, 그들이 운용하는 프로그램을 그들만의 문화로 움직이도록 했다.

휴스턴 서울교회 영어 회중은 신동일 목사에 의해 서너 가정으로 시작해 현재 장년 출석 400명의 교회로 자랐다. 영어 회중은 2세 교회가 아니고 다민족 교회이다. 교인 40% 정도가 중국, 베트남, 필리핀, 멕시코, 백인과 흑인 등 다민족이다. 한인이 별로 없는 휴스턴에서 한인 교인만을 고집하는 것은 영혼 구원을 포기하는 것과 마찬가지라고 생각했기 때문이다. 그래서 1세대와 2세대의 평화로운 공존이라는 나의 두 번째 꿈도 어느 정도 이루어졌다고 볼 수 있다.

셋째 소원은, 명예로운 은퇴였다. 목회자에게 명예로운 은퇴는 정말 어려운 일인 것 같다. 목회를 잘 시작하는 것보다 목회를 잘 끝내는 것이 훨씬 어렵다고 느꼈다. 내가 목사가 된 1980년대에는 교회 후임 문제로 깨지지 않는 교회, 소송이 걸리지 않는 교회가 없을 정도였고, 유감스럽게도 오늘도 그러한 문제는 계속되고 있다.

이렇게 목회자의 은퇴가 교회 내의 문제를 넘어 사회적 물의를 일으키는 수준으로 확대된 중심에는 돈과 사역, 두 가지가 자리 잡고 있어서다. 그래서 나는 은퇴와 동시에 돈과 사역 부분에서 교회와 관계를 끊겠다고 작정했다.

재정적인 문제에 얽히지 않기 위해 12년 이상 휴스턴 서울교회에서 사역한 모든 교역자들은 사역한 햇수를 계산하여 1년당 1개월로 계산하여 은퇴금을 받고 끝내는 것으로 했다. 이 혜택은 담임목사뿐만 아니라 모든 교역자가 혜택을 받을 수 있도록 했다. 또한 교회에서 은퇴 보험 일부를 보조해서 은퇴 후의 준비를 돕도록 했다.

모든 사역에서도 은퇴 후에 깨끗이 물러나기로 했다. 선교 사역이나 장학 사역을 하다 보면 후임목사와 갈등이 생기는 것을 종종 보았기 때문이다. 나 역시 국제가정교회사역원 원장으로 계속 섬기면 여행할 때 아무래도 교회에 손을 벌리게 될 것 같아 처음에는 그만두려고 했다. 그런데 어떤 성도가 이런 내 의도를 눈치채고 큰 액수의 돈을 휴스턴 서울교회에 미리 헌금하여 계정을 만들어 놓고, 내가 신청서를 제출하면 교회에서 나를 거치지 않고 직접 지불하도록 했기 때문에 감사하게도 여전히 국제가정교회사역원 사역을 하고 있다.

나는 은퇴했지만, 휴스턴 서울교회는 잡음 없이 지속적으로 성장하고 있다. 결국 나는 목회자가 되면서 꿈꾸었던 세 가지 소원을 모두 이룬 셈이다. 마태복음 6장 33절을 붙들고 달려오니까 하나님은 목회자로서 가졌던 꿈을 모두 이룰 수 있도록 축복해 주셨다. 그래서 후배 목회자들에게, 그리고 평신도들에게 자신 있게 권한다.

"먼저 하나님의 나라와 하나님의 의를 구하십시오. 그러면 하나님께서 모든 것을 더해 주십니다. 성경적인 교회로 회복되기 위해 영혼 구원에 올인하십시오. 하나님께서 여러분들의 목회와 삶을 책임져 주실 것입니다."

## 평범한 목자로 섬기는 삶

은퇴 후 후임목사 중심으로 교회가 뭉쳐지기 위해서는 내가 1년이라도 자리를 비워 주는 것이 좋겠다고 생각했다. 1년 후에는 한 사람의 평교인으로 돌아와 담임목사에게 순종하며 도움이 되는 신앙생활을 하려고 했다. 그러나 이 계획은 한국에 오면서 포기할 수밖에 없었다.

가정교회 운동이 전 세계로 확산되는 가운데 한국 가정교회는 정착기에서 성장기로 옮겨 가는 중요한 단계에 와 있다는 판단이 들었고, 내가 해야 할 일들이 눈에 많이 띄었기 때문이다. 이제 가정교회에 필요한 것은 코칭이다. 잘못된 부분은 바로잡고, 막혀서 정체된 부분은 물꼬를 터주면서 올바른 방향을 제시해 지속적으로 성장하도록 돕는 코칭이 필요한 시점인 것이다. 그래서 나는 처음 작정했던 1년을 연장해서 한국에 더 머물게 되었다.

은퇴 후 나의 꿈은 휴스턴 서울교회로 돌아가 평범한 목자로 섬기는 것이었다. 일반 교회 목회자들은 은퇴한 후에 할 수 있는 사역이 없다. 사역은커녕 예배드릴 곳조차 발견하는 것이 힘들다. 그러나 가정교회를 하면 하나님이 부르시는 그날까지 목회를 할 수 있다. 평신도로 돌아가 목장을 맡아 목자로 섬기면 되는 것이다.

나는 휴스턴을 떠나 한국에서 많은 시간을 보내고 있지만, 현재 신분은 휴스턴 서울교회 목자이다. 약 1년 전 아내가 목녀가 되는 바람에 엉겁결에 목자가 된 것이다. 아내가 소속된 목장이 사람이 많아 분가를 해야 하는데 대행 목자가 될 사람이 없었다. (목자가 되기 위해 수료해야 할 성경 공부 과정을 다 마치지 못했어도, 소정의 과정을 수료하면 대행 목자라는 직책을 주어 목장을 맡긴다.) 후보 가정이 있기는 했으나 아직 자격을 갖추어야 할 과정이 남아 있어서 그때까지 분가할 목장을 맡아 달라고 목장의 목녀가 아내에게 강청을 했다. 아내는 생각 끝에 목자가 아닌 목녀로 섬겨 보겠다고 수락하여 자동적으로 내가 목자가 된 것이다.

나는 지금 1년의 절반은 미국에서, 나머지 절반은 한국에서 보내기 때문에 정상적인 목자 사역을 하기 어렵다. 목장 식구들과 목장 VIP들을 위해 기도하는 것이 고작이다. 그러나 앞으로 목자가 되어 내 목장을 맡게 될 젊은 부부를 이메일이나 모바일 메신저 등을 통해 코칭함으로써 간접 목회를 하고 있다. 내가 목자가 된 지 얼마 안 되었지만 그동안 예수님을 영접한 사람도 생기고, 목장과 교회에 나오는 VIP들이 생겨서 보람을 맛본다.

# 3부

# 가정교회란
# 무엇인가?

chapter 06
# 가정교회의
# 3축과 4기둥

요즘은 '가정교회'라고 이름 붙인 소그룹이 많이 있다. 이런 가정
교회와 우리가 추구하는 가정교회를 구분하기 위해 우리 가정교회
를 '3축과 4기둥에 기초한 가정교회'라고 부른다. 바퀴에는 축이 있어
야 하고, 셋 이상이 될 때 부서지지 않고 잘 굴러간다. 3축은 목장 모임,
삶 공부, 주일연합예배 3가지를 말한다. 4기둥은 가정교회의 4가지 정
신을 뜻한다. 집 지을 때 네 기둥이 튼튼히 서야 든든한 집이 세워지듯
4기둥이 튼튼해야 가정교회가 든든히 세워질 수 있다. 여기서는 가정
교회의 핵심이 되는 3축과 4기둥을 소개해 보겠다.

### 가정교회의 핵심 가치 – 3축과 4기둥

가정교회의 진정한 원칙은 3축과 4기둥뿐이다. 나머지 원칙들은
이것에 기초한 관행이다. 컴퓨터에 비유하자면 3축은 하드웨어이고,
4기둥은 소프트웨어이다. 이 3축과 4기둥을 중심으로 가정교회가 움
직인다.

## 1) 3축 : 목장 모임, 삶 공부, 주일연합예배

인간은 지(知), 정(情), 의(意)라는 세 가지 기능을 갖고 있다. 아는 것, 느끼는 것, 원하는 것 세 가지이다. 이 세 가지는 하나님의 속성이며, 하나님의 형상으로 지음받은 인간 역시 이 세 가지 기능을 갖고 있다. 진정한 회심이나 영적 성장은 이 세 가지가 균형을 이룰 때 온전하게 일어날 수 있다. 균형이 깨져서 지, 정, 의 어느 한쪽으로 편중되거나 과중될 때 처음에는 제대로 되어가는 것처럼 보이지만 지속적으로 되기는 어렵다.

예를 들어, 1970-1980년대 대학생 선교단체는 복음을 전하는 데 큰 역할을 담당했고, 한국의 기독교를 꽃피우는 데 상당한 기여를 했다. 그때 복음을 들은 기독교인들이 지금 40-50대 그리스도인으로 교회에서 리더십을 발휘하고 있고, 사회에서 기독교 지성으로서의 역할을 감당하고 있다. 하지만 최근에 많은 어려움을 겪고 있다. 지적인 면에 편중되어 감성시대인 21세기에는 그들의 전도 방법이 잘 통하지 않기 때문이다.

한때는 부흥집회를 통해 많은 사람들이 예수를 믿기도 했다. 유명 강사가 와서 한두 번 집회를 하면 눈물 뚝뚝 흘리며 예수 믿겠다고 결심하고, 기쁜 마음으로 큰돈을 헌금하기도 했다. 그런 부흥집회는 감동을 주는 설교, 공감을 느끼게 하는 간증을 통해 정적인 면으로 접근한 것이다. 그러나 요즘은 부흥회를 통해 예수 믿는 사람이 거의 없다. 인간의 정적인 부분에 치우쳐 있기 때문이다.

노동자나 빈민 등 사회적 약자에게 다가가 이들의 권익을 위해 일하면서 복음을 전하는 이들도 있다. 인간의 의지적인 면을 강조한 접

〈가정교회의 3축〉

근법이다. 그러나 이와 같은 방식은 도덕적인 그리스도인을 만들어 낼 수는 있어도, 하나님과의 깊은 관계 속에서 누리는 기쁨을 아는 그리스도인이 되는 데는 약하다. 진정한 회심과 영적 성장을 위해서는 지, 정, 의가 골고루 건드려져야 한다.

가정교회는 인간이 가진 지, 정, 의를 균형 있게 만족시켜 온전한 회심과 영적 성장을 가능하게 한다. 그림에서 볼 수 있듯이 지, 정, 의의 만족은 목장 모임, 삶 공부, 주일연합예배를 통해 이루어진다.

'목장 모임'은 인간의 정적인 부분을 만져 주는 곳이다. 안 믿는 사람은 목장 모임에서 예수 믿는 사람들이 살아가는 모습을 보고 교회에 대한 두려움과 거부감이 사라진다. 예수를 영접한 사람들은 목장을 이끄는 목자 혹은 목녀나 목장 구성원이 되는 '목원'들이 목장을 섬기는 모습에 감동하여 자신도 섬김을 따라 하면서 제자가 된다.

'삶 공부'는 말 그대로 삶에 대한 공부다. 인간의 지적인 면을 만족시켜 주는 삶 공부는 복음에 대한 정확한 정보를 제공하고 신앙의 근거를 마련해 준다. 다섯 개의 필수 과정과 여러 개의 선택 과정이 있다.

'주일연합예배'는 모든 목장 식구들이 함께 모여 드리는 주일예배를 의미한다. 하나님의 임재를 체험하며 하나님 앞에서 결단과 결심을 하게 만드는 의지적인 면을 만족시켜 준다. 가정교회를 통해 전도가 잘 되는 이유는 이 세 개의 축이 맞물려 잘 돌아가기 때문이다.

요즈음 비신자들은 기독교에 강한 반감을 가지고 있다. 이런 감정이 해소되지 않고서는 이들이 복음에 마음을 열 수가 없다. 비신자들은 목장 모임을 통해서 목자·목녀가 섬기는 모습, 목장 식구들이 사랑하면서 사는 모습에 감동을 받는다. 기존에 갖고 있던 교회에 대한 거부감이나 예수 믿는 사람들에 대한 반감이 사라지게 된다.

그러나 감동을 받았다고 예수를 믿게 되는 것은 아니다. 복음에 관한 정보가 제공되어야 한다. 이런 정보를 제공하는 것이 삶 공부이다. 이를 위해 '생명의 삶'(가정교회 삶 공부의 첫 번째 단계이다. 큐티 잡지인 〈생명의 삶〉과는 무관하다.)을 공부한다. '생명의 삶'은 기독교에 처음 입문하는 사람들을 위해 준비된 아주 쉬운 조직신학이다.

그러나 감동을 받고 복음에 대한 정보를 갖추었다고 해서 예수를 믿게 되는 것은 아니다. 결신을 해야 한다. 이런 결신의 장을 마련해 주는 것이 주일연합예배이다. 전체 목장이 함께 모여 드리는 예배 가운데 하나님의 임재를 깊이 느끼면서 예수를 믿기로 결심하게 되는 것이다.

3축은 온전한 영적 성장을 가능하게 한다. 삶 공부를 통해 교회, 가정, 직장, 삶의 전 영역에서 진정한 그리스도인의 삶이 무엇인지를 배우고, 목장에서 이를 실제로 적용하고 연습한다. 목장 모임에서는 그렇게 배운 삶을 가정과 직장에서 실천하다가 입은 상처를 치유받는다. 주일연합예배에서는 성도들이 하나님의 임재를 체험하여 새 힘을 얻어 새롭게 헌신을 결단한다. 이 세 가지는 자연스럽게 유기적으로 연결되어 있다.

가정교회의 3축 로고에서 보듯이 3축을 꽉 잡아 주는 것은 담임목사의 리더십이다. 3축이 균형을 맞출 수 있도록 담임목사는 리더십을 발휘해야 한다. 여기서 말하는 리더십은 종이 되는 리더십이다. 그래서 역삼각형이다. 성도들의 많은 헌신이 요구되는 가정교회에서 담임목사는 예수님이 보여 주신 것처럼 종이 되는 리더십을 삶으로 보여 주며 3축을 지탱해 간다.

사실 가정교회의 3축은 별난 개념이 아니다. 가정교회가 아니더라도 진정한 회심과 영적 성장을 이루기 위해서는 인간의 지, 정, 의를 균형 있게 지속적으로 건드려 주어야 한다. 감성을 건드려 주는 소그룹(목장 모임), 복음과 그리스도인의 삶에 관한 정보를 제공해 주는 성경 공부(삶 공부), 헌신의 결단과 결심을 이루어 내는 예배(주일연합예배)가 있어야 한다.

3축은 개인에게도 적용된다. 개인적으로도 지속적인 영적 성장이 있기 위해서는 지, 정, 의를 균형 있게 발전시켜야 한다. 지적인 면에 편중되어 성경 공부만 해서는 안 된다. 정적인 면에 편중되어 기도와 찬양만 해서는 안 된다. 의지적인 면에 편중되어 사역만 해서는 안 된다. 지, 정, 의, 이 세 가지는 사역에서나 개인의 신앙생활에서나 균형을 이루어야 한다.

2) 4기둥 : 교회의 존재 목적, 보여 주는 제자훈련, 교회 사역 분담, 종의 리더십

가정교회를 받치고 있는 네 개의 기둥은 가정교회의 핵심 가치와 같다. 각 기둥은 교회가 존재하는 목적, 제자를 만드는 방법, 평신도와 목회자의 사역 분담, 그리고 종의 리더십으로 구성된다. 가정교회는 이 기둥 위에 서 있다.

### 〈기둥 1〉 교회의 존재 목적

"교회가 해야 할 가장 중요한 것은 무엇입니까?"

가정교회 세미나에 온 목회자들에게 내가 반드시 던지는 질문이다. 그런데 의외로 많은 답들이 나온다. '가장 중요한 것'이라면 하나여야 하는데 말이다.

대부분의 목회자들은 예배라고 생각한다. 화려한 교회당을 짓고, 값비싼 피아노나 오르간을 설치하고, 최고급 음향시설을 설치하면서도 별 부담을 느끼지 않는 이유는 교회생활에서 예배가 가장 중요하다고 생각하기 때문이다.

그렇다면 교회가 해야 할 가장 중요한 것이 무엇일까?

우리는 이에 대한 답을 성경에서 찾아야 한다. 가정교회가 주장하는 '성경을 단순하게 따르는 것'이 바로 이런 경우다. 우리는 이 답을 '대사명'이라고 부르는 마태복음 28장 19-20절에서 찾을 수 있다.

"그러므로 너희는 가서, 모든 민족을 제자로 삼아서, 아버지와 아들과 성령의 이름으로 세례를 주고, 내가 너희에게 명령한 모든 것을 그들

에게 가르쳐 지키게 하여라. 보아라, 내가 세상 끝 날까지 항상 너희와 함께 있을 것이다."

이 말씀은 예수님이 승천하시기 전에 주신 마지막 당부다. 유언 같은 말씀인 것이다. 유언은 생의 마지막 순간, 떠나는 이가 남아 있는 이들에게 꼭 지켜 주기를 바라며 당부하는 말이다.

예수님은 이 말씀을 누구에게 하신 것인가? 남아 있는 열두 제자들, 즉 사도들에게 주신 말씀이다. '사도'라는 단어를 우리말 성경에서는 복수, 단수 구별 없이 사용하지만 사실 '사도(使徒)'는 한자로 '보낼 사'와 '무리 도' 자가 합쳐진 복수이다. 단수는 '사자(使者)'이며 '사신(使臣)'이다. 다시 말해 이들은 부활의 증인으로서 복음이 전해지지 않는 곳에 가서 복음을 전하는 사람, 즉 사신이다. 그러므로 이 말씀은 사신, 즉 교회 개척자들에게 주신 명령이다.

여기에는 "가서", "제자로 삼아서", "세례를 주고", "가르쳐 지키게 하여라"라는 네 개의 동사가 등장한다. 헬라어 원문을 보면 이 말씀은 세 개의 분사와 하나의 명령형으로 구성되어 있다. "가서", "세례를 주고", "가르쳐 지키게"는 분사이고, "제자로 삼으라"는 명령형이다. 즉 주님의 명령은 "제자로 삼으라"는 것이다. 교회가 존재하는 목적은 제자를 만드는 데 있다.

예수님이 제자를 만드는 방법으로 제시한 것은 '가라', '세례를 주라', '가르쳐라'이다. 이 세 가지는 '영혼 구원하여'라는 표현으로 집약될 수 있다. 그래서 가정교회는 교회의 존재 목적을 '영혼 구원하여 제자 만드는 것'에 두고 있다. 비신자를 전도하여, 이들을 다른 비신자를 전도하는 제자로 만드는 것이다. 어떤 교회에서는 영혼 구원은 이루어지고 있으나 제자가 만들어지지 않는다. 어떤 교회에서는 제자는 만들어지고 있으나 비신자 전도가 안 된다. 가정교회는 비신자를 전도하여 이들을 제자로 만드는 것을 교회의 존재 목적으로 삼고 있다.

일반 교회에서는 교회의 존재 목적이 분명하지 않기 때문에 문제가 생긴다. 예를 들어, 어떤 프로그램이나 행사를 계획할 때 교회의 존재 목적이 분명하지 않으니 분명한 기준이 없고, 분명한 기준이 없으니 토론이 논쟁이 되어 버린다. 결국은 목소리 큰 사람의 의견대로 되면서 반대 의견을 가진 사람들의 불만만 쌓이게 된다.

그러나 가정교회에서는 영혼 구원하여 제자 만든다는 교회의 존재 목적이 뚜렷하니까 분명한 기준이 생긴다. 영혼 구원하여 제자 만드는 데 도움이 되는가 안 되는가에 비추어 결정하면 되기 때문이다. 소모적인 논쟁도 줄어들고, 자신의 의견이 채택되지 않아도 불만을 갖지 않게 된다.

오늘날 한국 교회가 병들어 있다는 데에는 이견이 별로 없다. 병든 교회를 살리려는 의도로 교회 개혁 운동을 벌이는 사람들이 있다. 교회 재정의 투명화, 교회 운영의 민주화, 교회 내의 세습 폐지 등의 슬로건을 걸고 운동을 벌인다. 고마운 분들이다. 그러나 이러한 문제들은 증상이지 원인이 아니다. 근본 원인을 치료하지 않고 증세만 다루는 것은 마치 호열자에 걸린 사람에게 해열제를 처방하는 것과 마찬가지이다. 해열제가 잠시 열을 내리게 하지만, 약 기운이 떨어지면 다시 열이 오른다.

현대 한국 교회가 병을 앓고 있는 이유는 교회의 존재 목적을 상실했기 때문이다. 교회의 존재 목적을 회복할 때 비로소 병적 요소들이 사라지고 건강한 교회가 될 것이다. 이런 병적 문제들이 가정교회에서는 거의 생기지 않는다는 것이 그 증거이다.

분명한 교회의 존재 목적을 붙드는 것은 셔츠의 첫 단추를 끼우는 것과 마찬가지이다. 첫 단추를 잘 끼우면 다음 단추는 저절로 끼워진다. 마찬가지로 교회의 존재 목적을 분명히 하면 모든 문제의 답이 자연스럽게 나온다.

큰 교회가 좋은지 작은 교회가 좋은지에 대해 목회자들이 가끔씩 토론을 벌인다. 큰 교회가 좋다고 생각하는 사람들은 자신의 교회가 큰 것에 자부심을 느끼고, 작은 교회가 좋다고 생각하는 사람들은 자신의 교회가 작은 것에 자부심을 느낀다. 그러나 둘 다 근거 없는 자부심이다. 영혼 구원하여 제자 만든다는 교회의 존재 목적을 달성하는 데 적합한 크기가 바로 좋은 교회이다. 그러므로 시대, 지역, 상황에 따라 큰 교회가 좋을 수도 있고, 작은 교회가 좋을 수도 있다.

교회 분립도 마찬가지이다. 어떤 목회자들은 교회 분립을 사명과 자랑으로 여긴다. 그러나 교회 분립 자체에 가치가 있는 것이 아니다. 분립하는 것이 영혼 구원하여 제자 만드는 데 도움이 되느냐, 안 되느냐에 비추어 보아야 한다. 분립이 영혼 구원하여 제자 만드는 데 도움이 되면 하는 것이고, 이 목적에 별 도움이 안 되면 안 하는 것이다.

교회 건축을 할 것인가 안 할 것인가 하는 것도 교회의 존재 목적에 비추어 보면 답이 나온다. 전에는 아름답고 큰 교회 건물을 지어 놓으면 사람들이 모인다고 생각했지만, 이제 시대가 바뀌었다. 건축을 하게 되면 영혼 구원에 집중되어야 할 에너지가 분산되고, 건축 헌금에 대한 부담감으로 교회를 떠나는 사람들이 생긴다. 이러한 위험을 무릅쓰고서라도 건축을 해야 장기적으로 영혼 구원하여 제자 만드는 데 도움이 된다면 건축을 하는 것이고, 그렇지 않다면 하지 않아야 한다.

교회나 교단의 연합이나 통합을 추구할 것인가, 안 할 것인가 하는 질문도 교회의 존재 목적에 비추어 보면 답이 나온다. 연합이나 통합 자체에 가치가 있는 것이 아니다. 영혼 구원하여 제자 만드는 데 도움이 되면 가치 있는 일이고, 도움이 되지 않으면 가치 없는 일이다. 하나 되는 것 자체를 지나치게 강조하여 영혼 구원하여 제자 만드는 데 지장을 준다면 교회의 연합과 통합을 추구하는 것은 어리석은 짓이 된다.

요새 이슈가 되고 있는 담임목회 세습도 그렇다. 난 사실 세습이라는 단어를 사용하는 것은 잘못되었다고 생각한다. 단어 자체가 부정적인 의미를 담고 있기 때문이다. 담임목사직을 아들 목사가 물려받아도 되느냐, 안 되느냐는 아무리 논쟁을 벌여도 정답이 없다. 그러나 교회의 존재 목적에 비추어 보면 답이 나온다. 아들 목사가 후임이 되어 영혼 구원하여 제자 만드는 사역이 잘 이루어질 것 같으면 후임으로 삼는 것이고, 아니면 후임으로 삼아선 안 되는 것이다.

가정교회 4기둥 중에서 가장 중요한 첫 번째 기둥인 교회의 존재 목적을 분명히 할 때 교회가 평안해진다.


### 〈기둥 2〉 가르치기보다 보여 주는 제자훈련

가정교회 제자훈련은 가정교회 핵심 가치인 단순한 성경 접근 방법에 기초하고 있다. 마가복음 3장 14-15절을 보자.

"예수께서 열둘을 세우시고 [그들을 또한 사도라고 이름하셨다.] 이 것은, 예수께서 그들을 자기와 함께 있게 하시고, 또 그들을 내보내어서 말씀을 전파하게 하시며, 귀신을 쫓아내는 권능을 가지게 하시려는 것이었다."

이것이 예수님의 제자훈련 방식이었다. 예수님은 제자들이 귀신을 쫓아내는 권능을 갖도록 하셨다. 지식을 전달하는 것이 아니라 실제적인 능력을 길러 주신 것이다. 또한 말씀을 전파하게 하셨다. 강의실에 앉아서 가르치신 것이 아니라, 현장으로 나가서 실습 위주의 훈련을 시키셨다. 그리고 예수님은 제자들을 함께 있게 하셨다. 여기서 '함께 있다'는 사실은 매우 중요하다. 예수님은 이것을 삶으로 보여 주셨다. 제자들은 예수님을 옆에서 보고 그의 삶을 배웠고, 그의 사역을 배웠다. 이것이 예수님의 제자훈련 방식이었다.

한때 한국 교회에서는 제자훈련이 부흥을 이루었다. 하지만 유감스럽게도 제자훈련이 강의실 중심으로 이루어져 성경적 지식을 가르치고 전달하는 데 집중되었다. 결과적으로 제자훈련을 통해 제자가 만들어진 것이 아니라, 성경적 지식을 많이 알아서 머리만 커진 학자들을 키우게 되었다.

가정교회의 제자훈련은 기존의 제자훈련과 달리, 지식 전달보다는 능력 배양, 교실 교육보다는 현장 실습, 말로 가르치기보다는 행동으로 보여 주어 제자를 만들려고 한다. 이것이 예수님의 방법이라고 믿기 때문이다.

가정교회 세미나에 참석한 이들로부터 가끔 이런 질문을 받는다.

"가정교회는 제자훈련을 언제 합니까?" 이 사람은 성경 공부가 제자훈련이라는 등식이 머리에 박혀 있기 때문에 이런 질문을 던진 것이다. 가정교회의 제자훈련은 목장에서 이루어진다. 같이 밥 먹고, 삶을 나누고, 인생 문제로 같이 씨름하며 아파하고 기도하면서, 서로를 보고 배운다. 목원들은 특별히 목자와 목녀가 섬기고 희생하는 모습을 보면서 자연스럽게 그리스도인의 삶을 배운다. 예수님의 제자들이 예수님과 '함께 있으면서' 삶과 사역을 배웠던 것처럼 말이다.

가정교회가 기여한 것 중의 하나가 '제자훈련=성경 공부'라는 등식을 깬 것이라고 말하는 이들도 있다. 성경을 열심히 공부한다고 해서 제자가 만들어지는 것이 아니다. 책상은 학자를 길러 낼 뿐이다.

우리의 영성은 수도원 같은 곳에서 길러지는 것이 아니다. 혼자 묵상하며 영성을 키우는 것이 분주한 세상에서 벗어나 자신을 성찰하고 정리하는 데는 도움이 될지 모르지만 진정한 영성을 갖출 수는 없다. 누구의 방해나 어떤 사건의 영향도 받지 않는 상태에서 개발된 영성은 세상에 나오는 순간 깨지고 만다. 무균실에서만 살던 사람이 세상에 나왔을 때 면역력이 없어서 금방 고꾸라지는 것과 같다.

예수님의 영성은 시장 영성이다. 수많은 갈등이 항존하는 곳, 처절한 삶의 싸움이 진행중인 시장에서 예수님은 영성을 유지하셨다. 목장에서 배우는 영성 또한 마찬가지다. 목장에서는 삶의 민낯이 고스란히 드러난다. 이혼할 듯이 부부 싸움을 하고, 직장상사와 갈등이 깊어져 사표를 던지고 싶고, 죽어라 말 안 듣는 자식 때문에 골머리를 썩으면서 주님이 원하시는 삶을 살기 위해 몸부림치는 모습들이 그대로 노출된다. 이러할 때 영적으로 성숙한 사람들이 그 상황을 어떻게 극복하고 대처하는지 보여 준다. 또 목장 식구들과의 관계에서 제자가 되어 간다. 사실 목원들과의 관계가 항상 좋은 것은 아니다. 다투기도 하고 싸우기도 한다. 이런 과정 가운데 참고, 이해하고, 사랑하려고 노력하면서 목원들은 변해 간다. 이처럼 가정교회는 '가르쳐서'가 아니라 '보여 줌으로써' 제자를 만든다.

제자는 배우는 사람이지만 배우는 것으로 끝나는 것이 아니라, 자신이 배운 것을 다른 사람에게 전수한다는 특징을 갖는다. 학원 강사에게는 수강생만 있지만, 대학 교수에게는 제자가 있다. 수강생은 배운 것을 자신이 취하는 데서 그치지만, 제자는 스승에게서 배운 것을 다른 사람에게 전수한다.

제자에게 전수해야 할 것은 두 가지이다. 예수님의 사역과 예수님의 성품이다. 주님은 요한복음 16장에서 이렇게 말씀하셨다.

"내가 떠나가는 것이 너희에게 유익하다. 내가 떠나가지 않으면, 보혜사가 너희에게 오시지 않을 것이다. 그러나 내가 가면, 보혜사를 너희에게 보내 주겠다." 요 16:7

왜 주님은 자신이 가는 것이 유익하다고 하셨을까? 육신의 몸을 입으신 예수님이 지상에 계실 때는 정해진 시간에 한 군데밖에 계실 수없다. 그래서는 땅 끝까지 복음을 전할 수가 없다. 그래서 예수님은 십자가에서 돌아가시고 부활하시고 승천하셔서 보혜사 성령님을 보내셨고, 성령님은 성도 안에 내주하시며 성령의 은사를 주사 예수님이 하시던 사역이 이들을 통해 재현되도록 하셨다. 성령님의 은사를 통해 주님이 하시던 일을 이어받고, 그를 통해 주님이 하시던 사역을 하는 사람이 만들어질 때 우리는 "제자가 만들어진다"고 말할 수 있다.

또한 성령님은 성도 안에 내주하셔서 성도를 예수님 닮은 사람으로 만드신다. 예수님을 닮는 것은 인간의 노력이나 수양으로 되는 것이 아니다. 성령님의 사역의 결과이기 때문에 예수님 닮아가는 것을 "성령의 열매"라고 부른다.

> "성령의 열매는 사랑과 기쁨과 화평과 인내와 친절과 선함과 신실과 온유와 절제입니다." 갈 5:22-23

성경이 말하는 성령의 열매들은 노력해서 이루어야 할 당시 헬라 사람들이 추구하는 미덕으로 생각해서는 안 된다. 이 말씀은 예수님의 성품을 묘사하고 있다고 보아야 한다. 예수님 닮은 성품을 묘사하고 있는 것이다. 이런 사람들이 생기고 이들을 통해 예수님 닮은 사람들이 생겨날 때 우리는 "제자가 만들어진다"고 말할 수 있다.

보고 배우는 원칙은 그 힘이 엄청나다. 일본 가와사키 초대교회 조남수 목사는 현지인 교회를 섬기는 선교사이다. 자신의 교회에 가정교회를 도입하여 잘 정착시키고 이제는 일본에서 목회자를 위한 가정교회 세미나를 개최하고 있다. 한국과 미국에서 개최되는 가정교회 세미나는 교인들이 참석자들을 집에서 모시고 숙식을 제공하면서 진행된다. 일본에서도 세미나가 개최될 때에는 숙식을 제공하면서 세미나를 갖는다. 일본인들은 사생활을 중시해서 친밀한 관계라도 누군가를 자기 집으로 초대하거나 집을 공개하는 일이 매우 드물다. 그런데 어떻게 이런 일들이 가능하게 되었을까?

가와사키 초대교회 성도들은 그야말로 보고 배웠다. 인천 등대교회(안태준 목사)에서 평신도를 위한 세미나가 개최되었을 때, 조남수 목사는 자기 교회 일본인 장로들을 데리고 세미나에 참석했다.

일본 장로 두 사람이 묵게 된 인천 등대교회 성도 집은 가난한 집이었다. 따로 손님방이 있을 리 만무했다. 집주인은 딸이 쓰는 방을 장로님들에게 내놓았다. 딸이 싱글침대를 쓰고 있어서 한 장로님은 바닥에서 자고 다른 장로님은 침대에서 자야 했다. 온돌방에 적응이 안 된 장로님은 덜컥 감기에 걸려 세미나 기간 내내 고생을 했다.

그런데 이상한 일이 벌어졌다. 두 장로님이 감동을 받은 것이다. 이렇게 가난한 집에서도 섬기기 위해 자기 집을 내놓는데, 그보다 나은 우리가 못할 이유가 없다는 분위기가 형성된 것이다. 결국 가와사키 초대교회 성도들은 너나없이 자기 집을 숙소로 제공하고 세미나를 개최하게 되었다.

### 〈기둥 3〉 성경적인 교회 사역 분담

성경에는 평신도나 성직자에 대한 구분이 없다. 평신도(laity)라는 단어가 아예 등장하지 않는다. 이 구별은 콘스탄틴 대제가 기독교를 공인하면서 제국주의 시스템이 교회 안에 들어와 생긴 용어다. 신약성경에는 성직자, 평신도 구별 없이 모두 '성도'라고 불렀다. 그러나 우리에게 익숙해진 이 용어를 사용해서 질문을 던진다면, '목회자 성도'와 '평신도 성도'가 할 일은 각각 무엇일까? 이 답을 에베소서 4장 11-12절에서 발견할 수 있다.

"그분이 어떤 사람은 사도로, 어떤 사람은 예언자로, 어떤 사람은 복음 전도자로, 또 어떤 사람은 목사와 교사로 삼으셨습니다. 그것은 성도들을 준비시켜서, 봉사의 일을 하게 하고, 그리스도의 몸을 세우게 하려고 하는 것입니다."

11절이 말하는 사도, 예언자, 복음 전도자, 목사와 교사의 공통점은 말씀 사역자라는 것이다. 오늘날의 상황으로 말하자면 정식으로 신학을 공부해서 목사 안수를 받은 목회자라고 할 수 있겠다. 목사는 말씀 사역자이므로 신학을 공부하고 안수를 받아야 한다. 신학적 지식과 자질을 갖추어야 강단에서 바른 말씀을 선포할 수 있기 때문이다.

그렇다면 11절에 등장하는 말씀 사역자들은 무슨 사역을 하는 것인가? 다르게 말하자면, 목사는 무슨 일을 해야 하는가? 12절에는 세 가지 사역이 기록되어 있다. 성도를 온전하게 하는 것, 봉사의 일을 하게 하는 것, 그리스도의 몸을 세우게 하는 것이다. 그러면 이 세 가지가 모두 말씀 사역자, 즉 목사의 사역인가? 아니면 일부만이 목사의 사역인가?

전통적으로는 이 세 가지 모두가 목사의 사역으로 간주되었다. 그러나 성경 원문을 살펴보면, "성도를 온전하게 하여"의 주어는 11절에 나오는 말씀 사역자이고, "봉사의 일"과 "그리스도의 몸을 세우려 하는 것"의 주어는 성도다. 새번역으로 살펴보면 그 의미가 더 분명해진다. "성도들을 준비시켜서, 봉사의 일을 하게 하고, 그리스도의 몸을 세우게 하려고 하는 것." 여기서 봉사라는 말은 헬라어의 집사와 어원이 같다. 그래서 KJV에서는 'ministry(목양)'로 번역되어 있다. 즉 목양하는 것은 성도의 몫이라는 말이다.

정리하자면, 목사는 성도들을 온전하게 해서 그들이 목양하도록 하고, 그리스도의 몸, 즉 교회를 세우도록 해야 한다는 의미이다. 그런데 지금까지 한국 교회 목회자들은 성도의 사역을 자신들이 했다. 목양하고 교회를 세우는 일은 성도의 몫인데, 그것을 목사가 할 일이라고 생각했던 것이다. 그러다 보니 목회로 인해 항상 바쁘고 피곤했다.

그렇다면 목양과 교회를 세우는 성도 본연의 역할을 빼앗긴 성도들의 모습은 어떻게 되었을까? 교회 예배 안 빠지고, 십일조 꼬박꼬박 하고, 교회에서 입 꾹 다물고 있으면 모범적인 그리스도인으로 인정받는 존재가 되어 버렸다. 그러나 사실 성도들의 마음에는 가치 있는 영원한 것을 위해 일하고 싶은 욕구가 있다. 가정교회는 본래 성도들의 몫이었던 영원한 가치가 있는 사역을 성도들에게 되돌려 주어 보람을 갖고 사역을 하게 만들어 준다.

"성도들이 사역을 다 하면 목사는 뭐합니까? 할 일이 팍 줄어서 아주 좋겠네요." 세미나 참석한 평신도들 가운데에는 농담 반 진담 반으로 이런 말을 한다. 그렇다면 목사의 사역은 무엇인가? 성경을 보면 말씀 사역자의 사역이 분명히 나와 있다. 성도들을 온전하게 하는 일 외에, 기도와 말씀 선포(행 6:2-4), 리더십 발휘(행 20:28)다.

일반 교회에서 목사는 많은 시간을 성도들의 애경사를 돌보고 심방과 사람 만나는 일로 시간을 보낸다. 이런 일들이 중요하지 않은 것은 아니지만, 그렇게 하다 보니까 목사의 주 사역인 기도와 말씀 준비하는 데 소홀해진다. 그러면 교인들은 영적으로 메말라 간다.

가정교회를 하는 목사들은 보통 하루에 2-4시간 동안 기도한다. 또 말씀 준비에 많은 시간을 사용한다. 성도들이 목양을 하니까 이런 시간이 생기는 것이다. 사실 가정교회를 하면 목사들이 이전보다 더 바빠진다. 더 많은 시간 동안 기도해야 하고, 더 많은 시간을 말씀 준비에 사용해야 한다. 더 많은 성경 공부를 인도하다 보면 이전보다 더 바빠지기도 하지만 행복감이 충만하다. 목사가 해야 할 일을 하고 있기 때문이다.

성도들도 교회생활에 활기가 넘친다. 본연의 사역을 되돌려 받았기 때문이다. 가정교회에서는 목자가 심방도 하고 상담도 한다. 무척 바쁘다. 그러나 가치 있는 영원한 일에 자신을 드리고 있다는 것 때문에 기쁘다. 영혼 구원하는 일에 헌신함으로써 영원한 멸망에 빠질 사람을 영생을 누리는 사람으로 변화시키는 영향력 있는 삶을 살고 있다는 사실에 행복해하는 것이다.

헌신된 성도의 모습을 천안 제자교회(심영춘 목사) 장한수, 박선영 목자 내외를 통해 볼 수 있다. 이 부부는 자그마한 상가에서 중식당을 운영하고 있다. 이들에게는 영혼 구원하는 목장 사역이 삶의 우선이다.

이 내외는 가장 손님이 많은 주일에 식당 문을 닫는다. 또 아침에 구입한 음식 재료가 떨어지면 오후 4-5시면 문을 닫는다. 목장 사역을 할 시간을 만들기 위해서다. 그런데도 식당이 망하지 않고 번성한다. 이들 부부는 사업장을 사역과 섬김의 장소로 생각하기 때문이다. 이 식당의 짜장면과 짬뽕 가격은 일반 식당보다 저렴하지만 재료는 일류 고급 식당보다 훨씬 신선하고 풍성하다. 곱빼기로 주문해도 값을 더 받지 않는다. 바깥 길에서 볼 수 있는 식당 간판 아래쪽에는 이런 구절이 적혀 있다.

"주 예수를 믿으라 그리하면 너와 네 집이 구원을 얻으리라."

사업이 잘 안 되는 식당 간판에 이런 구절을 써 놓았으면 비웃을 수도 있지만, 흥왕하는 식당 간판에 이런 구절이 써 있으니 오히려 예수에 대해 호기심을 불러일으키는 것 같다.

이 목자·목녀가 섬기는 목장을 통해 많은 사람들이 예수를 믿게 되었다. 도저히 예수를 믿을 수 없을 것 같은 사람들이 예수를 믿는 놀라운 역사가 일어났다. 이들 목장은 네 곳의 선교지와 개척교회를 돕고 있다. 언젠가 15개의 선교지를 돕는 것이 이 부부의 꿈이다.

이러한 목자·목녀는 제자교회에서만 볼 수 있는 것이 아니다. 가정교회를 하는 곳마다 이런 목자와 목녀들을 볼 수 있다. 가정교회 세미나 때에는 목자·목녀들이 사역 간증을 하는데, 비슷한 간증을 어디서나 들을 수 있다. 이런 열매가 있는 것은 목자·목녀가 자신들이 평신도 목회자라는 자부심을 갖고 사역을 하기 때문이다. 자신의 사역이 단순히 담임목사를 돕는 것이 아니라 하나님의 사역을 하는 것이고, 자신들이 신약교회의 회복이라는 고귀한 사명을 위해 일한다는 의식 때문이다. 교회가 성경적으로 사역을 분담했을 때 얻어지는 아름다운 결과이다.

가정교회의 목사와 성도는 성경에 따라 자신에게 맡겨진 본연의 사역을 전담한다. 목사는 성도를 온전하게 하는 일(엡 4:11-12), 기도와 말씀 선포(행 6:2-4), 리더십 발휘(행 20:28)에 집중하고, 성도는 목양과 교회를 세우는 일을 한다(엡 4:12). 이것이 바로 가정교회의 성경적인 사역 분담이다.

### 〈기둥 4〉 다른 사람을 성공시켜 주는 종의 리더십

예수님의 리더십을 한마디로 말하면 '종의 리더십'이다. 마가복음 10장 43-45절에서 예수님은 이렇게 말씀하셨다.

> "너희 가운데서 누구든지 위대하게 되고자 하는 사람은 너희를 섬기는 사람이 되어야 하고, 너희 가운데서 누구든지 으뜸이 되고자 하는 사람은 모든 사람의 종이 되어야 한다. 인자는 섬김을 받으러 온 것이 아니라 섬기러 왔으며, 많은 사람을 구원하기 위하여 치를 몸값으로 자기 목숨을 내주러 왔다."

예수님의 이 말씀은 야고보와 요한의 자리다툼 뒤에 주어진 말씀이다. 제자들은 요즘 말로 하면 '줄서기'에 관심이 있었다. 잘못된 기대를 가지고 있었던 것이다. 영광스러운 예수님의 옆자리를 꿈꾸는 그들에게 예수님은 그들의 기대와는 정반대의 말씀을 하신다.

"으뜸이 되고자 하는 사람은 모든 사람의 종이 되라!"

나는 종이 된다는 의미를 두고 참 많은 고민을 했다. '종이 된다'는 의미를 '시키는 대로 한다'는 뜻으로 이해했기 때문에 현실에서 이를 실천하는 것이 어려웠다. 예를 들어 토요일에 주일 설교를 준비하는데 누군가 전화해서 만나자고 하면 죽고 사는 문제가 아니면 나가지 않았다. 성도들에게 영적 양식을 먹이는 것이 더 중요했기 때문이다. 그러면서 속으로 '종이 뭐 이래? 말로만 종이네.' 생각하며 가책을 느꼈다. 그런데 가정교회를 하면서 정리가 되었다. 시키는 대로 하는 것이 종이 아니라, 남을 성공시켜 주는 사람이 종인 것이다. 이러한 종의 리더십이 목사와 목자·목녀, 그리고 성도들이 가져야 할 진정한 종의 자세다.

세상에서는 자기 주변 사람을 나의 성공을 위해 존재하는 사람들로 생각한다. 그렇기 때문에 자신을 섬기는 사람이 많으면 성공한 줄 안다. 더 높은 자리에 오르려고 하는 이유도 나의 꿈과 비전을 이루기 위해 쓸 수 있는 자원이 많아지기 때문이다. 하지만 예수님의 생각은 완전히 달랐다. 세상과 완전히 반대로, '더 높이'가 아니라 '더 낮게'였다. 주위 사람들은 나의 성공을 위해 존재하는 것이 아니라, 내가 주위 사람들의 성공을 위해 존재한다는 것이다. 그렇기 때문에 으뜸이 되고자 하는 이유도 세상과 다르다. 더 많은 사람을 섬기기 위한 것이다. "으뜸이 되고자 하는 사람은 모든 사람의 종이 되어야 한다." 주님이 원하셨던 리더십은 종의 리더십이었고 이것이 가정교회 네 번째 기둥이요 핵심 가치 중의 하나이다.

가정교회에서는 종이 되는 리더가 자연스럽게 세워진다. 목장이 분가할 때 새로운 목자는 목장 식구들이 선택한다. 이럴 때 인간은 이기적이기 때문에 자신들을 가장 잘 섬겨 줄 사람을 목자로 세운다. 휴스턴 서울교회의 경우에는 안수집사(장로교회로 치면 장로) 대상자를 목자들이 추천한다. 목자들은 자신보다 더 잘 섬기는 사람을 안수집사로 추천한다. 결과적으로 위로 올라갈수록 더 많이 섬기는 사람이 직분을 맡게 된다.

가장 잘 섬기는 사람들이 교회의 중직자가 되었기 때문에 휴스턴 서울교회에서 안수집사들에 대한 신뢰는 거의 절대적이다. 대표 기도를 할 때 "집사님들처럼 되게 해 주세요"라고 기도하는 청년들도 있다. 자신을 낮추면 주님이 높여 주신다.

가정교회를 하는 목회자들은 평신도를 사역의 도구로 생각하지 않는다. 자신이 평신도를 성공시켜 주는 도구로 생각한다. 목자·목녀도 담임목사의 사역을 돕는 사람들이 아니다. 담임목사가 목자·목녀의 사역을 돕는 사람이다. 가정교회 목사들의 꿈은 목자와 목녀들이 천국에 가서 목사보다 더 많은 상급을 받을 수 있도록 만드는 것이다.

종이 되는 리더는 이웃을 성공시켜 주는 사람이기 때문에 쓴소리도 할 수 있다. 일반적으로 교회에서 목사는 장로를 비롯한 중직자들에게 싫은 소리를 하지 못한다. 이후에 나타날 부작용을 염려해서다. 하지만 다른 사람을 성공시켜 주는 종의 리더십을 갖고 있다면, 잘못된 일을 지적해서 시정해 주어야 한다. 담임목사가 아니면 누가 그들을 바로잡아 줄 수 있겠는가. 20년의 내 목회를 돌아보면 "목사님이 사심 없이 나를 위해 쓴소리를 한 것"이라는 신뢰가 있었기 때문에 그 순간은 상처를 입더라도 후유증이 없었다.

가정교회에서는 이러한 섬김의 정신이 개인 차원에서뿐만 아니라 교회 차원에서도 생활화되고 있다. 가정교회 세미나를 개최하기 위해서는 꽤 많은 재정이 필요하다. 그러나 모든 주최 교회들이 기쁜 마음으로 이 일을 감당한다. 세미나에 참석한 목사들이 성공적으로 목회하기를 원하고 다른 교회 평신도들이 성공적인 목양을 하기를 바라기 때문이다.

가정교회로의 전환 성공 여부는 담임목사가 종이 되는 리더십을 얼마나 체득하고 실천하느냐에 달렸다고 해도 과언이 아니다. 가정교회 전환에 애를 먹는 경우는 가정교회 자체가 어려워서가 아니다. 유교 문화에 젖은 한국에서는 목회자들이 자신도 모르게 권위주의에 빠져 있어서 이러한 굴레를 벗어나는 게 쉽지 않기 때문이다. 담임목사가 기존의 생각을 버리고 종이 되는 리더십을 발휘할 때 가정교회는 순항하게 될 것이다.

끝으로 종의 리더십과 관련해서 언급하고 싶은 것이 있다. 목사는 자신을 '주의 종'이라고 표현하는 경우가 많다. 목사가 진정 '주의 종'이라면 "나는 이런 목회를 하고 싶다", "나는 어디 가서 목회를 하고 싶다", "나는 이렇게 목회를 하겠다"와 같은 말을 해서는 안 된다. 종은 주인의 필요를 위해 존재하는 사람이다. 주의 종이라면 주님이 원하시는 곳에서, 주님이 원하시는 일을, 주님이 원하시는 방법으로 하는 것이 소원이 되어야 한다. 주님이 찾으시는 사람은 주를 위해 일하는 사람이 아니다. 주님은 마음 놓고 부려먹을 수 있는 종을 찾으신다. 목사가 '비전'을 말하는 경우가 많은데 종에게는 비전이 있을 수 없다. 있다면 주님의 비전만이 있을 뿐이다. 종에게 요구되는 것은 순종이다.

종이 되는 것이 손해 보는 것 같지만, 그렇지 않다. 주님은 "꼴찌들이 첫째가 되고, 첫째들이 꼴찌가 될 것"(마 20:16)이라고 약속하셨기 때문이다. 말씀의 전후 문맥을 살펴보면 최후 심판과 관련이 있다. 일반적으로 주의 종이 되는 것을 주를 위해 일하는 것이라고 생각한다. 그래서 주를 위해 많은 일을 한 사람이 첫째이고, 천국에서 상급을 많이 받을 것이라고 생각한다. 그러나 주님이 찾으시는 사람은 주를 위해 일하는 사람이 아니라 주의 종이다. 세상적인 눈으로 보기에는 초라해 보이고 눈에 띄지 않는 꼴찌처럼 보이지만, 이들은 주님이 원하시는 곳에서, 주님이 원하시는 일을, 주님이 원하시는 방법으로 행하는 이들이며, 천국에서는 첫째가 될 것이다. 우리는 이 세상에서 첫째가 될 것인지, 천국에서 첫째가 될 것인지를 결정해야 한다. 천국에서 첫째가 되기 원한다면 종이 되는 리더십을 발휘해야 한다.

chapter 07

# 밥상 교제와
# 영혼 구원의 열정

**신앙생활의 중심은 식탁이다**

가정교회의 기초 단위는 목장이다. 목장은 10명 안팎의 성도들이 모이며, 남녀를 구분하지 않고, 신자와 비신자를 구분하지 않고 모인다. 목장을 이끄는 리더가 목자·목녀다. 가정교회의 성도들은 모두 목장에 소속되어 목장 활동을 한다. 목장에 속해 있는 성도들은 '목장 식구' 혹은 '목원'이라고 부른다. 교회 크기에 따라 목장은 몇 개, 또는 수십 개에 이른다.

목장은 일주일에 한 번 목자와 목원들의 집을 돌면서 모임을 갖는다. 주로 금요일에 모이는데, 토요일에 모이는 목장도 꽤 있다. 목장 모임은 저녁에 식사하는 것으로 시작된다. 목장 모임을 간단히 소개하자면, 저녁 식사를 같이 하고, 자녀들과 함께 시간을 갖는다. 자녀들과 찬양을 한두 곡 부르고 감사거리와 기도제목을 나눈 후 기도해 주고, 아이들끼리 목장 모임을 하거나 놀도록 한다. 그다음에 어른들끼리 모여 다시 찬양 시간을 갖고, 20분 정도의 짧막한 성경 공부를 한 후에(지난 주 설교 말씀을 다시 한 번 돌아보는 것으로 성경 공부를 대치하는 가정교회도 있다.) 지난 주일 주보에 실렸던 광고를 나눈다. 가정교회는 자치성과 더불어 연합성을 강조하는데, 이 순서를 통해 목장 식구들과 주일연합예배에 참석하지 않고 목장 모임에만 참석하는 VIP들에게 목장은 더 큰 연합체의 일부라는 메시지를 전달한다. 그 다음에 지난 모임에서 나누었던 기도제목이 얼마나 응답받았는지를 점검하고, 이어서 지난 주에 있었던 감사한 일 한가지씩을 돌아가며 나눈다. 그러고는 서로를 위해 중보 기도를 한다. 마지막으로 선교사에게서 온 편지를 읽거나 VIP 근황을 보고한 후 그들을 위해 기도하고 모임을 마친다. 저녁식사로 시작된 목장 모임은 밤 10시 이후에 끝나는 것이 보통이다. 너무 늦어지지 않게 하려고 하지만, 솔직하고 진정성 있는 나눔이 계속되다 보면 자정 가까이 되어서야 끝날 때도 많다.

목장 모임을 할 때 반드시 지켜야 할 원칙이 있는데, 그중 하나가 '같이 밥 먹는 일'이다. 모이면 일단 같이 밥을 먹고 시작한다. 모이는 집에서 밥을 대접하거나 음식을 하나씩 나눠 준비해 오기도 하지만, 밥은 반드시 함께 먹도록 하고 있다.

처음에는 집에서 모이고, 더구나 밥을 같이 먹으면서 모인다는 것이 부담스럽다는 이야기가 많이 들렸다. "한국의 주택 구조상 10여 명 안팎의 사람들이 모이기엔 집이 좁다", "어떤 음식을 대접해야 할지 모르겠다", "음식을 준비하는 데 돈이 적잖이 든다" 등의 의견들이 오갔다. 하지만 목장 모임에서 점점 같이 밥 먹는 즐거움과 기쁨을 맛보고, 대접하는 섬김의 축복들을 경험하면서 이런 이야기들이 쏙 들어갔다.

처음에 가정교회를 시작했을 때 목장 모임에서 밥을 같이 먹게 된 것은 특별한 뜻이 있어서가 아니라, 단순한 성경적인 접근이었다. 신약교회가 그렇게 했기 때문에 우리도 그렇게 한 것이다. 그러나 나중에 밥상에 담긴 깊은 영적 의미를 깨닫게 되었다(팀 체스터의 《예수님이 차려주신 밥상》(A meal with Jesus, IVP) 참고).

복음은 식탁과 밀접한 관계가 있다. 아마 성경에서 먹는 이야기를 빼고 나면 성경 두께가 무척 얇아질 것이다. 구약의 예언자들은 하나님 나라를 풍성한 잔치로 묘사했고, 하나님은 예언자를 통해 이스라엘 백성들을 부르실 때 풍성한 잔치에 초대하겠다고 말씀하셨다(욜 2:14-27). 예수님의 사역에서도 식탁은 중요했다. 예수님은 주로 잔치 자리나 식탁에서 중요한 가르침을 주셨다. 잔치를 좋아하신 예수님은 초청의 자리에 마다하지 않고 응하셨다. 예수님을 대적했던 무리들로부터 세리와 죄인의 친구, 술주정뱅이, 식탐하는 사람이라는 비난을 받았던 이유도 다 그 때문이었다(눅 7:34).

예수님에게 식탁이라는 자리는 그저 음식을 먹는 장소가 아니었다. 하나님 나라를 가르치는 자리, 하나님의 은혜를 맛보는 자리, 하나님의 가족이 되었음을 선포하는 자리였다. 십자가의 죽음이 예고된 전날 밤, 예수님은 제자들과 만찬을 나누시며 두려움에 떠는 제자들에게 천국 잔치를 약속하셨고(눅 22:16, 30), 부활하신 후에 갈릴리 호숫가에서 제자들에게 나타나셨을 때 하신 일도 제자들에게 생선을 구워 먹이시는 것이었다(요 21:13).

하나님의 백성들에게 있어서 식탁은 신앙생활의 중심에 있다. 신약교회 교인들은 집집마다 다니며 음식을 먹고 떡을 떼었으며(행 2:46) 공식 예배와 식탁 교제를 구분하지 않았다. 거짓 교사들을 배격하고

죄지은 사람들을 징계하는 방법은 식탁에 같이 앉기를 거부하는 것이었다(요삼 5-8; 고전 5:11)

식탁 교제가 중요했기 때문에 교회 지도자들을 선출할 때 손님 대접을 잘하는 사람을 뽑도록 했다(딤전 3:2). 성찬 또한 신약교회 성도들에게는 단순한 예식이 아니라, 하나님의 임재 가운데 한 상에 둘러앉아 먹고 마시는 잔치였다. 우리 죄를 위해 돌아가신 예수님을 기억하고, 양식이 되시는 주님 없이는 하루도 살 수 없음을 고백하며, 그리스도 안에서 한 가족이 되었음을 선포하고, 장차 누릴 천국의 기쁨을 미리 맛보는 자리인 것이다.

목장이 진정한 가족 공동체가 되기 위해서는 같이 밥을 먹어야 한다. 노숙자들에게 음식을 장만해 나눠 주는 일은 고귀한 일이지만, 시혜자와 수혜자라는 관계의 벽이 남는다. 가족 공동체가 되기 위해서는 밥을 먹어도 집에서 같이 먹어야 한다. 친한 사람이라도 밥을 사서 대접하는 동안에는 그 사이에 거리감이 존재한다. 그러나 집에서 밥상에 둘러앉아 먹을 때에는 그 거리감이 좁아진다. 깊은 사귐과 나눔이 밥상 앞에서 이루어지는 것이다. 그래서 정말 진정한 친구가 되고 싶은 사람은 집으로 초대하고 음식을 함께 먹어야 한다.

신약교회에서는 그렇게 천국 밥상이 이루어졌다. 한 식탁에서 있는 자와 없는 자, 히브리인과 헬라인, 주인과 상전이 같이 밥을 먹으면서 마음의 장벽을 허물고 주 안에서 하나가 되었다(갈 3:28). 신약교회의 회복을 추구하는 가정교회 성도들에게 식탁은 그냥 밥 먹는 자리가 아니다. 하나님의 임재 가운데 가족의 하나 됨을 즐기는 자리다. 목장 모임이 집에서 이루어지고 반드시 식사를 해야 하는 이유도 여기에 있다. 밥 대신 간식은 안 되느냐는 질문을 하는 사람도 있다. 그러나 간식은 손님에게 대접하는 것이다. 가족은 같이 밥을 먹는다. 목장 식구들은 가족이다.

### 교회의 진정한 승리는 영혼 구원이다

가정교회를 출범시키면 보통 교인들은 긍정적인 반응을 보인다. 목장에서 속 깊은 이야기를 나누면서 피상적으로만 알던 성도들을 깊이 알게 되기 때문이다. 출장을 가더라도 목장 모임 시간에 맞추어 돌아오는 열성을 보이는 성도들도 생긴다.

그러다가 1년 정도 지나면 시들해지기 시작한다. 신나게 사역하던 목자와 목녀들이 힘들어 하기 시작한다. 목장에서 영혼 구원이 일어나지 않기 때문이다. 영혼 구원이 일어나지 않는 가장 큰 이유 중 하나는 담임목사가 영혼 구원에 관심이 없기 때문이다. 담임목사가 영혼 구원에 관심이 없으면 성도가 영혼 구원에 관심을 가질 수 없다.

이런 이야기를 들은 적이 있다. 부흥집회 초청을 받은 한 목사가 여자 집사님이 초대한 점심을 먹기 위해 식당으로 이동하고 있었다. 그때 그 교회 담임목사도 동석했는데, 식사를 초대한 집사님이 자기 남편에 대한 이야기를 했다. 남편이 믿지 않는 사람인데, 지난 주일 처음으로 예배에 참석했다는 이야기였다. 그런데 식당에 도착해 밥을 먹는 동안 담임목사는 집사님의 남편에 대해 아무것도 묻지 않았다. 이야기를 전해 준 목사는 나한테 이렇게 말했다.

"최 목사님 같으면, 남편의 심경에 무슨 변화가 생겨서 교회에 나왔느냐, 예배에 참석하고 나서 어떤 느낌이 들었느냐 하는 질문을 하셨을 텐데 말이지요."

목회자가 영혼 구원에 관심이 없는 이유는 사실 두려움 때문인 경우가 많다. 목회자들의 상당수가 모태신앙이고, 믿는 사람들 틈에서 자랐다. 그래서 믿지 않는 사람들을 어떻게 대해야 하고 무슨 대화를 나누어야 할지 잘 모르고, 비신자를 만나는 것이 편하지 않은 것이다. 인간은 불편한 것을 피해 가려는 본성이 있다. 그런 이유에서 목회자들은 비신자를 두려워한다.

나아가 목회자들은 주로 예수 믿는 사람들에게 말씀을 선포하다 보니, 비신자에게 복음을 어떻게 전해야 하는지 모른다. 예수님을 영접하도록 이끄는 구체적인 방법을 알지 못하는 것이다. VIP가 단도직입적으로 "제가 어떻게 하면 구원받을 수 있습니까?"라고 물어보았을 때, 한 걸음씩 차근차근 예수님을 영접하도록 인도할 자신이 없는 것이다. 이러한 두려움과 주저함이 지옥 가는 70명을 향해 손을 내밀기보다 천국 가는 30명을 관리하는 목회를 하게 만든다.

나는 한때는 비신자의 삶을 살았고, 41년간 평신도로 있어서 그런지 VIP에 대한 특별한 애정을 갖고 있다. 휴스턴 서울교회를 담임할 때 주일예배 후에 교회를 방문한 사람들을 만나는 자리가 있었는데, 그 자리에 새교우 사역자들이 함께했다. 나는 종종 새교우 사역자들로부터 이런 소리를 들었다.

"교회 방문객이 다른 교회를 다니다 왔다고 하면 목사님 얼굴이 싸늘해지는 거 아세요? 그러다가 교회 다녀본 적이 없다는 분을 만나면 목사님 얼굴이 금세 밝아지면서 상냥하고 친절한 얼굴이 되고요. 아주 딴사람처럼 말이죠."

이런 놀림 아닌 놀림을 받으면서 교인들 사이에 소문이 퍼졌고, "우리 목사님은 VIP를 정말 좋아하고 반긴다"는 인식이 심어졌다. 더불어 성도들에게도 VIP가 점점 소중한 존재가 되었다.

영혼 구원하여 제자 만드는 교회가 되기 위해서는 담임목사가 VIP에게 진정으로 깊은 관심을 가져야 한다. 성도들과 대화할 때도 화제는 자연스럽게 VIP가 되어야 한다. 당회나 제직회에서 어떤 사안을 결정할 때도 자연스럽게 VIP가 최우선으로 배려되어야 한다. 담임목사가 VIP에 관심을 가지면 전교회인이 관심을 갖게 된다. 그러므로 교회에 전도가 안 되고 있다면, 전략의 부재나 기도의 부족을 탓할 것이 아니라, 먼저 목회자 스스로 얼마나 자신이 VIP를 중요하게 생각하고 있는지, 영혼 구원에 집중하고 있는지 점검해 봐야 한다.

목회자나 교회가 영혼 구원하는 데 집중하고 있는지 없는지 알아보는 방법은 간단하다. 교회 안의 프로그램과 예산을 보면 된다. 프로그램과 예산이 영혼 구원해서 제자 만드는 것에 초점을 두고 있다면, 교회 담임목사와 성도들은 VIP 전도에 집중하고 있다고 봐도 된다. 그러나 안타깝게도 다수 교회들의 프로그램과 예산은 기신자들의 교회생활을 윤택하게 만들어 주는데 짜여지고 쓰이고 있다.

그렇다면 담임목사는 어떻게 VIP에 대한 관심을 가질 수 있을까?

첫째, VIP를 위해 기도한다. 가정교회를 하는 교회에서는 각 목장마다 5명의 VIP를 정해서 집중적으로 함께 기도한다. 휴스턴 서울교회에서 목회할 때 나는 VIP를 위해 기도하는 데 많은 시간을 쏟았다. 방문자가 등록을 하면 이들이 '예수 영접 모임'(믿기로 결심한 사람들을 모아 담임목사가 복음을 제시하고 결신하도록 돕는 모임이다. 상세한 설명은 다음에 나온다.)'에 들어올 때까지 VIP로 간주하고 새벽 5시부터 8시까지 기도했다. 이런 이들이 거의 70-80명이 되기 때문에 기도하는 시간이 만만치 않지만 하루도 거르지 않았다. 기도할 때에는 새교우실을 방문했을 때 찍었던 개인 사진과 개인 면담 때 알게 된 신상을 컴퓨터 화면에 띄워 놓고 기도했다. 이러다 보니 VIP가 내 식구 같고 기도가 간절해졌다.

둘째, 예수 영접 모임에 목숨을 걸어야 한다. 예수 영접 모임에 VIP를 참여시키기만 하면 예수님을 영접하게 된다는 자신감이 목자·목녀와 성도들에게 생길 때 영혼 구원의 열심도 타오른다. 예수 영접 모임은 대상자가 있을 때만 갖지 말고, 매달 정기적으로 갖도록 한다. VIP가 없을 때는 이미 믿는 성도들을 참석시켜 정기적으로 모임을 갖는 것이 중요하다. 잔치를 배설해 놓고 기다리면 주님은 반드시 사람들을 보내 주신다.

목자·목녀는 반드시 한 번 이상 예수 영접 모임에 참석해야 한다. 예수 영접 모임의 파워를 직접 피부로 느껴야 VIP들에게 자신 있게 권할 수 있기 때문이다. 이미 참석했던 목자·목녀들도 자신들이 인도한 VIP가 예수 영접 모임에 나올 때 같이 참석하여 VIP가 예수님을 영접하는 감격의 순간을 목격하도록 해야 한다.

VIP 전도는 사단의 지배 아래 신음하는 백성들을 구출해 내는 영적 전쟁이다. 결단코 쉬운 싸움이 아니다. 치열하게 싸우지 않으면 절대로 승리할 수 없다.

## 전도폭발이 아닌 예수 영접 모임

미국 북가주에서 교육목사로 섬길 때 나는 그 지역에서 가장 먼저 전도폭발 프로그램을 도입해 11년 동안 운영했다. 하지만 휴스턴 서울교회에는 전도폭발을 도입하지 않았다. 그 지역 어느 교회에서 전도폭발을 이미 하고 있던 터라 경쟁하고 싶지 않은데다가, 이 프로그램은 비신자에게 복음을 전하는 프로그램이 아니고 이미 믿는 사람들에게 구원의 확신을 심어 주는 프로그램이었기 때문이다. 비신자 구원 사역을 목표로 하는 교회에 전도폭발 프로그램은 어울리지 않는다고 생각했다.

11년 경험에서 남은 찜찜함도 한몫했다. 전도폭발 프로그램에서는 이론적으로 상대방이 준비되어 있지 않으면 복음 제시를 끝까지 하지 말고 도중에 멈추라고 하는데, 현실적으로는 이것이 불가능했다. 준비가 안 되어 있다는 것을 알면서도 예수 영접 기도를 시킬 수밖에 없고, 기도 후에 "당신은 구원받았습니다"라고 말해 주면서도 익지 않은 과일을 딴 것 같은 찜찜함이 있었다. 또 하나의 문제는 예수님을 영접한 사람들이 교회생활에 충실하지 않다는 점이었다. 예수 영접해서 천국이 보장되었는데 왜 교회에 나가야 하느냐고 생각하기 때문이다. 구원의 공동체성을 무시하고 개인 구원을 강조하다 보니 이런 결과가 생기기도 했다.

그래서 휴스턴 서울교회에서는 전도폭발 프로그램의 대체 모델로 '예수 영접 모임'을 시작했다. 한 달에 한 번, 예수님을 믿기로 결심한 사람들을 모아 복음을 제시하고 예수님을 영접하는 시간을 마련했다. 복음 제시는 전도폭발 프로그램을 기반으로 한 것이지만, 이를 비신자에게 적합하게 수정했다. 결과는 만족스러웠다.

스스로 믿기로 결심한 사람을 대상으로 복음을 제시하므로 영접을 강요했다는 느낌이 들지 않았다. 담임목사를 통해 예수님을 영접함으로써 담임목사와 교회에 대한 충성도가 높아져 영접한 사람은 교회 생활을 열심히 했다. 전도폭발에서는 예수님을 영접한 사람이 교회의 구성원으로 정착하는 비율이 매우 낮았는데, 예수 영접 모임을 통해 영접한 이들은 목장을 통해 오기 때문에 거의 100% 교회의 구성원이 되었다. 또 영접 후에는 목자가 '확신의 삶(목자나 목녀가 예수님을 영접한 목장 식구에게 6주에 걸쳐 일대일 양육을 하는 프로그램)' 공부로 인도해 주고, 연합목장교회에서 삶 공부를 제공해 주니 영접 후 양육 문제도 깨끗이 해결되었다.

VIP에게는 예수 영접 모임에 참석한다고 해서 예수님을 반드시 영접해야 할 의무는 없다는 것을 분명히 주지시켜 주었다. 그래야 참석하는 데 부담이 없기 때문이다. 그러나 일단 참석한 사람은 반드시 영접하는 것을 최종 목표로 삼았다. 실제로 예수 영접 모임에서 복음을 들은 사람은 대부분 예수님을 영접했다.

예수 영접 모임이 목회자가 일방적으로 말하는 모임이 되지 않고 참여하는 모임이 되도록 네 번에 걸쳐 참석자들에게 자신을 표현할 기회를 주었다. 모임이 시작되면서 간단하게 자기소개를 할 때, 같이 영접 기도를 따라 할 때, 한 사람씩 돌아가면서 감사기도를 할 때, 요한일서 5장 11-12절 말씀으로 구원의 확신을 심어 준 후, "오늘 죽으면 천국 갑니까, 지옥 갑니까?", "하나님께서 당신에게 '왜 내가 너를 천국에 보내 주어야 하느냐'라고 물으시면 뭐라고 대답하시겠습니까?"라는 질문을 하고 답을 들을 때이다.

　마지막 구원의 확신을 점검하는 질문은 반드시 해야 한다. 질문이 반복되어 지루하게 느껴질 수도 있지만, 비신자 입장에서 보면 생전 처음 듣는 질문이라는 점을 명심해야 한다. 그러므로 한 사람도 빠지지 않고 진지한 질문과 답변이 이루어지도록 해야 한다. 엉뚱한 답이 나오면 다시 설명하고 잘못된 이해를 바로잡는다.

　"다음에 하겠다"고 영접을 보류하려는 사람에게는 '지금 바로' 하라고 강요해서는 안 된다. 뒤에 남아 상담 시간을 가지는 것이 좋다. 경험으로 미루어 보면, 사소한 이유로 '보류' 의사를 밝힌 경우가 많다. 이런 경우 의문이 해결되면 선선히 예수님을 영접한다.

　한 사람이 예수를 영접했다는 사실은 아주 획기적인 사건이다. 휴스턴 서울교회에서는 목장 식구가 영접하고 나오면 목자·목녀들이 떠들썩하게 축하해 준다. 꽃다발 증정과 축하 기념 촬영이 따르고 시내에서 제일 좋은 식당으로 데리고 가서 함께 밥을 먹으며 축하해 준다.

　영혼 구원해 제자 만드는 교회가 되려면 담임목사는 목장 VIP를 위해 지속적으로 기도함으로써 자신의 마음에 영혼 구원의 열망이 식지 않도록 하고, '생명의 삶'과 '예수 영접 모임'에 목숨을 걸어야 한다. 성도들 또한 이러한 담임목사를 보면서 영혼 구원에 열정을 쏟게 된다.

*chapter 08*
# 누룩처럼 부풀어 오르는
# 가정교회

### 3-4대를 이어가는 가정교회

어떤 교회 갱신 운동이든지 이것이 지속되려면 3대를 형성해야 한다. 갱신 운동을 시작한 사람, 시작한 사람에게서 배운 사람, 배운 사람에게서 배운 사람, 이렇게 3대가 형성되어야 이 운동을 처음 시작한 사람이 없어도 갱신 운동이 지속될 수 있다.

한국에서 벌어지고 있는 갱신 운동을 보면 이론은 무성하고 세미나나 컨퍼런스는 많은데, 이론에 기초한 성공 사례가 없는 경우가 빈번하다. 어떤 운동은 성공 사례까지는 있는데 이 사례를 보고 배워서 접목시킨 사례는 없을 때가 있다. 어떤 운동은 접목에까지는 성공했지만 재생산에 실패하는 경우가 있다. 어떤 이유에서든지 3대가 형성되지 않은 갱신 운동은 시작한 사람이 사라질 때 무너지게 된다.

그런데 가정교회는 20년이라는 짧은 기간에 3대, 4대를 형성하였다. 예를 들면 휴스턴 서울교회가 가정교회 이론의 샘플이자 1대 가정교회라면, 양주 열린문교회(이재철 목사)가 2대 교회이다. 이재철 목사가 휴스턴 서울교회에서 개최한 세미나에 참석하여 가정교회를 배우고 한국으로 돌아가 가정교회를 정착시켰기 때문이다. 3대 교회는 일본 가와사키 초대교회이다. 조남수 목사는 열린문교회에서 개최한 세미나에 참석하여 일본 현지인 교회에 정착시키고 일본 현지인 목회자를 위한 세미나를 개최하고 있다. 휴스턴 서울교회, 서울 열린문교회, 일본 가와사키 초대교회로 이어지는 3대가 형성된 것이다. 그리고 가와사키 초대교회에서 개최되는 세미나에 참석하여 가정교회를 배워 정착하고 일본 목회자를 위한 세미나를 개최하는 교회가 생겼는데, 이 교회를 4대 교회라고 말할 수 있다.

현재 한국에서 9개의 교회가 목회자를 위한 세미나를 개최하고 있는데, 이 교회 목회자들은 휴스턴 서울교회에서 가정교회를 배워 간 사람들이다. 그러므로 이 교회에서 개최하는 세미나에 참석해서 가정교회를 배워 정착시킨 교회들은 가정교회 3대라고 말할 수 있다. 이처럼 3-4대가 형성되었기 때문에 내가 죽거나 국제가정교회사역원 원장직에서 은퇴하더라도 가정교회는 지속될 것이다.

어떻게 이렇게 짧은 시간에 대를 이어 가정교회가 형성되었을까? 과감한 위임의 결과다. 처음에 가정교회 세미나를 다른 교회에 맡겼을 때, 주최하는 교회 목회자는 장소만 제공하면 된다고 생각했다. 그러나 나는 세미나의 주강사는 주최 교회 목사가 되어야 한다고 여겼다. 세미나 참석자들은 주최 교회 성도들 집에 묵으면서 그들의 삶을 보고, 목자와 목녀의 간증을 듣는다. 이렇게 성도들을 세우고 가정교회를 이루는 데 중심이 되는 담임목사가 주강사가 되어야 하지 않겠는가. 그래서 나는 강의 일부만 맡고 주최 교회 목사를 주강사로 세웠다.

과감하게 위임하게 된 또 하나의 이유는, 그 당시 아내의 건강이 좋지 않아 내가 더 이상 활동할 수 없을지도 모른다는 우려가 항상 자리 잡고 있었기 때문이다. 내가 더 이상 활동할 수 없더라도 가정교회가 계속 유지되도록 홀로 서기를 연습시켰다. 목회자를 위한 세미나의 경우에는 첫 번째와 두 번째만 강의를 나누어 맡고 그다음부터는 혼자 강의하도록 했다. 평신도를 위한 세미나는 한 번만 강의를 나누어 맡고 다음부터는 혼자 강의하도록 했다. 그리고 주최 교회 목사가 강의하는 것을 주의 깊게 듣고는 그가 잘하고 있는 것, 개선할 점들을 체크하여 다음에는 강의를 더 잘할 수 있도록 도와주었다. 이처럼 과감한 위임을 했기 때문에 가정교회가 짧은 기간 안에 3-4대가 형성될 수 있었다.

가정교회는 지역, 인종, 교단을 초월하여 빵을 부풀리는 누룩처럼 지속적으로 확산되어 갔다. 신약교회 회복이라는 만만치 않은 목표를 가진 운동이 이처럼 확산될 수 있었던 데는 또 다른 두 가지 이유가 있다.

첫째, 가정교회가 신약교회의 형태가 아니고 신약교회의 정신을 회복하는 데 집중했기 때문이다. 다른 교단에 속한 많은 교회들에게 가정교회 사명 선언문 7항대로, 교회 정체나 체제는 교단의 규정을 따르면서 신약교회 정신을 도입하도록 하였다. (가정교회 사명 선언문 7항: 직제, 성례, 설교권 등 제반 사항에 관해서는 각개 목회자의 신학적 배경과 소속된 교단의 전통을 존중해 준다.) 그래서 많은 목회자들이 교단이라는 울타리 안에 있으면서 가정교회를 잘 정착시키고 있다.

둘째, 가정교회 기저에 흐르는 '종이 되는 리더십' 덕분이다. 가정교회 목회자들은 이런 종의 정신이 몸에 배어 있다. 이와 같은 종의 정신이 체질화된 가정교회 선발 주자 목회자들은 자신의 성공을 과시하기보다 가정교회 후발 주자 목회자들을 성공시키는 일에 발 벗고 나선다.

좋은 것을 경험한 사람들은 다른 사람들에게 그것을 소개하고 싶고, 같이 누리고 싶어 한다. 신약교회의 회복을 소망하다가 가정교회를 경험한 사람들은 이를 전파하고 싶은 강한 열정을 느낀다. 그 결과, 가정교회는 교회 갱신 운동이 되어 서서히 확산되어 간 것이다.

### 평신도를 위한 가정교회 세미나

신약교회의 회복은 목회자 혼자 이룰 수 없는 일이다. 평신도가 같은 꿈을 꾸어야 할 수 있다. 그래서 1998년부터 평신도를 위한 가정교회 세미나를 개최하기 시작했다. 평신도를 위한 세미나는 목회자를 위한 세미나를 다녀간 목회자의 교회 성도들에게만 등록이 허락된다. 지금은 한국, 미국, 일본, 호주, 인도네시아, 중국, 카자흐스탄 등 세계 곳곳에서 목회자(선교사)를 위한 세미나와 평신도를 위한 세미나가 열리고 있다.

하지만 가정교회 세미나에 한 번 참석해 가정교회의 정신을 전부 배우고 적용할 수는 없다. 그래서 세미나를 들은 목회자들을 위해 컨퍼런스도 개설했다. 3박 4일(북미에서는 4박 5일)로 개최되는 컨퍼런스에서는 사례 발표도 하고, 비슷한 목회 환경에 있는 사람들끼리 모여 그룹 토의도 하며, 가정교회 삶 공부(가정교회 길라잡이, 새로운 삶, 확신의 삶, 경건의 삶, 하나님을 경험하는 삶, 말씀의 삶, 부부의 삶, 일터의 삶, 목자와 목녀의 삶, 기도의 삶)를 각자 선택하여 속성 수강하도록 한다.

가정교회 세미나와 컨퍼런스는 국제가정교회사역원 홈페이지를 통해 공지되고 인터넷으로 등록을 받는다. 교계의 신문이나 잡지 등에 한 번도 광고하지 않았음에도 불구하고, 등록일이 되면 순식간에 등록 인원이 넘쳐 곧장 마감되기 일쑤다.

가정교회 확산과 전파에 빼놓을 수 없는 것이 지역 모임이다. 전통으로 굳어진 토양 가운데서 신약교회가 뿌리 내리는 것은 쉽지 않다. 그러다 보니 아픈 마음을 호소할 수 있고, 목회의 지혜를 나눌 수 있는 모임이 필요해졌다. 지역마다 자생적으로 생긴 이런 모임을 '지역 모임'이라고 부른다. 한국에서는 한 달에 한 번, 북미에서는 2-3개월에 한 번 모인다. 이 모임은 목사와 사모들의 목장 모임이다. 목사와 사모가 같이 참석하여 마음에 쌓인 스트레스를 풀고, 서로를 위해 기도해 준다. 지역 식구가 많아지면 가정교회 목장처럼 지역 목자를 세워 분가도 한다. 자발적인 모임이기 때문에 국제가정교회사역원에서는 가이드라인만 제시하고, 분가할 경우 결격 사유만 없으면 국제가정교회사역원 홈페이지에 공지사항으로 올려 지역 목자로 임명해 주고 있다.

가정교회 정착을 돕기 위한 프로그램 가운데 독특한 것이 휴스턴 서울교회 연수다. 휴스턴 서울교회에 와서 2주 이상 머무르면서 휴스턴 서울교회를 체험하도록 한다. 등록금 100달러는 연수를 마치면 다시 돌려주므로, 연수는 기본적으로 무료라고 할 수 있다. 휴스턴 서울교회는 연수 오는 이들을 위해 교회 울타리 안에 연수관을 지었다.

연수 프로그램은 연수자들을 모아 놓고 강의하거나 세미나를 하는 것이 아니다. 가정교회를 직접 체험하도록 하는 것이다. 연수자들에게는 3가지 특권이 주어진다. 첫째는 예배, 기도회, 목장 모임, 집사회의, 스태프 모임을 비롯해 휴스턴 서울교회의 모든 공식 모임에 참석할 수 있는 특권이다. 둘째는 교인 누구와도 면담할 수 있는 특권이다. 목장 사역을 잘하는 목자, 못하는 목자, 담임목사를 좋아하는 사람, 싫어하는 사람, 누구나 요청해서 면담할 수 있다. 셋째는 교회의 모든 문서를 열람하고 복사할 수 있는 특권이다. 교회 예산서에서 시작하여 모든 회의록, 담임목사와 사역 부장이 주고받은 메모까지, 모든 문서를 열람 복사할 수 있다. 이처럼 모든 것을 투명하게 노출시키는 교회는 많지 않다. 그러나 이러한 투명성은 휴스턴 서울교회뿐만 아니라 대부분의 가정교회에서 볼 수 있다.

### 목회자의 비전이 아닌, 하나님의 비전을 품으라

가정교회를 하는 목회자들에게 강조하는 것이 있다. 계획, 꿈, 비전, 이런 것들을 갖지 말라고 말한다. 그것은 목회자 자신의 계획이요 꿈이자 비전인 것이다. 목회자가 해야 할 일은 하나님의 음성에 귀를 기울이고 절대 순종하는 것이다. 그것이 핵심이다. 절대 순종이 있어야 목회의 자유함이 생긴다. 목회자 자신이 세운 계획, 꿈, 비전을 목표로 하면, 모든 것들이 거기에 매이게 된다. 그것을 중심으로 모든 것을 결정하고 달려간다. 그렇게 되면 어느 순간 계획, 꿈, 비전 같은 것들에 목회가 질질 끌려가게 되어 있다. 그런 목회를 하면 목회가 힘들 뿐만 아니라, 목회의 자유함을 온전히 누리지 못한다.

가정교회가 이처럼 물결을 이루게 된 것은 내가 하나님의 음성에 귀 기울이고 절대 순종하려고 노력했기 때문이라고 생각한다. 새벽에 기도하다 보면, 불쑥 어떤 아이디어가 떠오른다. 이때 그것이 내 개인적인 생각이면 금세 잊어버리고 마는데, 어떤 생각은 시간이 가도 사라지지 않는다. 처음에는 '그게 어떻게 말이 돼?' 하고 생각하는데 생각할수록 말이 된다는 확신이 생긴다. 그러면 나는 이 생각을 하나님이 주신 것으로 간주하고 실천에 옮긴다. 내 목회의 상당 부분이 이런 식으로 기도하면서 아이디어를 얻은 것이다. 이렇게 하나님의 음성을 들으려면 오래 엎드려 있어야 한다. 그래서 나는 기도의 질도 중요하지만 양도 중요하다고 생각한다.

## 질문이 없을 때는 먼저 답을 주지 마라

가정교회를 하는 많은 목회자들은 성도들에게 한꺼번에 너무 많은 것들을 주려고 한다. 성도들이 달라고 하기도 전에 너무 많은 정보를 제공하는 실수를 저지르는 것이다. 그래서 요즘 나는 "질문이 없을 때는 답을 주지 말라"고 강조한다. 예를 들어 네댓 살밖에 안 된 아이들을 데리고 성교육을 시켜봤자 관심도 없고 이해도 못한다. 성에 눈뜨고 호기심이 생긴 청소년기에 성교육을 시켜야 효과가 있다. 전통적인 제자훈련의 약점이 바로 이것이다. 질문이 없는데 먼저 답을 준다는 것이다. 사역 현장이 없는 사람에게 사역훈련을 시켰기 때문에 정작 사역 현장에서는 다 잊어버려서 사역을 못한다.

가정교회의 제자훈련은 그런 점에서 다르다. 수영을 가르치는 것에 비유하자면, 수영을 잘하도록 공부를 시키지 않는다. 일단 물에 던져 넣는다. 살려고 발버둥 치는 것을 보다가 빠져 죽기 직전에 건져낸다. 그러면서 이렇게 말한다. "먼저 몸의 힘을 빼세요. 그러면 자연스럽게 물에 뜨게 됩니다." 그리고 다시 물에 던져 넣는다. 이렇게 현장에서 사역하도록 던져 놓고 질문이 생겼을 때 답을 알려주는 것이 가정교회 제자훈련의 특징이다.

한 부목사로부터 이런 이야기를 들은 적이 있다. "목사님한테 3축 4기둥 강의를 네 번이나 들었습니다. 그런데 들을 때마다 새로워요." 그 이유는 흡수율에 있다. 처음에 강의를 들을 때는 자신에게 필요한 이야기만 골라 듣는다. 그런데 다음에 들을 때는 전에 흘려들었던 내용이 귀에 들어온다. 왜 그랬을까? 첫 번째와 두 번째 사이에 가정교회를 경험하면서 질문이 생겼기 때문이다. 그래서 매번 새롭게 들린 것이다.

그래서 나는 "질문이 없을 때는 답을 주지 말라"고 강조한다. 가정교회로 전환할 때 삶 공부도 한꺼번에 여러 개를 제공하지 말라고 한다. 현장 체험 없이 공부를 해봐야 흡수율이 낮기 때문이다. 예를 들어 '생명의 삶' 공부도 교회생활을 해 본 사람은 60-70% 흡수하지만 교회 배경이 전혀 없는 사람은 40-50% 정도밖에 흡수하지 못한다. 그래서 삶 공부 중 '하나님을 경험하는 삶'은 목자·목녀가 되기 전에는 수강하지 못한다. 내용은 매우 좋고 누가 들어도 도움이 되지만 목자·목녀가 되어 목양을 해보지 않은 사람은 30-40% 정도밖에 흡수하지 못하기 때문이다. 성경 공부를 시키면 무조건 좋다는 생각에서 벗어나 흡수율을 고려해 적당한 때에 적당한 수준의 성경 공부를 제공하는 것이 중요하다.

내가 부흥집회를 인도할 때 설교를 딱 네 번만 하는 이유도 여기에 있다. 짧은 기간 안에 과다한 정보를 제공하면 오히려 흡수율이 떨어진다. 너무 많은 메시지를 전하면 뒤엣것을 이야기할 때 이미 앞엣것을 잊어버린다. 그래서 나는 모든 교인들, 특히 VIP들이 참석할 수 있는 저녁 집회만 갖고, 모인 사람들에게 필요하다고 생각되는 메시지를 4가지만 전해서 흡수율을 높이고 결신과 결단으로 인도한다.

### 선교지로 확산되는 가정교회

최근에 이르러 선교사들이 가정교회에 깊은 관심을 보이고 있고, 선교지 곳곳에서 가정교회가 세워지고 있다.

선교 사역의 종착역은 교회가 되어야 한다. 구제로 시작했든, 교육으로 시작했든, 의료로 시작했든, 최종 목표는 교회가 되어야 한다. 사도 바울은 말했다.

> "교회는 그리스도의 몸이요, 만물 안에서 만물을 충만케 하시는 분의 충만함입니다." 엡 1:23

교회를 세우는 것이 목표가 아닌 선교는, 선교사가 떠나면 무너지고 만다.

많은 선교사들이 이런 사실을 의식하고 있지만 교회를 세울 엄두를 못 낸다. '교회'라고 하면 전통적인 건물 중심의 조직 교회를 생각하기 때문이다. 그러다가 가정교회가 신약교회이고, 신약교회가 선교교회라는 것을 알고서 가정교회에 관심을 갖게 된다. 《가정교회로 세워지는 평신도 목회》(두란노)는 이미 9개국 언어로 번역되었다. 국제가정교회사역원이 부탁해서 된 것도 아니고, 출판사에 위탁(일본어 번역만 두란노서원에서 선교 차원에서 출간해 주었다.)해서 된 일도 아니다. 선교사들이 필요에 의해 번역, 인쇄하여 사용하는 것이다.

그 결과 선교지 곳곳에 지역 간사가 세워지고, 가정교회가 정착되고 있으며, 현지인을 위한 세미나까지 제공되고 있다.

4부

# 가정교회가
# 걸어온 발자취

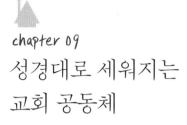

chapter 09
# 성경대로 세워지는
# 교회 공동체

## 성경대로 조용히 퍼져 가는 가정교회

가정교회의 핵심 가치는 '성경대로'이다. 그러나 지금까지의 우리의 행동이나 습관은 알게 모르게 성경에서 멀어져 있어서, 실제로 '성경대로' 한다는 원칙을 지키기 위해서는 기존에 해오던 많은 것들을 내려놓아야 한다. 많은 목회자들이 가정교회 세미나를 들어도 이를 현실에 옮기지 못하고 포기하는 것도 내려놓는 것이 힘들기 때문이다.

가정교회를 하는 이들은 현재 교회에 대한 처절한 절망감이나 성경적인 강렬한 열망 때문에 "주님이 원하시는 교회를 꼭 한번 해보겠다"는 의지가 있다. 이런 신실한 이들만이 가정교회를 붙잡게 된다. 이런 이들 주변에는 역시 신실한 친구들이 있어서, 가정교회가 건강한 전파력을 갖는다.

그러므로 가정교회를 성공적으로 잘하려면 오늘날 교회 현실에 대한 건강한 비판 의식과 성경적인 교회에 대한 강렬한 열망이 전제되어야 한다. 가정교회를 시도하는 이들은 대부분 이런 열망을 갖고 있다.

하지만 자신이 서 있는 현실에서는 불가능해 보여 망설이다가 휴스턴 서울교회에서 가정교회를 만나면서 하나의 희망을 보게 된다. "신약교회라는 것이 현실에서도 가능하구나!" 하고 말이다.

가정교회를 처음 시작할 때 하나님께서 주신 말씀이 있었다. "천국은 누룩과 같다"는 것이었다. 작은 누룩을 반죽에 넣고 다음날 보면 반죽 전체가 크게 부풀어 있는데, 이와 같은 것이 하늘나라라고 주님은 말씀하셨다. 나는 가정교회가 이렇게 되기를 바랐다. 시끌벅적한 바람을 일으키는 것이 아니라, 일정한 시간이 흐른 뒤 어느 곳을 가든지 건강한 가정교회가 서 있는 조용한 확산을 원했다.

가정교회가 누룩과 같이 선한 영향을 미칠 것을 기대하면서 동시에 우려했던 것이 이단 시비였다. 이단 시비는 진짜 복음에서 벗어났기 때문에 생기기도 하지만, 단순히 낯설다는 이유로 생기는 경우도 종종 보았기 때문이다. 그래서 우리의 가르침이 별난 것이 아니라는 것을 보여 주기 위해, 일반적으로 널리 알려진 기존의 출판물들을 교재로 사용했다.

그동안 가정교회를 비판하는 사람들이 없었던 것은 아니지만, 이단 시비에까지 말려들지 않을 수 있었던 이유 중의 하나가, 기신자 등록을 받지 않았다는 것이다. 기독교계에서 새로운 교회 운동이 시작되면 자신의 목표에만 충실하면 되는데, 전통적인 교회를 비판하고 자신들만이 진짜 복음을 소유한 것 같은 인상을 주어 교인들이 기존 교회를 떠나 그 운동에 가담하도록 하는 예가 많다. 그러다 보니 위기감을 느끼는 목회자들에 의해 이단 시비에까지 말려들게 된다. 그러나 가정교회는 기신자 등록을 받지 않는다는 기본 원칙을 세웠기 때문에 그런 소란으로부터 자유로울 수 있었다.

이제 가정교회 사역은 내가 주도할 수 있는 범주를 넘어섰다. 하나님이 나를 이 사역에 불러 주신 것만으로도 감사하며, 내가 이 사역을 끝까지 책임지겠다는 생각은 아예 처음부터 없었다. 이제 하나님께서 더 좋은 사람, 더 신실한 사람을 세워 가정교회 사역을 이끌어 가실 때가 되었다고 생각한다. 하나님께서 나를 쓰시겠다고 하시는 동안은 최선을 다하겠지만, 하나님께서 내 용도가 끝났다고 하시면 걸림돌이 되지 않도록 물러나려고 한다. 휴스턴 서울교회를 잘 이끌어 갈 수 있는 후임자를 찾아 세우고 은퇴한 후에 발을 딱 끊은 것처럼 말이다. 국제가정교회사역원 원장으로 섬기는 동안도 최선을 다하겠지만, 하나님께서 새로운 사람을 세우시면 미련 없이 손을 뗄 것이다.

## 사명 공동체이면서 치유 공동체

가정교회는 왜 흔히 사용하는 초대교회라는 표현 대신에 신약교회라는 표현을 사용하는지 궁금해하는 사람들이 있을 것이다. 흔히 이상적인 교회의 모습을 초대교회에서 찾지만, 시대적으로 언제까지를 초대교회로 볼 것인가 하는 문제가 있다. 1세기 교회만을 말하는 것인지, 아니면 콘스탄틴 대제가 기독교를 공인한 4세기 교회까지 포함하는 것인지 그 범주가 애매하다. 또 문헌을 통해서는 초대교회처럼 되려면 어떻게 해야 하는지 구체적인 그림을 그릴 수가 없다. 그래서 성경을 기준으로 신약성경에 나오는 교회 모습을 회복하는 것을 목표로 삼고 성경적인 교회, 혹은 신약교회라는 표현을 사용하게 된 것이다.

가정교회는 신약교회를 회복하려는 운동이기 때문에 10년, 20년 만에 이루어지고 끝날 일이 아니다. 100년이고 200년이고 해나가야 할 일이다. 가끔 효과적인 프로그램이라고 소문이 나면 목회자와 신학생들의 쏠림 현상이 나타난다. 이런 것을 보면서 기쁠 때도 있지만 답답한 마음이 들 때도 많다. 프로그램의 열매를 제대로 보지 않고 반짝거리는 새로운 아이디어에만 쉽게 빠지기 때문이다.

신약교회를 회복하려는 운동이 지속되려면 확고한 원칙을 가진 시스템으로 자리 잡아야 한다. '단순한 성경적 접근'이라는 방법론, 영혼 구원해서 제자를 만든다는 교회의 존재 목적, 그리고 다양성, 유동성, 신축성이라는 신약교회의 특징 등을 놓치지 말아야 하며, 3축과 4기둥이라는 가정교회 시스템을 고수해야 한다.

신약성경에 나오는 교회의 모습은 한 가지로 규정할 수 없다. 앞에서도 말했지만 신약성경에 기록된 집사만 보더라도 그것이 직분을 말하는 것인지 사역을 말하는 것인지 애매하다. 다양성, 유동성, 신축성을 신약교회의 특징으로 보는 것도 그 때문이다. 성경에 애매하게 나와 있는 것을 우리의 시각과 틀로 정의하고 규정하는 오류에 빠지지 않으면서도, 확고한 원칙을 고수하는 것이 가정교회의 과제이다.

그러면 우리가 회복해야 할 신약교회는 어떤 공동체가 되어야 할 것인가? 첫째, 모든 민족으로 제자 삼으라는 대사명을 이루는 사명 공동체가 되어야 한다. 둘째, 예수님의 삶을 닮아가는 치유 공동체가 되어야 한다. 사명과 치유, 이 두 가지가 이루어져야 하는 곳이 교회다. 그러나 지금까지 선교단체는 사명만을, 일반 교회는 치유만을 강조해온 면이 있다. 가정교회가 신약적인 공동체가 되려면 이 두 가지를 모두 이루어야 한다.

사명 공동체는 교회의 존재 목적과 관련해서 충분히 설명했으므로 치유 공동체 부분만 설명해 보겠다.

에베소서 4장 25-32절을 보자.

"그러므로 여러분은 거짓을 버리고, 각각 자기 이웃과 더불어 참된 말을 하십시오. 우리는 서로 한 몸의 지체들입니다. 화를 내더라도, 죄를 짓는 데까지 이르지 않도록 하십시오. 해가 지도록 노여움을 품고 있지 마십시오. 악마에게 틈을 주지 마십시오. 도둑질하는 사람은 다시는 도둑질하지 말고, 수고를 하여 [제] 손으로 떳떳하게 벌이를 하십시오. 그리하여 오히려 궁핍한 사람들에게 나누어 줄 것이 있게 하십시오. 나쁜 말은 입 밖에 내지 말고, 덕을 세우는 데에 필요한 말이 있으면, 적절한 때에 해서, 듣는 사람에게 은혜가 되게 하십시오. 하나님의 성령을 슬프게 하지 마십시오. 여러분은 성령 안에서 구속의 날을 위하여 인치심을 받았습니다. 모든 악독과 격정과 분노와 소란과 욕설은 모든 악의와 함께 내버리십시오. 서로 친절히 대하며, 불쌍히 여기며, 하나님께서 그리스도 안에서 여러분을 용서하신 것과 같이, 서로 용서하십시오."

에베소 교회에 바울이 쓴 이 편지를 보면, "거짓을 버리고 … 화를 내더라도 … 도둑질하는 사람은 … 떳떳하게 벌이를 하십시오. … 나쁜 말은 입 밖에 내지 말고 …"와 같은 언급이 있다. 에베소 교회 안에 거짓을 말하는 사람, 화를 내는 사람, 도둑질하는 사람, 떳떳하게 벌이를 하지 않는 사람, 나쁜 말을 하는 사람이 있었다는 이야기다. 이런 사람들이 교회 안에 있었기 때문에 바울이 그런 언급을 한 것이다. 어딘가 문제 있는 사람들이 모인 곳이었고, 한마디로 '정상'이 아닌 '아픈' 사람들이 모인 곳이었다. 병자들이 모인 곳, 그곳이 바로 교회다.

치유는 아픈 사람이 아프지 않게 되는 것이고, 파괴된 삶이 건강한 삶으로 바뀌는 것이다. 그래서 교회는 병원과 같다. 깨진 사람이 건강한 전인적 사람이 되고, 깨진 가정이 건강한 가정으로 변화되는 곳이 바로 치유 공동체인 교회다. 치유의 기준은 예수님이다. 예수님을 닮아갈수록 치유의 완성도는 높아진다. 온전해지는 것이다. 성령의 열매는 예수님을 닮아가면서 생기는 예수님의 성품이 드러난 것이다.

이러한 치유와 회복을 맛본 사람들은, 치유와 회복이 필요한 사람들을 찾아가게 된다. 그래서 진정한 치유 공동체는 사명 공동체가 될 수밖에 없다. 다시 말해 교회는 사명 공동체이자 치유 공동체이며, 이러한 공동체를 우리는 신약교회라고 부른다.

### "하나님이 인도하셨습니다"

지금 생각해 보면 가정교회의 전파는 전혀 계획한 바 없이, 어찌 보면 우연처럼 시작되었다. 처음에 가정교회를 할 때, 지금과 같은 규모로 확산될 것을 짐작이라도 했다면 나는 지레 겁먹고 도망쳤을지 모른다. 성경적인 교회를 해보겠다는 소박한 소원을 갖고 하나님 앞에 절대 순종하겠다는 마음으로 달려오다 보니 하나님께서 이 자리까지 이끌어 주셨다. 내가 한 일이 아니고, 하나님이 하신 일인 것이다.

가정교회를 시작하고 3년 후 처음 열었던 '목회자를 위한 세미나에서 우연처럼 보이는 하나님의 인도하심이 있었다. 《구역조직을 가정교회로 바꾸라》(나침반)는 책이 나온 뒤 여기저기서 가정교회가 궁금하다는 문의가 빗발쳤다. 그러던 중 미국에서 한인 대상으로 발간되는 한 기독교신문사 사장이 가정교회 세미나를 한번 열어 보라고 제안했다.

"세미나를 연다고 누가 오겠습니까? 제가 유명한 목사도 아니고 휴스턴 서울교회가 알려진 교회도 아닌데요."

"아닙니다, 목사님. 가정교회를 궁금해하는 사람이 많으니 분명 세미나의 필요를 느끼는 사람이 있을 것입니다. 저희 신문에 광고를 내드릴 테니 세미나를 한번 열어 보시지요."

마지못해 그의 요청을 받아들여 세미나를 열기로 했다. 이때 34명의 목회자가 참석했다. 목회자를 위한 가정교회 세미나는 매해 두 번씩 개최되었다. 그러던 중 평신도를 위한 세미나의 필요를 느끼는 목회자들의 간청으로 '평신도를 위한 세미나'도 개최하게 되었다. 교인들에게 지나친 부담을 주는 것 같아서 목회자를 위한 세미나를 1년에 1회, 애틀랜타 한인침례교회(김재정 목사)에 맡겼다.

그러던 중 한국에서 목회하시는 어떤 목사가 세미나에 참석하게 되고, 돌아가서는 한국에 있는 목사들을 모아 보내 주었다. 이리하여 한국에 가정교회가 전파되기 시작한 것이다. 하나님께서 가정교회를 어떻게 시작하게 하셨고, 어떻게 확산되도록 하셨는지는 이후 출간될 《가정교회 20년사》에서 상세하게 다루어질 것이다.

처음에 가정교회 세미나를 개최할 때 대상은 작은 교회였다. 나도, 휴스턴 서울교회도 알려지지 않았기 때문에 큰 교회 목회자들이 참석할 것은 기대하지 않았다. 작은 교회 목회자들이 가정교회를 배워 비신자들을 전도하고 교인수가 늘어나기만 해도 하늘나라 확장에 기여하는 것이라고 생각했다. 그래서 재정적으로 어려운 작은 교회 목회자들을 배려하여 세미나 등록비를 받지 않기로 했다. 단, 등록만 하고 참석하지 않을 가능성이 있으므로 처음에는 등록비를 받고 수료하는 날 돌려주는 방식을 택했다. (한국에서는 오랫동안 등록비를 반환해 주다가, 등록비 부담 없이 구경 삼아 오는 목회자들이 생겨서 지금은 등록비를 받고 있다. 북미에서는 지금도 등록비 반환을 유지하고 있다.)

그런데 등록비를 돌려주다 보니 세미나를 주최할 비용이 문제였다. 당시 크지 않은 휴스턴 서울교회로서는 세미나 참석자들을 호텔에 묵게 하는 것이 재정적으로 불가능했다. 그래서 교인들로 하여금 참석자들에게 숙식을 제공하자고 제안하였다.

당시 상황을 해결하기 위한 조치였지만 지금 와서 생각해 보니 하나님의 인도하심이었던 것 같다. 등록비를 돌려주면서까지 섬기려는 모습을 통해 참석자들은 진정한 섬김을 느끼고, 교인의 가정에 묵으면서 가정교회의 실체를 볼 수 있는 기회가 주어졌기 때문이다. 세미나 참석자들 중 많은 사람들이 세미나 강의보다도 자신들이 묵은 가정의 섬김에 감동을 받아 가정교회를 결심하게 되었다고 말한다.

당시 참석한 한국 목회자들 중에는, 미국까지 오려면 항공료 등 비용이 많이 드니까 한국에 와서 세미나 강의를 해달라고 요청하는 사람들이 있었다. 그러나 일언지하에 거절했다. 가정교회의 핵심 가치 중 하나는 "보여서 제자를 만든다"는 것이다. 보여 주는 목장 현장 없이 교회나 호텔에서 가정교회에 관한 강의만 하는 것은 가정교회 정신에

위배된다고 생각했다. 이제 한국에서 약 20-30개의 교회가 숙식을 제공하면서 목회자와 평신도를 위한 가정교회 세미나를 개최하는 것을 보면 정말 마음이 기쁘다.

## 신약교회 회복을 위해 일한다는 자부심

가정교회가 잘 정착되었다는 증거 중에 하나는 목회자뿐만 아니라 목자·목녀에게도 신약교회 회복을 위해 일한다는 사명감이 생긴다는 것이다. 휴스턴 서울교회에서 세미나를 개최할 때마다 휴스턴 서울교회 성도들에게 강조했다.

"여러분들은 신약교회 회복에 동참하고 있습니다. 여러분들은 단순히 세미나 참석자들에게 숙소를 제공하는 것이 아닙니다. 여러분들은 세미나 참석자 한두 분을 섬기지만, 이분들을 통해 교회가 새로워지면, 그 교회를 통해 수많은 사람들이 구원받을 것입니다. 그러므로 여러분은 한두 명이 아닌 수백 명, 수천 명을 섬기는 것입니다."

가정교회 목회자는 성도들이 신약교회 회복을 위해 일하고 있다는 큰 그림을 그려 주어야 한다. 그래야 자부심이 생긴다. 교회에서 세미나를 개최하면 재정적으로 많은 부담이 생기지만, 자부심이 커진다. 나아가 교회가 활력을 얻는다. 세미나 한 번 개최하는 것이 부흥집회 두 번 갖는 것 이상의 효과가 있다고 말하는 목회자들이 많다. 받는 자보다 주는 자가 더 복이 있다는 말씀은 여전히 진리이다.

chapter 10
# 가정교회의
# 독특한 문화

 

 

신약교회의 회복은 한 사람이나 한 교회를 통해서 이루어질 수 없다. 같은 꿈을 꾸는 많은 사람들과 교회가 힘을 모아 물결을 이룰 때 가능하다. 가정교회들이 하나의 물결이 되도록 돕는 핵심 역할을 하는 곳이 바로 국제가정교회사역원이다. 앞에서 설명한 가정교회 사명 선언문에 동의하고, 이를 위한 동역자가 될 수 있는 몇 가지 조건을 갖출 때 목회자들은 국제가정교회사역원 회원이 될 수 있다.

가정교회 사명 선언문에 동의한다는 것은 신약교회 회복을 목표로 한다는 가정교회 정신에 대한 동의이자, 이를 이루기 위한 방법론에 대한 동의이다. 회원이 되기 위해서는 교회에서 '가정교회', '목장', '목자(목녀)'라는 호칭을 사용해야 한다. 명칭에 신경을 쓰는 이유는 신약교회 회복을 목표로 하는 가정교회 운동이라는 물결을 이루기 위해 같은 용어를 쓰면서 최소한의 동질감을 느껴야 하기 때문이다.

## 목자와 섬김

가정교회에서는 기본 공동체인 목장을 책임지는 사람을 '목자'라고 부르고, 목자의 아내를 '목녀'라고 부른다. 가정교회를 처음 접하는 사람들이 목자라는 호칭에는 별 부담을 느끼지 않으나, 목녀라는 호칭에는 불편함을 느낀다. 꿈꾸는 여자처럼 들리기도 하고, 목을 맨 여자의 처참한 모습이 연상된다는 의견도 있었다.

이 명칭은 휴스턴 서울교회에서 자연발생적으로 생겨났다. '목자의 아내'라고 부르자니 명칭이 길어서 고민되던 때, 어떤 사람이 목자 아내를 '목녀'라고 부른 것이 입에 붙어서 공식 명칭이 된 것이다. 이 호칭은 가정교회에서만 사용된다. 요즈음 가정교회라는 이름을 붙여서 소그룹 모임을 갖는 교회들이 많은데, 이들이 3축 4기둥에 기초한 가정교회를 하는지, 아니면 다른 형태의 가정교회를 하는지 알기 원할 때 목자의 아내를 어떻게 부르는지 보면 금방 답이 나온다. '가정교회', '목장' 등의 명칭은 똑같이 쓰지만 '목녀'라는 호칭은 잘 쓰지 않기 때문이다.

'목녀'는 따뜻하고, 이해해 주고, 품어 주고, 참아 주고, 섬겨 주는 가정교회의 정신을 대표하는 여성상을 의미하는 것으로 자리를 잡았다. 가정교회 여성들 중에는 목녀가 되는 것이 꿈이라는 사람들도 있다.

집에서 모이는 가정교회를 '목장'이라 부르고, 몇 개의 목장을 묶어서 '초원'이라 부르고, '초원'의 목자를 '초원지기'라고 부른다. 세계 어느 가정교회든지 이 용어는 우리 발음대로 사용하고, 현지어 표기도 발음 나는 대로 적고 있다. 태권도를 세계 어디서나 'taekwondo'라고 부르는 것과 마찬가지다.

가정교회를 시작하기 전에는 "교회가 그리스도의 몸이고 성도는 지체이며, 지체 중에 쓸모없는 지체가 없다"는 사도 바울의 말이 이해되지 않았다(고전 12:12-27). 전통 교회에서는 직책 중심이고 소수의 헌신된 사람들만이 섬기기 때문이다. 제자훈련을 아주 잘 한다는 교회를 보아도 교인의 약 30%만이 사역에 참여하고 있다. 그러나 신약교회가 가정교회라는 것을 깨닫고 가정교회를 시작한 후에 비로소 이 말이 무엇인지를 깨닫게 되었다.

가정교회는 규모가 작기 때문에 누구나 한 가지 역할을 맡지 않을 수 없다. 가정교회에서는 목장 식구 모두가 목자, 교사, 선교, 친교, 음악 등을 한 가지씩 맡아서 "영혼 구원하여 제자 만든다"는 교회의 존재 목적을 위해 매진하고 있다. 가정교회를 이해 못하면 신약을 이해하지 못한다는 백석대학교 홍인규 교수의 말이 무슨 의미인지 비로소 이해가 된다.

가정교회에서 목장 모임은 목자네 집에서만 갖는 것이 아니라, 목장 식구들 집을 돌아가면서 갖는다. 가정교회의 핵심 가치 중의 하나가 섬김인데, 집을 공개하는 것이 섬김의 첫 걸음이요, 제자로서의 첫 걸음이라고 생각하기 때문이다. 더구나 목장 모임을 갖는 것은 주님을 집에 초청하는 것이다. 주님이 자신의 이름으로 두세 사람이 모인 곳에는 그 자리에 같이 하겠다고 약속하셨기 때문이다(마 18:20). 이런 특권을 목자 혼자 독점해서는 안 된다.

가정교회를 처음 접하는 이들은 목장에서 식사를 같이 하는 것에 상당한 부담을 느끼는데, 그것은 시간이 조금만 지나면 해결되는 문제다. 가정교회 모임에서는 좋은 음식을 먹는 것보다 음식을 같이 나누는 것 자체가 중요하다. 그렇기 때문에 평소에 가족들이 먹는 수준에서 숟가락 몇 개 더 놓는 마음가짐으로 식사를 준비하면 된다. 그러다가 아주 특별한 날이나 VIP가 방문하는 날에 근사하게 차리면 된다.

가정교회 목자·목녀들의 섬김은 그야말로 감동이다. 특별히 VIP들을 향한 섬김은 눈물겹다. 가게가 너무 바빠서 점심도 거르고 일하고 있을 때, 도시락을 싸다 주기도 하고, 외롭게 살다가 상을 당해 쓸쓸한 장례를 치러야 할 때, 목장 식구들이 모두 와서 장례를 거들어 주기도 한다. 아파서 꼼짝 못하고 있을 때, 목자가 매일 아침 죽을 만들어 가져다 주기도 한다. 이런 것들 때문에 감동했다는 VIP들의 이야기를 자주 듣는다. 예수님처럼 자신을 버리고 남을 섬기면서 제자가 키워지고 비신자 전도가 이루어지는 것이다.

### 진정한 사귐이 있는 목장

목장 모임에서는 감정이 노출될 수 있도록 자연스러운 분위기를 형성해야 한다. 누군가 문제를 꺼내 놓았을 때 교과서적인 답이나 상식적인 답변을 하는 것은 도움이 안 된다. 문제를 겪었을 때 극복했던 간증을 들려주는 것이 가장 좋다. 예를 들어 목장에서 고부간의 갈등을 털어놓은 사람에게 "성경에서 부모에게 순종하라고 하지 않았어요?"라고 말하면 아무 도움도 되지 않고, 오히려 그 이야기를 꺼낸 사람의 마음의 빗장을 단단히 조이게 만든다. 성경 말씀을 붙들고 고부간의 갈등을 해결한 경험담을 나누어야 한다. 만일 경험이 없으면 질문을 하면 된다. 누군가 우울증에 빠졌을 경우 자신에게 그런 경험이 없다면 "언제부터 그랬어요?", "의사는 만나 봤어요?"와 같은 질문을 던져서 그 사람이 스스로 생각하게 하고, 자신의 문제를 해결하도록 해야 한다.

내가 가정교회를 시작하게 된 동기 중에 하나가 교회에 진정한 사귐이 없다는 사실 때문이었다. 어느 교회에서 장로님에게 정신지체를 가진 아들이 있다는 사실이 알려지면서 교인들이 술렁이는 것을 본 적이 있다. 나는 너무 의아했다. 왜 장로님에게 정신지체 아들이 있다는 것이 문제가 될까? 더 의아했던 것은 교회가 그 사실을 16년 동안이나 몰랐다는 것이다.

진정한 사귐은 솔직한 모습을 서로 보여 줌으로써 시작된다. 일반 교회에서는 문제가 없는 것처럼 자신을 가리며 지내는 데 익숙해져서, 문제가 생겨도 노출시키기 어렵고, 도움을 청하기도 어렵다. 그러다 보니 해결할 길이 없다. 진정한 공동체는 자기 노출이 필수적이다. 담임목사가 먼저 자신을 솔직하게 내보여야 성도들도 그렇게 하게 된다. 목사가 자신을 내보이면 목자들이 내보이게 되고, 목자가 먼저 자신을 드러내면, 목장 식구들이 자신을 드러낸다. 성도들이 얼마나 자신을 드러내는지는 지도자가 얼마나 자신을 드러내느냐에 따라 수위가 결정된다.

교인들 가운데에는 문제를 안고 사는 사람들이 많다. 결손가정 출신도 많고 마음속 깊은 곳에 자기만의 상처를 가진 사람들도 많다. 단지 겉으로 내보이지 않을 뿐이다. 이런 사람들이 치유받기 위해서는 환자가 의사 앞에서 옷을 벗듯이, 자신의 치부를 드러내야 한다. 이렇게 할 수 있는 곳이 목장 모임이다.

세미나에 참석한 목회자 부부가 목장 모임을 참관하러 갔다가 그 자리에서 목자와 목녀가 크게 싸우는 것을 보았다. 이 부부는 이런 장면을 보면서 실망하는 대신에 은혜를 받았다고 했다. 이처럼 투명해질 수 있는 것이 가정교회라면 꼭 해야겠다면서 가정교회 전환을 결심했다는 것이다.

목장은 자신이 하고 싶은 이야기를 다 해도 정죄하지 않고 들어주고, 함께 기도하며 치유받도록 해주는 곳이다.

### 은혜가 살아 있는 주일연합예배

"많은 분들이 휴스턴 서울교회의 예배가 좋다는 말씀을 합니다. 그런데 사실 보이는 부분에서 말씀을 드리면 휴스턴 서울교회의 예배에 그리 특별한 것은 없어 보입니다. 예배 형식이나 성가대가 대단한 것도 아니고 목사님의 설교도 간단 명료합니다. 솔직히 말씀드리면 예배 전반이 매우 단순하다고 느껴질 정도로 간결한 형태입니다. 그런데 많은 분들, 특별히 교회에 처음 오는 VIP들이 예배당에 들어오는 순간부터 뭔가가 있다는 느낌을 받는답니다. 그리고 앉아서는 하염없이 눈물을 흘립니다. 저희가 참석한 예배도 그랬습니다. 주변의 많은 분들이 눈물을 흘리시더군요. 예배가 지겨워서 하품을 하다 나오는 그런 눈물이 아니라 진짜로 은혜를 받아서 흘리는 눈물 말입니다. 옆을 보니 제 아내도 울고 있고, 또 그 건너편에 함께 연수를 받았던 목사님들과 사모님들도 눈물을 흘리고 있더군요."

휴스턴 서울교회에 가정교회 연수를 왔던 어느 목회자가 국제가정교회사역원 홈페이지에 올린 휴스턴 서울교회 주일예배에 대한 소감이다.

휴스턴 서울교회의 예배에 은혜가 있는 것은 사실인 것 같다. 참석한 목회자들이 그렇게 말해 주고, 매주일 예수 믿기로 결단하는 사람과 헌신하는 사람들이 수십 명씩 나오니 말이다. 매주 평균 3명이 예수님을 영접하고 침례를 받는 것도 예배가 큰 역할을 하고 있기 때문이다. 예배를 통해 많은 분들이 하나님의 임재를 체험하며 눈물을 흘렸다고 하니, 이런 예배를 만들기 위한 원칙을 나누는 것도 의미가 있을 것 같다.

첫째, 나 스스로 예배 인도자가 아닌 예배자로 하나님 앞에 서도록 노력했다. 많은 목회자들이 실수하는 것이 바로 이 부분이다. 자신을 예배를 인도하는 사람으로 생각하고, 하나님 앞에서 한 사람의 예배자로서는 서지 못한다. 나는 예배 직전에 단 위에 무릎을 꿇고 딱 한 가지를 놓고 기도한다.

"주님, 오늘 예배에서 예배 인도자가 되지 말고, 예배자가 되게 해 주시옵소서."

예배자가 되기 위해서는 성도들을 의식하지 않고, 하나님께 집중할 것이 요구된다. 그래서 나는 예배 때 회중에게 시선을 두지 않고 회중석 맨 뒤에 앉은 사람의 머리 위에 고정시킨다. 그러면 시선은 회중을 향해 있는 것처럼 보이지만 회중들의 얼굴을 보지 않아도 된다. 설교할 때도 회중들의 눈은 응시하되, 표정은 보지 않는다. 회중이 감동할 때 분위기를 더 고조시키고 싶은 유혹, 지루한 표정을 지으면 이를 만회하기 위해 재밌는 말을 해보려는 유혹으로부터 나 스스로를 보호하기 위해서다.

우물가에서 만난 사마리아 여인은 예수님에게 어디에서 예배를 드려야 하느냐고 물었다. 예수님은 영과 진리로 예배를 드리라고 대답하셨다(요 4:23). 예배의 장소나 형식이 중요한 것이 아니라, 진정으로 예배드리는 것, 즉 마음가짐과 태도가 중요하다는 의미이다.

영과 진리로 예배드린다는 것은 어떤 의미일까? 나는 그것을 "찬양은 진심으로, 기도는 믿음으로, 헌금은 감사함으로, 설교는 하나님의 말씀으로"라는 말로 정리했다. 그리고 예배 순서 중에 영과 진리로 드리는 예배에 도움이 안 되거나 방해가 되는 것은 고쳐 가기 시작했다. 예배자인 나에게 은혜가 되지 않는 것들은 성도들에게도 은혜가 되지 않을 것이라는 가정 하에서, 내가 건성으로 하거나 형식적으로 하는 순서는 바꾸거나 없앴다. 그러나 예배 형식을 지나치게 바꾸면 거부감부터 심어 주게 될까 봐, 1년에 한두 개 정도만 조금씩 변화를 주었다. 사소한 부분이라도 예배에 맞지 않는 것은 정리하고, 예배에 은혜가 되는 것은 더했더니 은혜를 받았다는 고백들이 나왔다.

은혜로운 예배를 위해서 나는 세 가지 목표를 세웠다. 첫째, 광고를 포함하여 모든 순서가 은혜가 되도록 한다. 둘째, 예배 참석자들이 다양한 예배 경험을 하도록 한다. 셋째, 예배를 드리는 사람들이 관람자가 되지 않고 참여자가 되게 한다. 이런 목표를 가지고 바꾼 예배 순서들 중에는 이런 것들이 있다.

휴스턴 서울교회 예배에는 교독문이 없다. 교독문이 예배 순서에 들어간 데에는 역사적인 이유가 있겠고, 어떤 이들은 교독문을 읽으면서 은혜를 받는다고 하는데, 나는 교독문을 읽으면서 은혜를 받은 적이 없다. 교인들도 마찬가지일 것 같았다. 그래서 예배 순서에서 뺐다.

내가 처음 부임했을 때 휴스턴 서울교회 예배는 일반 교회 예배처럼 종을 땡 치고, "묵도함으로 예배를 시작하겠습니다"로 시작되었다. 다음에 성가대가 응답송을 하면 성경을 한 구절 인용하고 개회 기도를 했다. 이때 읽을 성경구절을 찾는 일이 너무나 힘들었다. 주일 아침에 허둥지둥 자료집을 뒤적여 찾았는데 너무 성의 없게 느껴졌다. 그래서 예배 시작 부분을 바꾸어 개회 찬양으로 시작하고 이어서 통성기도를 하도록 했다.

통성기도 때는 분명한 주제를 주었다. 첫째, 하나님의 임재를 체험하는 예배가 되도록, 둘째, 이번 주일에 가장 필요한 교회 행사나 사역을 위하여, 셋째, 개인 기도제목 중에서 가장 중요한 한 가지를 위해 기도하도록 했다. 기도제목을 길게 말하다 보면 핵심을 놓칠 수가 있기 때문에 몇 번씩 연습해서 간결하면서도 핵심이 전달되도록 했다.

예배에서 다양한 경험을 하기 원하는 성도들을 위해 통성기도, 목회자가 드리는 목회기도, 안수집사가 드리는 대표기도에 침묵기도를 하나 더 추가해 설교가 끝난 직후에 가졌다. 침묵기도는 배경음악 없이 설교 말씀을 묵상하고 하나님의 음성에 귀 기울여 내 삶에 적용할 것을 찾아 하나님께 약속드리며 도움을 청하는 기도를 침묵 가운데 드리는 것이다. 창을 스쳐 지나가는 바람소리까지 들리는 침묵의 힘은 대단하다. 때로는 흐느끼며 우는 사람들도 나오곤 한다.

찬양에도 다양성을 추구했다. 전통 예배에서는 찬송가만 부르고, 열린 예배에서는 현대 찬양만 부르는데, 두 가지를 다 도입했다. 찬송가를 부를 때에는 두 곡을 연달아 불렀는데 여러 절이 있더라도 두 절만 불러서 스피드에 익숙한 젊은 층이 지루하지 않도록 배려했다. 동시에 가사 한 절은 반복해서 찬송을 기계적으로 부르지 않도록 했다.

예배 중에 부르는 찬송가나 찬양 가사는 영상 화면에 띄웠다. 찬양대나 특별 찬양을 하는 사람들은 대부분 전문 훈련을 받지 않은 아마추어들이라 가사 전달이 명확하지 않다. 회중들은 가사 내용을 잘 모르니 감상하는 기분으로 앉아 있을 수밖에 없다. 그런데 찬양 가사를 화면에 띄우면 회중은 찬양의 내용을 알게 되고, 찬양하는 이와 더불어 마음으로 같이 찬양할 수 있다.

요즘은 많은 교회에서 예배당 입구에 헌금함을 두어서 들어올 때 헌금하도록 하지만, 휴스턴 서울교회에서는 여전히 예배 중에 헌금함을 돌린다. 하나님께 헌금을 "바친다"는 동작이 중요하다고 생각하기 때문이다. 그리고 헌금 시간에는 성악, 기악, 독창, 중창 등을 통해 음악적 재능을 받은 성도들에게 그 재능을 하나님께 바치는 기회를 주었다.

예배 순서 가운데 가장 나중에 바꾼 것이 광고 순서였다. 설교 전에 광고를 넣으면 찬양과 기도로 설교 들을 준비가 된 거룩한 마음을 흩어 놓는다. 설교 후에 광고를 넣으면 설교에서 받은 감동이 흐트러진다. 설교 전이나 설교 후 어디에 넣어도 광고가 예배의 흐름을 끊어서 고민을 했다. 그래서 과감하게 광고를 예배 순서 맨 앞으로 옮겼다. 예배에 늦게 올 경우 중요한 광고를 놓칠 수 있다는 단점이 있었지만, 광고를 놓치지 않도록 하는 것보다 예배를 은혜롭게 드리는 것이 더 중요하다고 생각해서 결단을 내렸다. 그 후 안수 집사님들의 제안에 의해 예배 시작 정각이 되면 본당 문을 닫기로 했는데, 성도의 97%가 미리 와서 자리했기 때문에 광고를 놓치는 사람들이 거의 없게 되었다.

예배를 통해서 성도들은 두 가지를 맛보아야 한다. 하나님의 임재하심과 하나님의 거룩하심이다. 목장예배가 하나님의 임재하심에 초점이 맞추어져 있다면, 주일연합예배에서는 하나님의 거룩하심에 초점이 맞추어져야 한다. 거룩함을 맛보려면 하나님의 존전에 있다는 것을 의식해야 한다. 그래서 주일예배 시작 전에는 회중들이 예배당에 들어와 대화를 나누는 대신 하나님께 기도하도록 오르간 반주로 거룩한 분위기를 만들었고, 마지막 축도 후에는 거룩한 존전에서 경망스럽게 물러나지 않도록 침묵 가운데 퇴장하도록 했다. 예배 가운데 실수가 있어도 하나님 앞에서 목소리를 높일 수는 없다고 생각해서 지적하지 않았다. 찬양대가 아무리 은혜로운 찬양을 드려도 칭찬 등의 어떤 코멘트도 삼갔는데 하나님께 드린 찬양을 내가 평가한다는 것이 온당치 않다고 생각했기 때문이다.

하나님의 임재가 없는 예배는 죽은 예배다. 하나님의 임재를 경험하는 예배가 되기 위해 필요한 것은 기도이다. 휴스턴 서울교회는 1년에 한 번 예배를 위한 기도 요원을 모집하고, 기도 요원들은 예배가 시작하기 10-20분 전에 와서 예배 순서를 놓고 기도한다. 사역을 해야 하는 사람들은 집에서 미리 기도하고 오는 융통성을 두었다. 수요일 저녁과 토요일 새벽 기도회에서는 주일연합예배를 위해 다 같이 통성으로 기도했다.

그러나 아무리 예배를 계획하고 준비한다 해도 하나님의 뜻대로 살려고 노력하지 않는 사람들이 모인 예배에는 은혜가 없다. 휴스턴 서울교회를 비롯한 가정교회 성도들은 일주일 동안 하나님의 뜻대로 살려고 노력하다가 주일에 함께 모여서 예배를 드리기 때문에 하나님의 임재가 있고 은혜가 있다.

## 예배하는 성가대

찬양은 예배의 중요한 부분이다. 구약을 보면 솔로몬은 찬양대를 조직해 찬양을 드리도록 했고(역대상), 신약에서도 찬양이 강조되고 있다(엡 5:19). 찬양의 중요성을 알기 때문에, 빌리 그레이엄을 비롯해 유명한 부흥강사들은 찬양사역자와 팀으로 사역하고 있다. 그래서 대부분의 교회는 아무리 규모가 작아도 성가대를 세우려고 한다. 마땅한 지휘자나 반주자를 찾을 수 없으면 신앙심 같은 건 고려하지 않은 채 음악을 전공한 이들을 세우는 일도 허다하다. 그러다 보니 예수를 믿지 않는 이가 반주를 맡거나 토요일에 만취할 정도로 술을 마신 사람이 술 냄새를 풍기며 지휘를 하는 곤혹스러운 상황이 벌어지기도 한다. 또 수준 높은 음악을 보여 주는 것이 목적이 되어 버려 신앙과 무관하게 전문적인 반주자, 지휘자, 솔리스트를 세우는 교회도 있다.

난 노래하는 성가대가 아니라 예배하는 성가대가 되기를 원했다. 그래서 휴스턴 서울교회에 부임하면서 성가대원들에게 예배를 드리는 모범을 보여 달라고 요청했다.

"여러분은 예배를 돕는 사람이 아니라, 예배를 드리는 사람이 되어야 합니다. 회중 찬양 때 박수를 쳐도 성가대 박수 소리가 제일 커야 하고, 설교 중에 '아멘!'이 나와도 성가대 아멘 소리가 제일 커야 합니다."

성가대원들이 예배드리는 것을 방해하는 것이 응답송이라고 생각한다. 예배를 시작할 때나 대표기도가 끝난 후 응답송을 준비하느라, 정작 예배에 집중하지 못하기 때문이다. 그래서 나는 주일예배 때 응답송을 없애고, 설교 전에 특별 찬양 한 곡만 부르도록 했다.

찬양은 곡을 붙인 간증과 같다. 우리끼리 대화할 때도 마음에 없는 말을 들으면 불쾌함과 역겨움을 느끼는데, 마음에도 없는 찬양을 한다면 과연 그 찬양을 하나님이 기뻐 받으시겠는가? 나는 진심이 담긴 찬양을 드릴 것을 성가대에게 부탁했고, 찬양대원들은 주일에 부를 찬양 가사를 가지고 일주일 동안 큐티하고 나눈 후에 찬양 연습 시간을 가졌다.

휴스턴 서울교회에 부임했을 때 성가대는 예배 직전과 직후에 연습 시간을 가졌다. 따로 시간 낼 필요 없이 교회 나오는 날 편하게 봉사할 수 있었다. 가정교회 출범을 계기로 나는 찬양 연습시간을 수요 기도회 이후로 옮길 것을 제안했다. 영혼 구원하여 제자 만든다는 교회의 존재 목적에 부합하도록 하기 위해서였다. 성가대원으로 섬기는 목자·목녀들은 주일 아침에 VIP를 데리고 예배에 참석해야 하고, 예배가 끝난 후에는 이들을 사람들에게 소개하며 옆에 있어 주어야 하는데, 주일에 연습하면 이렇게 할 수 없기 때문이다. 다행히 당시 지휘자는 영혼 구원의 열정이 남다른 목자여서, 순순히 나의 제안을 받아들였다.

희생이 없는 교회 봉사는 취미생활이라는 것이 내 지론이다. 연습 시간을 수요일로 옮기자 성가대원수는 3분의 1 수준으로 줄었다. 그러나 희생을 감수하면서 드리는 찬양이라 더 은혜가 되었다. 그 후 이런 희생을 감수하더라도 찬양으로 섬기고 싶어 하는 사람이 늘어나면서 성가대원수는 곧 이전 수준으로 회복되었다. 또한 가사 한마디 한마디가 간증으로 들리면서 이전과는 비교도 안 될 정도로 은혜로워졌다.

## 삶 공부

앞에서 '삶 공부'라는 단어를 자주 언급했는데, 궁금해할 사람들을 위해 가정교회에서 제공되는 삶 공부를 간단히 소개해 보겠다.

가정교회를 받치는 세 개의 축 가운데 하나인 '삶 공부'에는 여러 개의 과목이 제공된다. '생명의 삶', '새로운 삶', '경건의 삶', '확신의 삶', '하나님을 경험하는 삶'은 필수 과정이고, '말씀의 삶', '부부의 삶', '부모의 삶', '예비부부의 삶', '교사의 삶', '목자·목녀의 삶', '기도의 삶', '일터의 삶' 등은 선택 과정이다. 정식 목자로 임명받기 위해서는 필수 과목을 다 수료해야 한다. 그러나 필수 과목을 다 마치는 데 시간이 걸리기 때문에, 기초가 되는 두 필수 과목을 마친 사람에게는 대행 목자라는 직책을 주어 목장 사역을 맡긴다. 대행 목자로 섬기다가 필수 과목을 다 수료하면 정식 목자가 된다.

필수 과목인 '생명의 삶'은 《가정교회 삶 공부-첫 단계》(요단)를 교재로 사용하고, '새로운 삶'은 랄프 네이버가 쓴 《새로운 삶의 실천》 (*Arrival Kit: a guide for your journey in the kingdom of God*, NCD), '경건의 삶'은 리처드 포스터가 쓴 《영적 훈련과 성장》(*Celebration of Discipline*, 생명의말씀사), '확신의 삶'은 랄프 네이버의 《매일 영적 성장 가이드》 (*Servival Kit: five keys to effective spiritual growth*, NCD), '하나님을 경험하는 삶'은 헨리 블랙가비가 쓴 《하나님을 경험하는 삶》(*Knowing and doing the will of God*, 요단)을 교재로 쓰고 있다.

이 삶 공부 중에서 '생명의 삶'은 가정교회로 전환하기 위해 절대적으로 필요한 과목이다. '생명의 삶'을 제대로 가르치느냐 안 가르치느냐에 따라 가정교회의 성공 여부가 판가름 난다고 해도 과언이 아니다. 가정교회를 잘 정착시킨 목회자들은 '생명의 삶'을 잘 가르치고 있다. 반대로 '생명의 삶'을 건성으로 가르친 목회자들 중에는 가정교회를 성공적으로 정착시킨 사람은 별로 없다. 목회자를 위한 세미나에서 속성으로 가르치는 '생명의 삶'(나머지 삶 공부는 목회자를 위한 가정교회 세미나를 수료한 목회자들이 참석하는 가정교회 컨퍼런스에서 제공된다.)은 요단출판사에서 나온 《새신자 훈련 총서》에 기초하여 내가 교안을 만들고 거의 30년에 걸쳐 계속 수정하며 개발해 온 것이다.

'생명의 삶' 공부는 세 가지를 목표로 한다. 첫째, 믿지 않는 사람들은 예수님을 영접하도록 하고, 이미 믿는 사람들에게는 구원의 확신을 심어 준다. 둘째, 스스로 성경 읽는 능력을 배양해 주기 위하여 성경 해석의 원리를 가르친다. 셋째, 성경에 관한 제반 질문에 답을 준다. 둘째 목표인 스스로 성경 읽는 능력을 배양해 줄 때는 성경 해석의 원리를 가르친다. 예를 들면, 성경을 읽을 때에는 책을 쓴 저자의 의도를 발견하는 것을 목표로 하고, 성경을 해석할 때에는 문맥에 의해 해석해야 한다는 것을 가르친다. 또한 요한복음, 로마서 등 중요한 책 몇 권을 읽고 내용을 문단별로 요약하는 훈련도 한다.

다른 삶 공부는 다른 교역자나 평신도가 인도해도 되지만, '생명의 삶'만큼은 반드시 담임목사가 가르치도록 하고 있다. 왜냐하면 담임목사와 수강생들이 13주간이라는 기간을 같이 보내면서 서로를 인간적으로 알게 되고, 교인들은 목사의 목회철학을 이해하게 되기 때문이다.

'생명의 삶'은 제자로서의 첫 걸음을 내딛는 과정이다. 따로 시간을 내겠다고 작정한 이들만 수강하도록 하고 출석과 숙제가 정한 기준에 미치지 못하면 탈락시킴으로써 제자가 되는 데 따르는 책임감을 배우도록 한다. 그러나 강의 자체는 비신자들이 부담 없이 쉽게 따라올 수 있도록 대화식으로 강의한다.

'생명의 삶'을 인도하면서 나 자신도 왜 수강생들이 이 과목에 열광하는지 잘 몰랐다. 일반 성경 공부와 내용이 비슷하기 때문이다. 그런데 여러 사람들의 의견을 종합한 결과 다음과 같은 특징들이 '생명의 삶'을 효과적인 성경 공부로 만들고 있다는 것을 깨달았다.

첫째, 비신자들이나 기신자들이 갖고 있는 신앙적인 질문에 답을 준다. 둘째, 조직신학의 주제들을 골고루 다뤄서 균형 잡힌 신앙관을 심어 준다. 셋째, 예화를 많이 사용해서 추상적인 내용을 이해하기 쉽게 전달한다.

### 세겹줄 기도회

'세겹줄 기도회'는 가정교회 문화 중의 하나이다. 대부분의 가정교회가 1년에 한 번 이상 세겹줄 기도회를 갖는다. 이것은 양주로 옮겨 간 열린문교회(이재철 목사)가 서울에 있을 때 처음 시작되었다. 전도서 4장 12절 말씀인 "혼자 싸우면 지지만, 둘이 힘을 합하면 적에게 맞설 수 있다. 세겹줄은 쉽게 끊어지지 않는다"에서 '세겹줄 기도회'라는 이름을 가져왔다. 세 명이 짝이 되어 서로 기도제목을 나누고 함께 기도하는 세겹줄 기도회는 새벽에 일정 기간 갖는다.

세겹줄 기도회를 갖는 시기, 기간, 방법은 다양한데, 휴스턴 서울교회를 예로 들면, 휴스턴 서울교회에서는 새해를 세겹줄 기도회로 시작한다. 기도생활을 오래한 사람과 새로 시작하는 사람이 짝을 이루도록 하는데 목자·목녀는 새로 믿기 시작한 목원과 다른 목자·목녀가 파

트너가 되도록 중개를 해준다. 1월 초에 10일 동안 갖는 이 기도회는 수요일에 시작해 다음 주 토요일까지 저녁 금식을 하면서 이루어진다.

기도회는 새벽 5시 15분에 시작하지만 예배당 문은 새벽 4시 30분부터 열어서, 미리 와서 개인기도를 하고 세겹줄 기도를 마친 후 바로 출근할 수 있도록 한다. 찬송과 안수집사 대표기도에 이어 설교자가 15-20분 동안 메시지를 전한다. 메시지는 일반적인 설교를 하지 않고 책을 한 권 정해서 교인들이 읽도록 하고, 이 책의 순서를 기초로 하여 설교를 만든다. 주제는 기도, 선교, 치유, 금식, 섬김, 성령, 그리스도, 하나님 등으로 다양했는데, 책 읽을 시간이 별로 없는 성도들에게 1년에 적어도 책 한 권을 읽을 기회를 주었고, 다양한 주제의 책을 선정함으로써 성도들의 영적 시야를 넓히고 특정 주제에 대한 깊이 있는 이해를 쌓게 해 주었다.

말씀이 끝나면 세 명의 기도짝이 둘러앉아 손을 잡고 10분 동안 목소리를 높여 서로를 위해 기도한다. 옆 사람 목소리가 들리지 않도록 큰 소리로 기도하고, 반드시 10분을 채우도록 한다. 이 과정에서 초신자들은 소리 내어 기도하는 법, 길게 기도하는 법을 배운다. 10분 통성기도가 끝나면 자유롭게 개인 기도를 하고 돌아가도록 한다. 휴스턴 서울교회에서는 세겹줄 기도회에 전 교인의 70% 이상이 참여한다. 어린 자녀들 때문에 기도회에 참석하지 못하는 사람들을 빼면 전 교인이 참석한다고 해도 과언이 아니다. 이렇게 참여율이 높은 것은 성도들의 헌신도가 높은 이유도 있지만, 세겹줄 기도회를 통한 기도 응답이 많기 때문이다.

## 가정교회가 새번역 성경을 사용하는 이유

가정교회를 하는 교회는 새번역 성경을 사용하도록 권하고 있다. 교회를 다니던 사람들은 개역 성경에 익숙해 있어서 별다른 불편함을 느끼지 못하지만, 처음 나온 교회에 사람들에게는 사극에서조차 안 쓰는 용어들이 수두룩한 개역 성경이 너무나도 낯설다. 그래서 VIP들이 성경을 이해하는 데 개역 성경은 걸림돌이 된다.

개역 성경으로는 '성경 읽는 능력을 배양시킨다'는 '생명의 삶'의 목표를 이루는 것이 어렵다. '생명의 삶'을 수강하는 VIP들에게 개역 성경을 쥐어 주고 성경 요약을 하라는 것은 무리이다. 그래서 예배용으로는 개역 성경을 사용하더라도 '생명의 삶' 성경 공부 교재로는 새번역 성경을 사용하는 것을 원칙으로 한다.

번역이 잘되었는지 못 되었는지에 대한 논쟁이 생길 수는 있으나, 기본적으로 개역 성경은 직역을 한 것이고 새번역 성경은 의역을 한 것이다. 비신자 전도가 사명인 가정교회가 VIP를 배려해서 새번역 성경을 사용하는 것은 자연스러운 일이다. VIP를 배려해서가 아니더라도 정상적인 신앙생활을 하는 그리스도인이라면 직역을 한 개역 성경 한 권과 의역을 한 새번역 성경 한 권을 갖고 있어야 한다고 생각한다.

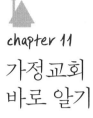

chapter 11

# 가정교회
# 바로 알기

### 5% DNA의 차이

지금까지 가정교회의 가장 중요한 핵심 가치인 3축과 4기둥을 중심으로 가정교회의 정신과 원칙을, 그리고 바로 앞 장에서는 가정교회의 독특한 프로그램들을 설명했다.

요즈음 셀교회에 대한 관심이 높아지면서 가정교회와 셀교회가 어떻게 다른지 궁금해하는 사람들이 많다. 대답은 간단하다. "셀교회와 가정교회는 95%가 같다." 대사명(마 28:19-20)에 따라 영혼을 구원하여 제자를 만든다는 점, 소그룹을 통해 사역하고 있다는 점이 같다. 차이는 고작 5%다. 하지만 이 별것 아닌 것처럼 보이는 5%의 차이가 엄청나게 다른 결과를 가져온다. 인체로 비유하자면 이 5%는 DNA에 해당된다. 그러므로 숫자로는 작아 보여도 정체성을 좌우하는 결정적 차이라 하겠다.

5%의 결정적 차이를 말하자면, 셀교회의 중심은 효율에 있지만 가정교회의 중심은 신약교회의 회복에 있다는 것이다. 셀교회 역시 신약

성경을 기초로 하지만, 효율을 중요하게 생각한다. 전도에 도움이 된다고 생각되면 남녀가 따로 모이는 셀, 같은 직업으로 구성된 셀, 같은 직장에서 일하는 사람들이 모이는 셀 등 상황에 따라 다양한 종류의 모임을 허락한다. 또 셀이 일정 기간 동안 또 다른 셀로 분열하지 않으면 '암세포'로 간주하여 해체하기도 한다. 모두 효율성에 중점을 두고 있기 때문이다.

그러나 가정교회는 효율이 아니라 신약교회와 가깝게 만드는 것이 핵심이다. 그래서 매주일 모이고, 남성과 여성이 같이 모이고, 신자와 비신자가 같이 모이는 것을 고집한다. 이렇게 모이는 것이 비효율적으로 보일 수도 있지만, 우리가 추구하는 신약교회의 모습이 그랬다고 믿기 때문에 이런 형태를 고집한다. 몇 년이 지나도록 분가가 이루어지지 않는다는 이유로 목장을 해체시키지도 않는다. 목장을 교회라고 생각하기 때문이다.

혹자는 가정교회가 셀교회보다 어렵다고 말하지만, 그렇지 않다. 셀은 시스템이지만, 가정교회는 공동체다. 셀이 철저하게 훈련하고 관리하는 시스템이라면, 가정교회는 가족 공동체를 세우는 것이다. 단순하고 자연스럽기 때문에 지속성이 있다. 중간에 포기하지 않고 가정교회를 10년 이상 하는 교회들이 속속 생기는 이유가 여기에 있다. 그리고 이러한 교회들 가운데 전도에 의해 교인수가 늘어나는 것을 보면, 우직하게 신약교회를 본으로 삼고 따르려 할 때 장기적으로는 효율성이 높다는 것을 깨닫게 된다.

사실 가정교회가 어렵다고 생각되는 것은 가정교회 자체가 어려워서가 아니라 담임목사 자신이 바뀌는 것이 어렵기 때문이다. 성경적인 교회를 세우기 위해서는 목회자의 삶이 먼저 성경적으로 바뀌어야 하는데 이것이 어렵다. 목회자 자신의 삶과 생각이 성경적으로 바뀌지 않고 성경적인 교회를 세우려다 보니 힘들게 느껴지는 것이다. 자신을 바꾸는 것이 힘들기는 하지만 반드시 이렇게 해야 한다는 것이 가정교회의 장점 중의 하나이다. 삶과 사고가 성경적으로 바뀌면서 주님께 신실하다고 인정받는 목회자가 되기 때문이다. 세상적으로 볼 때 성공적인 목회자가 못 된다 할지라도 하나님께서 인정해 주시는 목회자가 될 수 있다.

**가정교회에 대한 7가지 오해**

일반 목회자들이나 성도들 중에 가정교회에 대해 갖고 있는 몇 가지 오해들이 있다.

오해1) 가정교회는 전도 프로그램 중의 하나다.

아니다. 가정교회에서 전도는 중요하지만, 전도를 하기 위해 가정교회를 만드는 것은 아니다. 전도는 신약교회 회복이라는 가정교회의 목적을 충실하게 수행한 결과다. 전도 자체가 가정교회의 목적은 아니다.

오해2) 가정교회를 하기 위해서는 성가대를 없애야 한다.

아니다. 휴스턴 서울교회를 비롯해 가정교회를 하는 많은 교회에 성가대나 찬양대가 있다. 때때로 일부 교회에서는 영혼 구원하여 제자 만드는 일에 집중하기 위해 성가대를 없애기도 한다. 영혼 구원에 집중해야 할 유능한 일꾼들이 모두 성가대에 있기 때문이다. 그러나 성가대를 반드시 없애야 하는 것은 아니다.

오해3) 가정교회를 하기 위해서는 남·여전도회(남·여선교회)를 없애야 한다.

아니다. 이것 또한 필수 사항이 아니다. 원래 교회 안에 남녀로 나뉘어진 전도회나 선교회를 만든 이유는 전도와 선교를 하기 위해서다. 그러나 가정교회를 하면 목장을 통해 자연스럽게 전도나 선교가 이루어지기 때문에 이중으로 남·녀전도회(선교회)를 만들 필요가 없다. 하지만 교단과 협력 사역이 필요할 때는 사역 팀을 만들어 동역한다. 예를 들어 목녀들이 사역 팀을 만들어 교단 여선교회와 협조하여 일하는 것이다.

오해4) 매주 밥 하는 것이 어렵다.

그럴 수도 있다. 앞에서 설명한 대로, 목장에서의 밥상은 신학적인 의미가 있지만 일반 교회 교인들은 성도들을 위해 매주일 밥을 차려 본 경험이 없기 때문에 힘들 수 있다. 그러나 목장의 밥상을 통해 섬김을 배우고 물질로 채우시는 하나님을 체험하면, 가족을 위해 밥상을 차리듯, 목장 식구들과 밥 짓는 일이 기쁨이 되고 자연스러워진다. 목장의 밥상에 관한 수많은 간증들에서 이것이 사실임을 알 수 있다.

오해5) 가정교회를 하면 성도들끼리 힘을 합쳐 담임목회를 어렵게 만든다.

아니다. 가정교회를 하면 성도들끼리 뭉쳐서 담임목사 목회를 힘들게 만들 것이라고 예단하는 이들이 있다. 그러나 그런 생각은 중요한 한 가지 사실을 놓치고 있다. 가정교회 목자·목녀들은 목양을 하는 이들이다. 그러므로 목양의 어려움을 경험함으로써 담임목사를 더 이해할 수 있다. 나아가 섬기는 리더십이 몸에 배면서 담임목사와 더불어 섬기는 충성스러운 동역자가 된다.

오해6) 가정교회는 교회 직분을 부정한다.

아니다. 가정교회에서는 목장을 이끄는 리더를 목자·목녀라고 부르고, 목자·목녀들이 교회 사역에서 중요한 부분을 차지하므로 장로와 집사 같은 교회의 항존직을 대치할 것이라고 오해하는 사람들이 있다. 하지만 목자·목녀는 직분이 아니라, 사역이다. 그렇기 때문에 목자·목녀로 섬기다가 그만두면 그 사람을 더 이상 목자·목녀라고 부르지 않는다.

오해7) 가정교회는 침례교회 시스템이라 장로교회에 맞지 않는다.

아니다. 내가 담임했던 휴스턴 서울교회가 침례교회이기 때문에 가정교회를 침례교회 시스템이라고 생각하는 사람들이 있다. 하지만 그렇지 않다. 나는 미국장로교단(The United Presbyterian Church)에 속한 교회에서 장로와 당회원으로 섬겼기 때문에 장로교회를 잘 안다. 가정교회가 실제로는 장로교회에 제일 잘 맞는다. 웨스트민스터 신앙고백에 따르면 장로는 '목양과 치리'를 하게 되어 있는데, 오늘날 대부분의 장로교회에서 장로는 치리만 하고 목양은 하지 않는다. 그러나 장로가 가정교회를 통해 목양을 하는 목자가 되면, 목양과 치리를 둘 다 하는 균형 잡힌 진정한 장로교 장로가 될 수 있다.

### 지역과 문화를 초월하는 가정교회

가정교회는 기독교 초기에 생겨난 과도기적인 교회 형태가 아니라 주님이 원하셨던 교회 형태였다. 주님이 원하셨던 교회 공동체가 가족 공동체였기 때문이다. 그래서 최초의 신약교회인 예루살렘 교회도 교인 숫자가 1만 명이 넘는 초대형 교회였지만 집집이 돌아가면서 빵을 떼며, 순전한 마음으로 기쁘게 음식을 먹고, 하나님을 찬양하였다 (행 2:46-47).

사도 바울도 교회를 가족 공동체라고 생각했기 때문에 여러 교회에 편지를 보낼 때 성도들을 형제, 자매라고 불렀다. 사도 바울은 디모데에게 권면할 때 가족관계를 나타내는 용어를 사용했다.

> "나이가 많은 이를 나무라지 말고, 아버지를 대하듯이 권면하십시오.
> 젊은 남자는 형제를 대하듯이 권면하십시오. 나이가 많은 여자는 어
> 머니를 대하듯이 권면하고, 젊은 여자는 자매를 대하듯이, 오로지 순
> 결한 마음으로 권면하십시오." 딤전 5:1-2

주님이 원하셨고 사도들이 세우려 했던 교회가 가족 공동체였고 가정교회였다면, 가정교회는 시대, 지역, 문화, 교단을 초월해야 한다. 휴스턴 서울교회에서 가정교회 세미나가 시작되었을 때 이런 말을 하는 참석자들이 많았다. "가정교회는 미국이라서 되는 것이다", "휴스턴이

니까 가능하다", "침례교회라서 된다", "휴스턴 서울교회이기 때문에 성공한 것이다", "최영기 목사니까 된다" 등 가정교회가 성공할 수 없다는 이유를 찾기에 바빠 보였다.

그러나 이제는 더 이상 그런 말이 성립되지 않는다. 미국에서뿐만 아니라 한국에서도 가정교회가 뿌리 내렸다. 장로교회에서 가정교회가 성공적으로 정착되고 있다. 현재 한국에서 목회자를 위한 가정교회 세미나를 주최하는 교회는 100% 장로교회이다. 나아가 선교지에서도 가정교회가 세워지고 있으며, 일본, 중국, 카자흐스탄 등지에서는 목회자를 위한 가정교회 세미나를 제공하여 신약교회로 전환하는 것을 돕는 현지인 교회들이 속속 등장하고 있다. 가정교회가 주님이 원하셨던 공동체라서 시대와 지역과 문화를 초월하고 있는 것이다.

언젠가 휴스턴 서울교회 단기 선교팀이 국제가정교회사역원 아프리카 선교 간사인 정명섭 선교사가 사역하는 모잠비크 가정교회를 방문한 적이 있었는데, 모잠비크 목장과 휴스턴 서울교회 목장이 매우 흡사한 것에 놀랐다고 한다.

이들도 휴스턴 서울교회처럼 금요일 저녁에 모였다. 다리도 펼 수 없는 좁은 방에 모여 함께 식사를 하면서 목장 모임을 가졌다. 목장에서 나누는 이야기들은 휴스턴 서울교회 목장에서 흔히 나누는 부부 이야기나 이웃 이야기였다. 목자의 고민도 휴스턴 서울교회 목자들의 고민과 비슷했다. "섬김만 받고 예수 믿을 기색이 없는 목장 식구 때문에 속상하다", "목장 모임이 너무 늦게 끝나 정말 피곤하다. 어떻게 해야 일찍 끝낼 수 있을까?"와 같은 고민들이었다.

다른 점이 있다면 휴스턴 서울교회 목장에서는 음식을 맛있게 먹어 주어야 주인이 좋아하지만, 그곳에서는 각자 알아서 적게 먹는 것이 미덕이라고 한다. 모잠비크에서는 중산층들도 하루에 한 끼 정도만 식사할 정도로 가난하다. 그런데 목장 음식을 준비하기 위해서는 일주일치 양식이 필요하다. 많이 먹으면 그 집 살림이 어려워지므로 조금씩만 먹는다고 한다.

"우리 교회가 가정교회의 원조인 휴스턴 서울교회처럼 하고 있습니까?" 현지인 목자가 조심스럽게 질문했을 때, 휴스턴 서울교회 목자는 이렇게 대답했다. "저희 교회와 똑같이 하고 있습니다. 아니, 저희보다 더 잘하십니다. 휴스턴 서울교회의 가정교회와 여러분의 가정교회가 똑같은 이유는 우리도, 여러분도 신약교회를 모델로 삼고 있기 때문입니다."

가정교회가 시대와 지역과 문화를 초월한다는 것을 모잠비크 가정교회가 실례로 보여 주고 있었다. 역시 가정교회는 주님이 꿈꾸셨던 교회가 틀림없다.

가정교회 목회자는 성도들이 신약교회 회복을 위해 일하고 있다는 큰 그림을 그려 주어야 한다. 그래야 자부심이 생긴다. 교회에서 세미나를 개최하면 재정적으로 많은 부담이 생기지만, 자부심이 커진다.

# 5부

# 가정교회의 정신을
# 고수하라

# chapter 12

# 가정교회의 선교

## 선교사를 후원하는 목장

가정교회 목장 모임의 궁극적인 목표는 '전도'와 '선교'다. 여기에 초점을 맞추지 않으면 목장 모임은 마음이 통하는 사람들이 똘똘 뭉쳐서 외부 사람들이 파고들 수 없는 아주 이기적인 집단이 될 수 있다.

그러므로 목장 모임은 영혼 구원하여 제자 만든다는 가정교회의 목표를 다시 한 번 되새기며, 시선을 세상으로 향하는 것으로 끝내야 한다. 그래서 마무리 시간은 '전도'와 '선교'에 맞춰진다. VIP 근황을 보고하고, 선교사와 VIP를 위한 기도로 끝내는 것이다.

가정교회의 목장은 하나의 지역교회와 같은 역할을 한다. 예배, 교육, 친교, 선교가 모두 이루어지는 작은 교회다. 그러므로 가정교회는 목장마다 기도와 헌금으로 선교사 한 명을 지원한다. 목장수가 180여개인 휴스턴 서울교회의 경우, 180여 명의 선교사를 후원하고 있다. 목장 이름도 후원 선교사의 사역지 이름을 붙이고(멕시코 목장, 카작 목장, 터키 목장 등), 기도편지를 목장에서 공유하고, 선교사의 기도제목을 놓고 다 함께 기도한다. 그러는 사이 목장 식구들은 마치 자신들이 파송한 것처럼 선교사와 그들의 가족, 사역에 관심을 갖게 된다.

목장 선교사는 교회에서 추천해 주지만 목장에서 후원하기 원하는 선교사가 있으면 큰 하자가 없는 한 목장에서 후원하도록 허락한다. 후원을 시작하기 전에 선교사에게는 기도 후원이 주가 되고, 물질 후원은 2차적이라는 것을 분명히 한다.

선교비를 지원할 때에는 매칭(matching) 제도를 도입하고 있다. 목장에서 선교비를 송금하는 만큼 교회에서 지원하는 제도다. 휴스턴 서울교회의 경우 한 목장에서 A선교사에게 매달 5만 원을 송금하면, 교회에서 5만 원을 더해 총 10만 원을 보내 준다. 목장이 선교지에 보낼 수 있는 상한선을 정해 놓고(현재 월 20만원) 이 한도 내에서 자유롭게 선교 헌금을 보내도록 한다. 가정교회에 선교 주도권을 주기 위해서이다.

목장에서 매달 선교비를 보내고 선교사의 기도제목을 받아 함께 기도하다 보면 자연스럽게 선교에 대한 관심과 열의가 상승한다. 이러다가 목장 식구들이 직접 선교지를 찾아가기도 하고, 선교사가 교회와 목장을 방문하기도 하면서 돈독한 관계로 발전한다. 이제 목장을 통한 선교지 후원은 가정교회의 자랑이자 특징이 되었다.

선교사를 후원한다는 것은 목장과 교회에 큰 축복이다. 하나님께 큰 상급을 받을 선교사들의 사역에 목장과 교회가 동참하여 하나님의 상급을 나누어 받는 기회를 갖는 것이기 때문이다.

### 가정교회가 쇠락하지 않는 길

문명도, 교회도 계속 발전할 수는 없다. 쇠락의 시기가 반드시 오기 마련이다. 가정교회도 세월이 흐르면 쇠락하게 될까? 그러나 가정교회가 진정 주님이 원하셨던 교회라면 쇠락해서는 안 된다. 아직 역사가 짧기는 하지만 가정교회가 출범한 지 20년이 지난 휴스턴 서울교회 가정교회를 보면 반드시 쇠락한다고 단정 지을 순 없다고 생각한다. 가정교회의 원칙을 지키되 교회의 체질을 바꾸어 가면 되는 것이다.

휴스턴 서울교회의 첫 10년은 가정교회를 통한 영혼 구원에 집중하였다. 매주 평균 1명씩 주던 세례(침례)가 매주 평균 3명으로 늘어났고, 장년 주일 출석도 100여 명에서 1,000명으로 늘어났다. 그런데 가정교회를 통한 지역 전도를 10년 하니까 자연스럽게 관심이 가정교회를 통한 세계 선교로 옮겨 갔다. 세계에서 가장 큰 개신교 선교단체인 IMB(International Mission Board) 총재였던 제리 랜킨(Jerry Rankin)을 초청하여 선교 잔치를 열었는데, 그 계기로 2년 이상 단기선교사로 헌신한 사람이 70명 이상 나왔고, 휴스턴 서울교회 파송 선교사가 열 가정이 되었다. 이제 휴스턴 서울교회에서 비신자 전도는 체질이 되어서 강조할 필요가 없게 되었다. 이제는 세계 선교가 최고 관심사가 되고 있다.

가정교회를 통한 세계 선교를 10년 하면, 다음에는 어떤 사역에 관심을 갖게 될까? 아마도 가정교회를 통한 지역 봉사가 되지 않을까 생각한다. 많은 교회가 지역 봉사를 하지만 소수의 자원자에 의한 단시적인 행사가 되고 있다. 아직 헌신이 생활화 되어 있지 않기 때문이다. 그러나 가정교회를 약 20년 하면 교인 전체가 헌신이 몸에 배기 때문에 지속적인 지역 봉사가 가능하다.

휴스턴 서울교회 교인들 가운데에는 이미 자발적으로 노숙자를 찾아가 봉사 활동을 벌이고, 노인 요양원을 찾아가 노약자들을 돌보는 사람들이 생기고 있다. 청소년들도 여름이면 빈민가로 들어가 1-2주 동안 그곳에서 지내며 여름성경학교를 연다. 장애아동을 위한 캠프에 수십 명의 학생들이 10시간 넘게 버스를 대절해 타고 가서 식사 봉사, 목욕 봉사를 한다. 요즘은 가족 단위로 선교지를 방문하여 우물을 파 주고, 선교지 건물을 수리하거나 페인트칠을 하고, 여름성경학교를 인도해 주는 등 다양한 봉사 활동을 한다.

가정교회를 통한 지역 전도 10년, 가정교회를 통한 세계 선교 10년, 가정교회를 통한 사회봉사 10년. 기간에는 차이가 있겠지만, 이것이 가정교회가 거치게 되는 사이클이 아닌가 싶다. 그러면 지역 봉사 10년을 마치고 나서는 무엇을 하게 될까?

가정교회가 쇠락하지 않도록 하는 해법이 교회 분립이라고 생각한다. 교인 몇 명 떼어 주는 분립이 아니라, 거의 반반씩 쌍둥이 분립을 하는 것이다. 이렇게 할 때 교인수가 반으로 줄었다는 위기감 가운데 새로운 일꾼이 등장하고 다시 지역 전도 10년, 세계 선교 10년, 지역 봉사 10년의 사이클이 시작되는 것이다.

이것은 내가 경험한 것이 아니고 개인적으로 추측하는 것에 지나지 않는다. 그러나 가정교회가 주님의 교회라면 하나님께서 어떤 방법으로든지 쇠락하지 않게 하실 것이다. 성도들, 특히 지도자들이 주님의 음성에 귀 기울이고 순종하면 이런 사이클이 아니더라도 가정교회가 쇠락하지 않을 수 있는 길로 인도하실 것이다. 이러한 주님의 인도를 받기 위해서는 '성경대로'의 핵심 가치를 놓치지 말고, 가정교회가 시스템이 되지 않도록 유동성, 다양성, 신축성을 잡아야 한다.

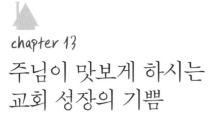

# chapter 13

# 주님이 맛보게 하시는
# 교회 성장의 기쁨

## 주님 앞에서 충성한다는 것

인도 콜카타에 '죽음을 기다리는 사람들의 집'을 세운 테레사 수녀는 죽어 가는 거리의 사람들을 평생 돌본 공로를 인정받아 1979년 노벨평화상을 받았다. 하지만 일부 사람들은, 테레사 수녀가 인류 평화에 기여한 것은 별로 없고, 고용과 기부금을 통해 사회에 유익을 주는 대기업들보다도 사회 기여도가 낮다고 비아냥댔다. 이에 대한 테레사 수녀의 말이 내 가슴을 울렸다. "하나님은 우리를 성공하라고 부르신 것이 아니라, 충성하라고 부르셨습니다."

그렇다. 하나님께서는 우리에게 성공을 요구하지 않으시고 충성을 요구하신다. 그러므로 목회자들은 교회 성장보다 주님이 원하시는 교회를 세우는 일에 집중해야 한다. 주님의 마음에 합당한 건강한 교회란 수적으로 급성장하지는 않더라도 영혼 구원의 역사가 일어나고, 깨어진 개인과 가정이 회복되는 역사가 있으며, 교인들의 삶에 순종과 섬김이 배어 있는 교회이다. 왜냐하면 예수님의 삶을 특징짓는 것이 순종(빌 2:5-9)과 섬김(마 20:28)이었기 때문이다. 그러한 교회야말로 예수님의 몸이라고 말할 수 있다.

## 기도 없는 교회는 존재할 수 없다

가정교회 사역의 기본은 '기도'다. 목양은 결코 만만한 일이 아니다. 그 사역을 평신도들에게 맡겨 두었으니 목회자들은 이들을 위해 기도할 수밖에 없다. 목자·목녀들 또한 기도하지 않고는 사역을 감당할 수 없다. 그래서 그들 또한 기도할 수밖에 없다.

성도들은 목회자가 기도하는 모습을 보고 배운다. 담임목사가 기도하면 목자·목녀들, 성도들도 기도한다. 문제가 생겼을 때 담임목사가 기도로 해결하는 것을 본다면, 그들도 문제가 생기면 기도로 문제를 해결 하려 한다.

나는 목회자들에게 홀로 집에서 기도하지 말고 예배당에 나와 기도하라고 권한다. 기도하는 목회자를 보면 성도는 자신도 기도해야겠다고 마음먹게 되고, 목회자를 신뢰하게 된다. 나는 새벽에 단상에서 기도하다가 무릎이 아프고 다리가 저려 오면 기도 중에 다리를 펴기도 하고 허리를 손으로 두드리기도 한다. 어느 날 한 교인이 내게 이렇게 말했다.

"목사님이 무릎 꿇고 기도하다가 다리 펴시는 모습을 보고 눈물이 났습니다. 그렇게 다리가 아프도록 기도하시는 목사님을 보니까 저도 그렇게 기도해야겠다고 결심하게 되었습니다."

성도들이 기도하도록 하기 위해서는 담임목사가 기도하는 모습을 보여 주어야 한다.

## 삶이 바뀔 때까지 끈기 있게 버티라

많은 목회자들이 성경 공부나 훈련 프로그램을 제공하는 것은 진정한 훈련을 위해서라기보다 교인들이 교회를 떠나지 않도록 잡기 위해서인 경우가 많다. 지적 욕구라도 충족시켜 주어야 교회를 떠나지 않기 때문이다. 서리집사로 임명하지 않으면 떠날까 봐 집사로 임명하고, 지루하면 떠날까 봐 인기 있는 프로그램을 개발한다. 교회가 성도들의 필요에 지나치게 민감하면 성도들은 교회가 자신의 욕구를 채워주기를 기대하는 소비자가 되고 만다.

가정교회 성경 공부는 지식을 전달하는 것이 아니고 이름 그대로 삶을 바꾸기 위한 것이다. 그래서 이름도 '삶 공부'라고 붙였다. 나는 가정교회를 갓 시작한 목회자들에게 서두르지 말라고 당부한다. 신약교회를 회복시키기 위해 훈련을 강화하여 얼른 가정교회를 정착시키고 싶은 욕구들이 생기기 마련이다. 무엇이든 속전속결로 해치워야 직성이 풀리는 한국인의 빠름 유전자가 교회에서도 변함없이 발휘되는 것이다. 그러나 하나님이 우리를 얼마나 기다려 주셨는지 생각해 보라. 섬김을 받는 데 익숙한 우리 몸과 정신이 섬김으로 바뀌기까지는 시간이 걸린다.

어떤 목회자는 성경 공부를 많이 시키면 목자·목녀들이 훌륭한 사역자가 되어 가정교회가 빨리 정착되지 않을까 기대하는데, 그것은 잘못된 생각이다. 그것은 '제자훈련=성경 공부'이란 등식을 깨지 못한 생각이다. 평신도들이 삶 공부를 많이 하면 목장 사역을 잘하게 될 거라고 생각하는 것도 그 등식이 아직 머리에 각인되어 있어서 그렇다.

가정교회 경험이나 섬김의 경험이 없는 상태에서 삶 공부 코스를 모두 마친다 한들 변화는 일어나지 않는다. 게다가 마음이 다급해진 목회자가 밀어붙이기까지 하면 문제는 더욱 심각해진다. 거듭 말하지만 가정교회는 프로그램이 아니다. 시간이 걸리더라도 천천히 의식이 바뀌고 삶이 바뀌는 과정을 거쳐야 한다. 훌륭한 장맛을 만들기까지는 발효되는 시간이 필요하지 않는가?

가정교회는 프로그램이 아니라 삶을 같이하는 것이다. 그래서 목회자를 위한 세미나, 컨퍼런스, 연수, 지역 모임에 꼭 부부가 같이 올 것을 권한다. 목회자가 혼자 가정교회 세미나와 컨퍼런스에 참석해서 신약교회 회복에 대한 열정으로 뜨거워지면 사모는 얼마나 소외감을 느끼겠는가? 또 가정교회로 전환한다고 일방적으로 선언하면 사모는 얼마나 불안하겠는가? 목회자 혼자서 일방적으로 가정교회를 이끌어 간다면 사모에게서 불평불만이 나오지 않을 수 없다. 가정교회는 가족 공동체를 만드는 것이고, 신약교회를 회복하는 운동이기 때문에 사모와 함께 같은 생각을 갖는 것이 중요하다. 부부가 하나가 되고 동역자가 되어야 한다.

### 주님의 교회이므로 성장한다

가정교회 운동은 신약교회의 본질을 되살려 오늘의 교회를 신약교회로 회복하자는 운동이다. 어떤 사람들은 교회 본질 회복과 교회 성장은 별개라고 생각한다. 그러나 본질이 회복된 교회는 당연히 성장하기 마련이다. 왜냐하면 교회는 조직이나 단체가 아닌 그리스도의 몸, 즉 살아 있는 유기체이기 때문이다.

초대교회도 성장했다. 로마 제국의 콘스탄틴 대제가 4세기에 기독교를 공인함으로써 신앙의 자유가 주어져 기독교가 성장했다고 생각하는 사람들이 있는데, 사실 그때 이미 로마 시민의 50% 이상이 기독교인이었다 (로드니 스타크의 《기독교의 발흥》 참조). 결국 기독교의 성장은 이미 시작된 것이었고, 권력 투쟁에 휩싸였던 콘스탄틴 대제가 기독교인들을 자기편으로 끌어들이기 위해 기독교를 공인한 것이다. 아무튼 신약교회 회복을 위해 노력한다면 교회 성장을 기대해야 한다.

신실한 목회자들이 교회 성장에 거부감을 느끼는 이유는, 모든 수단 방법을 다 동원해 성장을 추구하는 사례를 자주 보았기 때문이다. 그러나 영혼 구원하여 제자 삼는다는 교회의 본질 회복은 교회의 성장과 배치되지 않는다. 교회의 본질 회복과 성장은 더불어 가는 것이다. 교회의 본질이 회복되면 성장이 이루어지고, 성경적인 성장을 추구하는 가운데 교회의 본질이 회복된다.

이미 구원받은 사람을 끌어 모아 교인수를 늘리는 것은 진정한 교회 성장이 아니다. 교회를 급성장시킨 목회자는 이 성장이 내 교회의 성장인가, 주님 교회의 성장인가를 고민해 봐야 한다. 비신자 전도에 의한 성장이면 모르지만, 기신자 수평 이동에 의한 성장이라면 주님 앞에 서는 날, 한 달란트를 땅에 묻었다가 되돌려 드린 종처럼 "악하고 게으른 종"이라는 꾸지람을 들을 수 있다. 주님이 주신 인적 자원과 물적 자원을 교인수를 늘리는 데 사용하고 하늘나라 확장에는 기여하지 못했기 때문이다.

진정한 교회 성장은 믿지 않는 사람에게 복음을 전해 하나님 나라의 백성으로 만들고 하나님 나라를 확장해 가는 것이다. 교회를 다니는 30%의 수평 이동에 의한 교인수 증가가 아닌, 예수님을 모르는 70%

가 예수님을 주님으로 영접하고 교인이 되어 교회가 성장하도록 하는 것이다. 감사하게도 대부분의 가정교회들이 주님의 교회 성장에 기여하고 있다. 매년 주일 출석 인원의 3-20%에 해당하는 VIP에게 장년 세례를 주고 있다.

그러나 가정교회 목회자들이 이러한 신념을 고수하는 것이 쉽지는 않다. 신약교회 회복에 온몸을 바치겠다는 각오로 기신자 등록 거부라는 배수진을 쳐놓고 보니 교인이 기하급수적으로 늘지 않는다. 작은 교회의 경우에는 구원받은 VIP가 쓸모 있는 사역자가 될 만하면 자녀 신앙교육을 이유로, 대형 교회에서 제공하는 다양한 프로그램과 좋은 교육 시설을 따라 떠난다.

이런 가운데에서도 가정교회를 고집하는 것은 하나님의 칭찬에 대한 기대 때문이다. 교인수가 늘지 않는다 해도 잃어버린 영혼을 구원하여 하나님의 자녀로 만들고 하나님 나라를 확장시키는 데 일조했다면 하나님께서 칭찬해 주시리라는 기대 때문이다.

교회 성장을 통계나 숫자로 평가하는 것에 거부감을 느끼는 목회자라 하더라도, 몇 사람이 자신의 교회를 통해 구원받았는가에 대해서는 관심을 가져야 한다. 영혼 구원해서 제자 삼는다는 것이 교회가 존재하는 목적이라면, 세례받는 사람이 늘어나야 하는 것은 당연하다. 그래서 나는 가정교회 목회자를 만나면 묻는다.

"작년 1년 동안 장년 세례를 몇 명에게 주었습니까?"

가정교회 세미나 주최는 지난 1년 동안 장년 세례를 받은 사람이 주일 출석 인원의 5%이상이 되는 교회에 허락하고, 국제가정교회사역원의 지역 목자는 3% 이상이어야 임명해 준다. 진정한 신약교회 회복을 추구한다면 영혼 구원하는 역사가 계속 일어나야 한다고 믿기 때문이다.

하나님은 우리에게 '성취감'이란 감정을 주셨다. 이 감정은 과업을 완수했을 때 맛보는 행복감이다. 아마 하나님이 아담에게 "땅을 정복하라"고 명하셨을 때 상급으로 예비해 놓으신 감정이 바로 성취감이었을 것이다. 자신이 응원하는 프로야구 팀이 승리했을 때, 오랫동안 준비한 어려운 시험에 합격했을 때, 직장에서 업무 능력을 인정받아 승진했을 때 우리는 성취감을 느끼며 뿌듯해한다.

목회라고 해서 예외일 리 없다. 목회에서도 성취감을 맛보면 지치지 않고 사역의 지속성을 유지할 수 있다. 평가하기도 힘들고 눈에 보이지 않는 '교회의 본질 회복'이라는 거창한 명분에만 집중하면 피곤해서 쓰러질 수 있다. 그것은 두 발 자전거를 타고 쓰러지지 않으려고 안간힘을 쓰는 것과 같다. 1년 동안 몇 명에게 세례를 주겠다는 것을 목표로 삼을 때 동기 부여가 되고 성취감도 맛볼 수 있다.

휴스턴 서울교회에 부임했을 때 휴스턴 한인 인구가 2-3만 명이었지만, 한인 교회는 30-40개나 되었다. 그때 나는 하나님께 이런 기도를 드렸다. "하나님, 저는 관리 목회는 못합니다. 매주일 평균 한 명 이상 예수님을 영접하고 세례를 받게 해주세요."

감사하게도 주님은 이 기도에 응답해 주셨다. 부임 첫 해에 50명 이상에게 세례를 주었다. 가정교회가 정착하면서 구원받는 사람들이 점점 늘어나 은퇴할 즈음에는 매주일 평균 3명이 예수님을 영접하고 세례를 받았다. 덕분에 나는 20년 동안 피곤함을 느끼지 않고 보람을 느끼며 목회할 수 있었다.

# chapter 14

# 영혼을 구원하고
# 신앙을 전수하라

### 전도도 나누어서 하면 즐겁다

많은 그리스도인들이 말씀 읽기, 묵상, 기도, 헌금, 교제, 사랑 등은 잘하는데, 전도는 힘들어 한다. 목회자는 목회자대로, 평신도는 평신도대로 전도는 넘기 어려운 벽이다. 전도가 쉽지 않다고 생각하는 이유는 다양하다.

"거절당할까 봐 예수 믿으라고 못하겠어요."

"비신자에게 처음에 뭐라고 말을 떼야 할지 모르겠어요."

"복음을 잘 알고 있다고 생각했는데 막상 설명을 하려니까 잘 못하겠어요."

"복음을 전한 다음, 예수님을 영접하게끔 하는 과정이 부담스러워요."

"질문을 하면 대답을 제대로 못할까 봐 두려워요."

"영접부터 양육까지 챙겨 주려니까 할 게 너무 많아요."

이 이야기들의 공통점은 전도는 시작부터 끝까지 "혼자 다 해야 한다"고 생각한다는 것이다. 전도를 하고 싶어도 제대로 하지 못할까 봐 처음부터 망설이게 되고, 겨우 전도를 했지만 그다음 단계까지 이끌어 가기가 벅찬 것이다. 전도에 대한 욕구는 있지만 버거워하는 사람들에게 가정교회의 전도 방식이 해법이 될 수 있다.

가정교회 전도의 특징은 '분업화'다. 분업이란 말 그대로 '나누어서 한다'는 것이다. 복음이 필요해 보이는 사람을 찾는 일, 교회로 데려오는 일, 복음을 제시하는 일, 예수님을 영접하는 일, 제자로 성장하게 하는 일을 모두 나누어서 하는 것이 바로 전도의 '분업화'다. 지금까지는 '전도'라고 하면, 이 모든 일을 혼자 다하는 것으로 생각해 지레 겁먹고 시도조차 못했던 것이 현실이다. 그러나 사실 이 전 과정을 혼자서 다할 수 있는 사람은 별로 없다. 나는 북가주에서 '전도폭발' 프로그램을 11년간 운영했는데, 그때도 훈련 기간에만 전도를 하고, 훈련이 끝난 후에는 지속적으로 전도하는 사람이 거의 없었다.

전도폭발 프로그램을 운영할 때 힘들었던 것 중의 하나가 양육이었다. 예수님을 영접한 다음에는 양육을 시켜야 하는데 전도 팀은 다음 주일에 다른 대상자를 찾아가야 한다. 그렇다고 다른 사람을 시켜 양육시킬 수도 없다. 양육을 책임질 정도로 준비된 사람도 많지 않거니와, 예수님을 갓 영접한 사람이 낯선 사람에게 양육을 받고 싶어 하지 않기 때문이다.

그러나 가정교회에서의 전도는 자신이 잘하는 것만 하고, 자신이 잘못하는 부분은 다른 사람이 책임지는 구조다. 한 개인에게 의존하는 것이 아니라 목장, 목원, 목자·목녀, 담임목사, 교회가 각각 전도에서 자신이 잘하는 부분을 분담해서 이루어 가는 것이다.

목원은 VIP를 목장 모임에 데리고 온다. 그것으로 전도에 관한 목원의 역할은 끝이라고 할 수 있다. 목장 식구들, 특히 목자·목녀가 그 사람을 돌봐 주기 때문이다.

목자는 VIP가 '생명의 삶' 공부를 하도록 인도한다. VIP가 목장에서 성경이나 기독교에 대해 까다로운 질문을 하면 목자는 "'생명의 삶'을 공부해 봐. 거기서 목사님이 답을 다 주시니까" 하고 안내해 주면 된다. 성경이나 신앙에 대해 어려운 질문을 할까 봐 걱정할 필요가 없는 것이다.

목사는 '생명의 삶'을 통해 VIP가 복음을 이해하고 예수님을 영접하도록 하면 된다. 말씀 사역자로서 말씀을 잘 가르치면 되니 얼마나 마음 편한가?

예를 들어 목사가 VIP를 만나고 이들과 관계를 형성해야 한다고 치자. 그 부담감은 정말 크다. 기독교에 대한 거부감이 팽배한 요즘 상대방이 목사라는 사실을 알면 아예 만나려고도 하지 않을 것이고, 설령 만나더라도 예수 믿으라고 할까 봐 한 발 뒤로 물러나 경계부터 한다.

복음을 이해시키고 영접하도록 돕는 일을 목자들이 한다고 치자. 이 또한 얼마나 힘들겠는가? 목자는 섬기는 것이 주 사역이기 때문에 성경 지식이 많지 않을 수 있다. 그렇기 때문에 안 믿는 사람들의 신앙적인 질문에 답을 해 주기도 어렵고 구체적으로 영접시키기도 힘들다. 이런 책임까지 맡기면 목자로 자원하는 사람이 많지 않을 것이다.

전도하는 일을 목원에게 맡긴다고 해 보자. 새로 예수를 믿어 신앙 생활에 대해 모르는 것이 많은 목원이 어떻게 용기를 내어 복음을 전할 것인가? 그러므로 전도를 분업화시켜 각자 모두가 편한 역할을 맡으면 전도가 자연스럽고 원활하게 된다.

전도의 분업화가 좋은 또 한 가지 이유는 담임목사가 전도의 주체가 될 수 있다는 것이다. 목원들은 VIP를 담임목사가 인도하는 생명의 삶이나 예수 영접 모임에 보내면 반드시 예수를 믿게 된다는 확신이 생겨 마음 놓고 VIP를 목장과 교회로 초청한다. 또한 VIP는 담임목사를 통해 예수님을 영접했으므로 담임목사에게 친밀감을 느끼게 되고 교회에 충성하게 된다.

전도폭발 프로그램을 운영할 때 양육이 어려울 수 있는데, 가정교회에서는 이것도 분업화가 되어 있어서 별 문제가 없다. VIP들은 예수님을 영접하고 '생명의 삶'을 수강하기도 하고, '생명의 삶'을 수강하고 예수님을 영접하기도 한다. 어쨌든 이들은 '생명의 삶'을 통해 신앙생활에 대한 기초를 쌓는다. 그 후에 목자와 일대일로 '확신의 삶'을 훈련받고, 연합교회에서 제공하는 후속 삶 공부를 수강함으로써 양육이 이루어져 제자로 커 간다.

영혼 구원하는 사역을 분업화하면 영혼이 구원받았을 때의 기쁨도 나누어 맛볼 수 있다. 전도가 한 사람만의 사역이 된다면 VIP가 구원받을 때의 기쁨과 영적으로 성숙해 가는 보람을 함께 나눌 이가 없다. 전도의 기쁨과 보람은 나눌수록 커진다.

분업화된 전도 덕분에 가정교회의 전도는 아무도 부담을 갖지 않아도 되는 자연스러운 일이 되었고, 기존의 전도법들이 갖는 한계를 극복할 수 있게 되었다.

## 비신자 전도를 위한 배수진

"예수님을 이미 영접하고 구원의 확신을 갖고 계신 방문자들은 자신을 더 필요로 하는 교회에 가서 섬기실 것을 권합니다."

가정교회를 하는 교회 주보 1면에서 종종 발견되는 문구다. 가정교회 세미나를 주최하거나 국제가정교회사역원의 지역 목자가 되기 위해서는 이 문구를 반드시 주보 1면에 실어야 한다. 이렇게 일부 가정교회에서는 기신자 등록을 받지 않는다는 사실을 공식적으로 선포해 두고 있다.

가정교회 목회자들은 왜 기신자 등록을 받지 않는가? 영혼 구원해 제자 만든다는 교회 존재 목적에 충실하기 위한 배수진을 치겠다는 의지의 표현이다. 오로지 예수님을 모르는 VIP만을 전도해서 제자를 만들겠다는 강력한 의지의 선언인 것이다.

기신자 등록을 받지 않은 것에 거부감을 표하는 이들도 있다. 그들은 "기신자 등록을 안 받는다면 기신자들은 어디 가서 신앙생활하란 말인가?", "가정교회에서 신앙생활을 하겠다는 사람을 거절할 권리가 교회에 있는 것인가?"라고 말한다.

그러나 기신자 등록 거부는 교회의 존재 목적에 충실해 보고자 하는 것이다. 선교지에서와 같이 작은 마을에 교회가 한두 개밖에 없다면 기신자 등록을 거부할 수도 없고, 거부해서도 안 된다. 그렇게 하면 타지에서 온 성도가 어떻게 신앙생활을 할 수 있겠는가? 그러나 한국이나 미국의 경우, 인구가 500명 미만인 도시에도 교회가 여러 개가 있다. 기신자들을 환영하고 돌보아 줄 교회는 많이 있으니 가정교회는 이들에 대한 관심을 접고 VIP 전도에 집중하자는 것이다.

휴스턴 서울교회가 기신자 등록을 사양하는 문구를 주보에 싣기 시작한 것은 가정교회를 시작하고 몇 년이 지난 후였다. 그러나 나는 부임하면서부터 기신자 등록을 거부했다. 지역에 있는 타 교회 교인이 예배에 참석하면 그 교회로 다시 돌아가기를 권했고, 그 교회 담임목사에게 전화해서 이 사실을 알려 주기도 했다. 기신자들을 끌어들여 숫자를 불리는 것을 교회 성장이라고 생각하는 것에 대한 거부감이 있었고, 교인들이 큰 교회로 옮겨 갈 때 가슴앓이를 하는 작은 교회 목회자들의 아픔을 알았기 때문이다. 또 기신자들이 등록해 교인이 늘어나면, 교회로서는 이들을 관리하는 데 에너지를 쓸 수밖에 없고, 그렇게 되면 비신자에게 쏟아야 할 에너지가 고갈될 것을 알았다. 또한 내 마음속 어딘가에 자리 잡고 있을 교회 성장에 대한 욕심을 경계했기 때문이기도 하다. 나는 오로지 영혼 구원하는 교회의 존재 목적에 충실하기 위해서는 기신자 등록을 거부하는 수밖에 없다고 생각했다.

가정교회에서 기신자를 받게 되면 기신자는 기존에 익숙해져 있던 전통적 교회 생활 습관을 버리지 못해, VIP와 새로 믿는 사람들에게 부정적인 영향을 미친다. 교회 등록하는 것을 마치 선심 쓰는 것처럼 생각하기 때문에 예수 영접 모임에 참석하지 않고 삶 공부도 수강하지 않는다. 소비적인 교회생활에 익숙해져서 섬김을 받으려고만 하지 섬기려 하지 않는다. 그러다가 2-3년 지나면 가정교회에 비판적인 세력이 되거나 결국 교회를 떠난다.

쇠락기에 들어선 한국 교회의 현실을 볼 때 기신자 등록 거부라는 배수진을 치지 않으면 쇠락을 막을 도리가 없다. 비신자 전도에 모든 것을 걸지 않으면 한국 교회의 그리스도인 숫자는 빠르게 줄어들 것이다. 기신자 등록을 사절하고, 비신자 전도에 몰입하는 비장함이 있어야 한다.

교인 한 가정이 보물처럼 귀한 개척 교회에서 기신자 등록을 거부하는 것이 얼마나 힘든지 안다. 그러나 기신자 등록을 받아도 어차피 장기적으로는 도움이 안 된다. 예를 들어 대가족을 이루고 헌금을 척척 내 주는 장로님이 개척 교회로 옮겨 온다고 한다면, 목회자는 내심 기뻐할 것이다. 그러나 보통은 담임목사를 통해 간접 목회를 하고 싶어서 오는 경우가 많다. 그러다가 자신의 뜻대로 되지 않는다거나 목회 방침이 마음에 안 들면 교회를 떠난다. 떠날 때에는 혼자 떠나는 것이 아니라 다른 교인들까지 데리고 간다. 그러므로 기신자 등록을 거부하고 시간이 걸려도 VIP 전도에 집중하는 것이 최선이다.

쇠락기에 들어선 요즈음 부흥기에 성공한 목회자의 경험담에 솔깃해 그와 같은 방식의 교회 성장을 꿈꾼다면 어리석은 일이다. 교인 수가 수백 명, 수천 명 되는 허망한 꿈을 버리고 100-200명쯤 되는 교회를 꿈꾸는 것이 합리적이며 현실적이다. 20-30년 목회하고 은퇴할 즈음에 비신자 전도를 통해 이 정도의 교회를 이루었으면, 기신자들의 수평 이동에 의해 대형 교회를 이룬 목회자들보다 주님으로부터 더 큰 칭찬을 받을 것이다.

가정교회가 기신자 등록을 받지 않지만, 그렇다고 절대적으로 거부하거나 기계적으로 거부하는 것은 아니다. 왜냐하면 기신자들 가운데에도 신약교회를 경험해 보고 싶은 목마름을 가진 사람들이 있기 때문이다. 기신자 등록을 받지 않는 것을 원칙으로 하되, 담임목사와 가정교회 비전을 공유하고 일정한 등록 조건을 제시하여 등록을 허락해야 한다. 신약교회 회복의 꿈에 동의하고 동역자가 되기를 소원하는 기신자의 등록을 받아 주면, 그들에게는 든든한 믿음의 뿌리가 있기 때문에 하늘나라의 확장에 기여하는 큰 일꾼이 될 것이다.

휴스턴 서울교회의 경우에도 다른 교회에 다닌 이들은 등록을 받지 않는 것을 원칙으로 하고 있지만, 예외가 있다. 부부가 모두 한인 교회에 다니지 않은 지 2년 이상 되었고 부부 중 한 사람이 구원받지 못한 경우에는 등록을 허락한다. 연수, 유학, 주재원 파견 등의 이유로 휴스턴에 한시적으로 체류하는 이들에게는 기신자라도 다음 번 예수 영접 모임 참석, 다음 기 '생명의 삶' 수강, 그리고 목장 모임에 빠지지 않겠다는 서약서에 사인하고 제출하면 등록을 허락했다. 등록 조건은 가정교회마다 다양하다. 어떤 교회에서는 이전 교회에서의 직분을 내려놓는 것을 조건으로 하기도 하고, 어떤 교회에서는 목장 모임에 일정 횟수를 참석한 다음에 목자의 추천으로 등록을 허락하기도 한다. 원칙을 경직되게 고집하면 오히려 지켜지기가 힘들며, 합리적인 예외가 있을 때 원칙이 더 잘 지켜진다.

그러나 다른 교회에 피해를 주게 된다면, 어떤 상황에서도 기신자 등록을 받지 말아야 하고, 다니던 교회에 문제가 생겨 집단으로 교회를 옮기겠다고 한다면 예외 없이 거절해야 한다. 다른 교회에서 기둥 역할을 하던 중직자의 등록도 거절하는 것이 원칙이다. 등록을 허락해야 하는 불가피한 상황이라면 이전 교회 담임목사의 허락을 받아 오도록 해야 한다.

## 자녀들에게 전수되는 신앙

전수되지 않은 신앙은 실패한 신앙이다. 모세가 출애굽기, 레위기, 민수기를 기록한 후에 반복되는 내용이 많은 신명기를 기록한 것은 자손들에게 신앙을 전수해 주기 위해서였다. 출애굽의 사건을 경험하지 못한 자손들이 하나님을 잊지 않도록 하기 위함이었던 것이다.

신앙의 전수 여부가 신앙의 성공 여부를 판가름한다고 볼 때, 미국 한인과 한국 부모들은 실패했다는 평가를 받을 수밖에 없다. 교회 내에서의 분쟁과 분열, 부모들의 이중적인 신앙생활로 자녀들에게 교회에 대한 환멸과 실망을 심어 주어 자녀들이 교회에 등을 돌리게 만들었기 때문이다. 그 결과, 역사가 깊은 교회의 예배에 가 보면 머리가 희끗한 연세 많은 어르신들이 대다수이고, 젊은이들은 찾아보기 어렵다.

어린이나 청소년 교육 프로그램을 강화하는 것이 자녀들에게 신앙을 전수하는 데 어느 정도 도움이 된다. 나는 휴스턴 서울교회 담임목사로 부임하면서 다음과 같은 사역의 우선순위를 정했다. 영혼 구원을 목표로 하는 목장 사역이 1순위, 신앙 전수를 위한 어린이 사역이 2순위, 그리고 다른 사역은 똑같이 3순위로 두었다. 그래서 성가대원이 어린이 사역을 하기 위해 성가대를 그만두겠다고 하면 두말없이 허락했고, 주일학교 교사가 목자·목녀가 되었기 때문에 어린이 사역을 그만하겠다고 하면 즉시 받아들였다. 성가대보다는 어린이 사역이, 어린이 사역보다는 목장 사역이 우선순위가 더 높기 때문이다.

그러나 어린이 교육을 강화하는 것으로는 신앙을 전수하는 데 한계가 있다. 주일에 몇 시간을 보내는 주일학교에서 온전한 자녀의 신앙 교육을 기대할 수 없기 때문이다. 신앙 전수는 신앙을 강요하는 것이 아니라 공유할 때 이루어진다. 자녀의 신앙교육의 주체는 교회가 아니라 부모가 되어야 한다. 부모가 주도하고 교회의 어린이나 청소년 사역자는 부모를 돕는 것을 사역 목표로 삼아야 한다.

가정교회에서 신앙 전수가 이루어질 수 있는 이유는 신앙생활을 공유하기 때문이다. 가정교회로 전환할 때에는 장년들에게 에너지가 집중되지만, 가정교회가 정착되면서 청소년·어린이 목장이 자연스럽게 형성된다. 어린이들과 청소년들은 부모의 목장생활을 가까이 보면서 자랐기 때문에 목장생활에 쉽게 익숙해진다. 이들은 목장 모임을 통해 더불어 사는 법, 섬기는 리더십을 자연스럽게 배운다.

어린이 목장은 어른들이 목장 모임을 가질 때 같이 한다. 저녁식사를 마친 다음, 어른과 어린이가 한데 모여서 어린이들이 좋아하는 찬양을 한두 곡 부른다. 다음에는 어린이들이 앞에 나와 지난 한 주간 감사했던 일을 나누고 다음 한 주간 기도제목을 발표한다. 그러고는 부모들이 자녀들을 사이사이에 앉혀 끌어안고 기도해 준다. 그런 후에 자유롭게 놀도록 한다. 어린이 목장이 잘 조직된 교회에서는 교회에서 제공하는 자료를 갖고 어린이들이 옆방에서 약 1시간 정도 목장 모임을 가진 후에 놀도록 한다.

청소년 목장은 어린이들과 달리 부모들과 따로 모인다. 부모들이 목장 모임을 갖지 않은 요일에 집에서 모이기도 하고, 부모들이 목장 모임을 갖는 날 교회에서 모이기도 한다. 주일예배가 끝난 후에 교회 근처 가정에서 모이도록 하는 교회도 있다. 청소년 목장도 장년 목장과 마찬가지로 나눔과 중보 기도에 초점을 맞추고 있다.

청소년 목장도 각자가 선택에 의해 결정하도록 한다. 학년 구별 없이 고학년과 저학년이 함께 목장을 구성해서 형, 누나, 오빠, 언니에게 보고 배우도록 한다. 청소년 목장의 목자는 청소년 자신이다. 그러나 각 목장마다 장년 책임자를 세워 목자를 돕기도 하고, 몇 개의 목장을 묶어 초원을 만들어 초원지기로 세우기도 한다.

청소년·어린이 목장은 자녀들에게 신앙을 전수해 주는 귀한 도구가 되고 있다. 어린 자녀들은 집에서 모이는 목장 모임을 통해 더불어 사는 기쁨을 맛보고, 부모들이 사는 모습을 보면서 부모의 신앙생활을 배운다. 또 자신들이 목자로 섬기면서 성경적인 리더십을 익힌다. 어린이 목장은 또한 비신자 전도의 통로가 되기도 한다. 비신자의 자녀들이 목장 모임에 우연히 참석했다가 목장 모임을 좋아하게 되면 그 아이들의 부모가 목장 모임에 참석하게 되고 예수를 믿게 되는 일이 종종 있다. 전통 교회에서는 자녀들이 대학에 입학하면 신앙을 버리고 교회를 떠나는 일이 많지만, 가정교회에서는 자녀들이 대학에 가서도 계속 신앙생활을 잘한다. 청소년·어린이 목장을 통해 신앙이 전수되었기 때문이다.

자녀들에게 신앙 전수를 해 주려면 청소년·어린이 사역자들이 이 사역을 사명으로 알고 평생 목회할 수 있도록 담임목사가 배려해 주어야 한다. 장년 목회도 담임목사가 오래 있어야 부흥을 맛볼 수 있는 것처럼 청소년·어린이 사역자도 장기적으로 사역해야 열매를 거둘 수 있다. 담임목사는 이들이 장기적으로 사역할 수 있도록 생활을 책임져 주어야 한다. 윤택하지는 않더라도 쪼들리지 않고 생활할 수 있는 정도의 사례금을 주어야 한다. 그리고 이들을 동역자로 취급해야 한다. 이웃을 성공시키는 종의 리더십을 발휘하여, 이들을 담임목사 사역을 돕는 사람으로 생각하지 말고, 담임목사가 성공시켜 주어야 할 사람으로 생각해야 한다.

담임목회를 할 때 나는 교역자 사례금을 매년 올리는 것을 원칙으로 했다. 다음해 예산을 책정할 때가 되면 안수집사님들이 모여 기도하고, 새해에 사례금을 얼마 올릴 것인지를 토의 없이 적어 내도록만 했다. 그리고 제일 큰 숫자와 가장 작은 숫자를 배제하고 나머지로 평균을 내어 사례금 인상을 했다. (두 가지를 제외한 것은 과격한 의견이 결과에 지나친 영향을 미치는 것을 막기 위해서다.) 또한 내 사례금은 동결하고 내 인상분을 다른 교역자들에게 나누어 주었다. 이렇게 했을 때 수년 후에 사례금이 같아졌다. 담임목사와 사례금도 같고, 담임목사가 자신들의 사역을 성공시켜 주려고 하니 모든 사역자들이 오랫동안 나와 더불어 사역을 하게 되었다.

청소년·어린이 사역이 열매를 맺기 위해서는 사역자가 오랫동안 사역하는 것이 필요한데, 이렇게 할 수 있는 교역자를 찾을 수 없으면 교인 중에서 평신도 사역자를 찾아 책임을 맡기는 것이 좋다. 청소년·어린이 사역에 관심을 보이는 평신도를 발굴하여 그 분야의 전문가로 키워 주는 것이다. 주일예배 때 정식으로 임명장을 주어 직책을 공식화하고, 이들을 지속적으로 코칭해 주고 전문 사역자로 대우해야 한다. 신학생을 전도사로 모셔도 졸업 후 떠날 사람이면 정해진 몇 가지 사역만 맡기고, 부서 책임은 평신도 전문사역자에게 맡겨야 한다. 그래야 사역의 지속성과 연속성이 유지되기 때문이다.

또한 도움이 필요한 부분은 최대한 지원하며 마음 놓고 사역하도록 지원을 아끼지 않아야 한다. 평신도 사역자가 책임 있는 전문 사역자가 되기까지는 긴 시간이 필요하다. 교회와 담임목사는 조급증을 내지 말고, 인내로 기다려야 한다. 그들이 담임목사를 돕는 사람이 아니라 사역의 주체임을 인식시키고, 그들의 수고와 노력에 감사해야 한다. 신앙 전수는 그만큼 중요한 일이기 때문이다.

## 스무 살 어른들이 성장하는 싱글 목장

가정교회로 전환하면 교회에 젊은이들이 늘기 시작한다. 전통적인 교회에서는 나이든 어르신들이 대다수이지만 가정교회를 하는 교회는 오래된 교회라 할지라도 젊은이들이 많다. 듣는 것보다 말하는 것을, 관료적인 시스템보다는 인간관계를, 권위적인 분위기보다는 나눔의 분위기를 선호하는 젊은이들의 특징이 가정교회의 스타일과 잘 맞아떨어지기 때문이다. 그러나 가정교회로 전환했다고 해서 저절로 젊은이가 늘어나는 것은 아니다. 가정교회의 정신과 원칙을 잘 지키는 가정교회라야 젊은이들이 모여든다.

청년 목장 사역은 청년에 대한 바른 정의를 가지는 것으로부터 시작된다. 한국 교회에서 애매한 것이 '청년'이다. 예전에는 고등학교를 졸업한 대학생이거나 결혼하기 전의 30대가 청년회로 모였다. 그러나 요즘은 늦은 대학 입학, 휴학, 연수 등의 이유로 대학을 졸업하는 나이가 훨씬 늦어졌고, 취업준비생으로 보내는 기간도 크게 늘었다. 게다가 결혼도 30대 중후반에 하는 경우가 많아서 몇 살까지를 청년으로 봐야 하는지 애매해졌다.

가정교회는 '청년'이라는 애매한 개념을 버리고, 고등학교를 졸업하면 모두 '장년'이라고 인정한다. 여기서도 가정교회의 단순한 성경 접근이 적용된다. 모세는 애굽을 탈출한 이스라엘 백성들에게 세금을 징수하기 위해 인구 조사를 실시했고, 이때 징수 대상은 20세 이상 된 사람들이었다(출 38:26). 또 전쟁 가능한 인원을 셀 때도 20세 이상의 남성들을 대상으로 했다(민 1:3). 하나님도 20세 이상을 장년으로 인정하신 것이 아닌가 싶다.

그러므로 고등학교를 졸업하면 장년으로 대우하는 것이 맞다. 인위적으로 제1청년부, 제2청년부로 나누는 것이나, 특정 연령대에 속하는 젊은이들을 청년부로 구성해 별도의 예배를 드리는 것은 가정교회 정신에 맞지 않는다.

가정교회에서는 "고등학교를 졸업하면 모두 장년"이라는 개념만 잡으면 청년 목장 운영 방식의 답은 저절로 나온다. 여느 목장처럼 매주일 남녀가 같이 모여 가정에서 식사를 하면 된다. 싱글도 장년이므로 목장 선택의 권리를 준다. 싱글들끼리 모이는 싱글 목장으로 가든, 부부가 모이는 부부 목장으로 가든 선택은 그들의 몫이다.

선택권을 주어도 싱글들은 대부분 싱글 목장을 선택한다. 아무래도 부부 목장에서는 자녀 양육, 부부 관계, 시댁과 친정의 문제가 화젯거리가 되기 때문이다. 교회는 싱글들이 모이는 목장을 모아 싱글 초원을 만들고 이 초원의 특수성을 배려해서, 연합행사를 할 수 있도록 약간의 예산을 따로 책정해 주면 활동이 왕성해진다.

싱글 목장은 부부가 목자·목녀로 섬기는 것이 좋다. 남성들은 목자가, 여성들은 목녀가 돌보는 유익함이 있기 때문이다. 유감스럽게도 요즘은 상처로 얼룩지고 깨진 가정들이 많아서 행복한 가정을 보지 못하고 자란 싱글들이 의외로 많다. 이들은 목자·목녀가 섬기는 모습을 보면서 아름다운 가정의 모델을 배우고, 건강한 가정을 꿈꾸게 된다.

싱글 목장을 섬길 부부가 없으면, 싱글을 목자로 세울 수도 있다. 이럴 경우 싱글이 목장 모임을 할 만큼 독립된 공간을 마련하기 어렵기 때문에 모임 장소가 문제될 수 있다. 그럴 때에는 교회 공간을 목장 모임 장소로 이용할 수 있다. 하지만 장소만 가정집이 아닌 교회일 뿐, 다른 것들은 모두 목장 모임 그대로 해야 한다. 같은 날 여러 목장이 모이더라도, 목장마다 음식은 따로 준비하고(여러 목장이 교회에서 모이면 목장들이 돌아가면서 음식을 준비해서 나누어 먹을 수도 있다.), 다른 공간에서 목장 모임을 진행한다. 여기서 유념할 점은 교회에서 흔히 보는 청년부 소모임이 아니라는 것이다.

싱글 목장 모임도 다른 목장처럼 금요일이나 토요일에 가져야 한다. 주말에 집에 오는 대학생이 있다고 해서 그들의 편의를 위해 주일 오후에 교회에서 목장 모임을 갖는 것은 안 된다. 그것은 영혼 구원하여 제자 삼는다는 교회의 존재 목적을 포기하는 것과 같다. 기독교에 반감을 갖고 있는 VIP가 주일에 교회에서 모이는 모임에 규칙적으로 참석한다는 것은 거의 불가능하기 때문이다.

주일 오후에 청년 예배를 따로 드리는 교회들이 있으나, 이것도 바람직하지 못하다. 청년부를 담당하는 목사의 설교만 듣는 젊은이들은 담임목사를 자신의 목사라고 생각하지 않고, 그 교회가 자신의 교회라고 생각하지도 않는다. 그래서 여기에 익숙해진 청년은 청년부에 속하는 나이가 지나거나 결혼을 해도 계속 청년부에 남아 있으려 하고, 최악의 경우 청년 담당 부목사를 데리고 나가 청년 중심의 교회를 만들려고 한다.

청년들이 주도하는 예배가 꼭 필요하다면, 청년만 모이는 예배가 아닌 '3부 예배'를 만들어야 한다. 예배의 형식은 젊은이들에게 맞게 변경하되, 설교는 반드시 담임목사가 1, 2부와 똑같은 설교를 해야 한다. 대신에 싱글 담당 부목사가 있는 경우, 월 1회 정도는 1, 2, 3부 전체 설교를 부목사에게 맡기면 싱글들의 위상도 높아질 뿐만 아니라 자신들이 교회 구성원이라는 일체감을 느끼는 데 도움이 된다.

스무 살이면 어른이다. 스무 살이 된 어른들을 애들로 취급해서 교회를 섬기는 책임과 의무로부터 열외시키면 안 된다. 자격을 갖추었을 때에는 교회 리더십에도 참여시켜서 젊은 지도자들이 늘어나도록 하여 교회의 노화를 막아야 한다. 그리하여 영혼 구원하여 제자 만드는 건강한 교회로 꾸준히 발전할 수 있도록 해야 할 것이다.

chapter 15

# 전부를 바칠 정도로
# 가치 있는 사역

**끝까지 버티면 된다**

신약교회의 회복은 결코 만만한 일이 아니다. 교회가 성경적으로 변하면서 교인수도 팍팍 늘면 좋은데, 괄목할 만한 교회 성장이 보이지 않는다. 이럴 때 담임목사가 느끼는 딜레마를 휴스턴 서울교회에 연수 온 한 목사님은 다음과 같이 표현했다.

"저와 가정교회가 만난 이유에는 이 프로그램을 통해 어떻게든 교회 성장에 도움을 얻고 싶다는 불순한(?) 동기가 제일 크지 않았나 싶습니다. 그런데 실제로 가정교회를 제대로 하려고 할수록 가정교회가 교인수 증가라는 측면에서는 그리 연비가 좋은 프로그램이 아니라는 것을 금방 알게 됩니다. 왜냐하면 기존 성도의 수평 이동을 금하고, VIP를 섬겨서 예수를 구주로 영접하게 하고 세례를 받고 제자로 세우는 과정이 그리 만만치 않다는 사실은 현장에서 목회하는 분들이 제일 잘 알기 때문이지요.

때문에 계산이 빠른 목사님들은 세미나를 듣는 도중에 대략 견적을 뽑고는 가정교회가 그리 효과적이지 않음을 눈치 채고 슬그머니 발을 뺍니다. 오히려 교회 성장에 도움이 될까 해서 왔다가 3축과 4기둥이라고 하는 가정교회 목회 원칙에 감동을 받은 순진한 목사님들이 얼결에 가정교회를 시작하게 되는 것 같습니다. 그러다 도중에 제 정신이 들면서 마치 광야에서 옛 애굽 생활을 그리워하던 이스라엘 백성들처럼 이전에 써먹던 카드를 만지작거리기도 하고, 이렇게 계속 가도 괜찮은 건지 불안해하기도 합니다."

이럴 때 필요한 것이 버티는 것이다. 자신이 하고 있는 것이 바른 일이기 때문에 버티는 것이다. 가정교회는 주님이 원하시는 교회이기 때문에 버티는 것이다. 오랫동안 버티면 마침내 빛을 본다. 목회자 부부가 둘 다 직장생활을 하며 목자·목녀가 되어 목장 하나를 붙들고 버티더니, 이제는 여러 개의 목장으로 구성된 탄탄한 교회가 된 경우도 있다. 내외 둘만 모일 정도로 극도의 침체기를 겪던 목장이 목자·목녀가 VIP를 품고 기도하면서 오래 버티더니, 어느 순간에 목장 식구가 갑자기 늘어나 분가를 하기도 한다.

버티면 된다. 오래 버티면 된다. 다른 뾰족한 수가 없다. 타협하지 않고 원칙을 지키며 오롯이 버티는 일이 우리에게 주어진 숙제다. 이렇게 버틸 수 있는 힘은 신약교회를 회복시키겠다는 자부심에서 나온다. 가정교회를 부흥의 도구로 생각하는 이들은 이렇게 버틸 재간이 없다. 성장이 더디면 얼른 가정교회를 포기하고 다른 시스템을 도입한다. 그러나 신약교회 회복을 목표로 뛰는 이들은 가정교회를 하다가 고난을 겪고, 핍박을 받고, 심지어 교회에서 쫓겨나게 되더라도, 주님이 순교로 인정해 주시지 않겠느냐는 배짱으로 버틴다. 교회가 부흥하지 못하더라도 하나님 앞에 섰을 때 하나님께서 "착하고 충성된 종"이라고 인정해 주시지 않겠느냐는 기대를 갖고 버틴다.

조선 말 이 땅에 왔던 선교사들도 앞이 보이지 않았다. 그러나 절망 가운데서 포기하지 않고 버텼다. 그랬더니 그들이 뿌린 씨앗이 튼실하게 자라나 꽃을 피우고 열매를 맺어 우리나라를 미국 다음으로 세계에서 선교사를 많이 파송하는 나라로 만들었다. 요즈음 한국 땅에 왔던 초기 선교사들의 마음이 내 마음처럼 느껴진다. 언더우드(Horace G. Underwood) 선교사의 기도를 여기에 인용해 본다.

"주여, 지금은 아무것도 보이지 않습니다. 주님, 메마르고 가난한 땅, 나무 한 그루 시원하게 자라 오르지 못하고 있는 이 땅에 저희들을 옮겨 와 앉히셨습니다. 그 넓고 넓은 태평양을 어떻게 건너왔는지 그 사실이 기적입니다.

주께서 붙잡아 뚝 떨어뜨려 놓으신 듯한 이곳. 지금은 아무것도 보이지 않습니다. 보이는 것은 고집스럽게 얼룩진 어둠뿐입니다. 어둠과 가난과 인습에 묶여 있는 조선 사람뿐입니다.

그들은 왜 묶여 있는지도, 고통이라는 것도 모르고 있습니다. 고통을 고통인 줄 모르는 자에게 고통을 벗겨 주겠다고 하면 의심부터 하고 화부터 냅니다.

조선 사람들의 속셈이 보이지 않습니다. 이 나라 조선의 마음이 보이질 않습니다. 가마를 타고 다니는 여자들을 영영 볼 기회가 없으면 어쩌나 합니다. 조선의 마음이 보이지를 않습니다. 그리고 저희가 해야 할 일이 보이질 않습니다.

그러나 주님, 순종하겠습니다. 겸손하게 순종할 때 주께서 일을 시작하시고, 그 하시는 일을 우리의 영적인 눈이 볼 수 있는 날이 있을 줄 믿나이다.

'믿음은 바라는 것들의 실상이요 보이지 않는 것들의 증거'라고 하신 말씀을 따라, 조선의 믿음의 앞날을 볼 수 있게 될 것을 믿습니다. 지금은 우리가 황무지 위에 맨손으로 서 있는 것 같사오나, 지금은 우리가 서양 귀신, 양귀자라고 손가락질 받고 있사오나, 저들이 우리 영혼과 하나인 것을 깨닫고, 하늘나라의 한 백성, 한 자녀임을 알고 눈물로 기뻐할 날이 있음을 믿나이다.

지금은 예배드릴 예배당도 없고, 학교도 없고 그저 경계와 의심과 멸시와 천대함이 가득한 곳이지만, 이곳이 머지않아 은총의 땅이 되리라는 것을 믿습니다.

주여, 오직 제 믿음을 붙잡아 주소서."

## 성도들에게 큰 그림을 보게 하라

"가정교회로 전환한 지 2년이 되었습니다. 그런데 목자·목녀들이 힘들다고 아우성입니다. 이제 지쳐서 목자·목녀를 그만하고 싶다고 하는데, 휴스턴 서울교회 목자·목녀들은 어떻게 20년 동안 한결같이 목장 사역을 계속할 수 있습니까? 그 비결이 무엇인지 궁금합니다."

휴스턴 서울교회로 연수 온 목회자들로부터 흔히 받는 질문이다. 그럴 때 나는 이렇게 대답하곤 했다.

"우리 교회 목자·목녀들에게는 목장 사역이 삶의 일부가 아니라 전부입니다. '목녀 하다가 죽는 것이 소원'이라고 말하는 분도 있습니다."

목장 사역이 삶의 일부가 아니라 전부인 사람들, 무엇이든 그것을 삶의 일부로 생각하고 뛰는 사람과 전부로 여기고 뛰는 사람 사이에는 엄청난 차이가 있다. 하물며 신약교회의 회복을 위해 뛰는 사람들이야 더 말할 필요도 없다. 그들이 목장에 쏟는 열정, 시간, 에너지, 기도, 마음은 완전히 차원이 다르다.

휴스턴 서울교회 목자·목녀들에게 목장 사역은 부업이 아니라 주업이다. 휴스턴 서울교회라고 해서 모든 목장이 100% 잘되는 것은 아니다. 아주 잘되는 목장이 3분의 1, 그럭저럭 현상 유지에 그치는 목장이 3분의 1, 침체 상태인 목장이 3분의 1이다. 그러나 목장이 잘되든, 안 되든 상관없이 목자·목녀는 목장에 자신의 전부를 쏟아 붓는다. 이 말은 목장을 돌본다고 가정이나 직장을 내팽개친다는 의미가 아니다. 그들의 삶이 가정교회 사역을 중심으로 돌고 있다는 뜻이다.

휴스턴 서울교회 목자·목녀는 가정이든 직장이든 자신의 생활을 목장 사역에 맞추어 조정한다. 목장이 있는 금요일 저녁에는 아무 약속도 잡지 않는다. 이것은 사실 휴스턴 서울교회 목자·목녀들뿐만 아니라 북미와 한국의 헌신된 목자·목녀는 모두 이렇게 한다. 한국에서 세미나를 인도할 때 한 목자가 간증하면서, 금요일에 맘 편히 목장 모임을 하기 위해 회사 일은 야근을 해서라도 목요일 저녁까지 모두 마쳐 놓고, 회식은 금요일이 아닌 다른 요일에 잡는다고 말하는 것을 들었다. 한 주가 목장 모임을 위해 재편되는 것이다.

목숨을 걸 만한 가치가 있는 일을 하고 있을 때 우리는 삶의 보람을 느낀다. 스스로 가치 있다고 생각하는 일을 하는 사람은 인생의 공허함이나 피로감을 느끼지 못한다. 반대로 인생이 허무하다고 생각하거나 일에 지친 사람은 가치 있는 일을 하고 있다고 느끼지 못한다. 목자·목녀는 목장 사역의 가치와 의미를 잘 알고 있고 그 일에 올인하기 때문에 지치지 않는 것이다.

가정교회 목자·목녀들은 목장 모임이 친한 교인들끼리 모여 같이 밥 먹고 즐거운 시간을 보내는 모임이 아니라는 것을 안다. 그곳은 영원한 멸망에 빠질 사람의 운명을 영생으로 바꾸는 현장이다. 목장에서 만난 VIP 한 사람이 예수 믿는 것으로 끝나는 것이 아니라, 그의 가족과 자손의 영혼과 직결되어 있다. 사도 바울이 "주 예수를 믿으라. 그리하면 너와 네 집이 구원을 얻으리라"고 말한 것은 오늘날에도 적용된다. VIP 한 사람의 구원이 한 가정의 구원, 한 집안의 구원으로 연결되는 단초가 되기 때문이다. 영생을 누리게 된 부모에게서 태어난 자녀들은 거룩한 삶을 보고 배우며 자라게 된다. 목장에서 깨진 가정이 회복되면 상처 입었던 자녀들도 회복되어 건강하고 바른 삶을 살게 된다.

이와 같은 큰 그림 안에서 목장 사역을 보기 때문에, 휴스턴 서울교회 목자·목녀들은 가정교회 사역에 올인한다. 자신과 가족만 돌보다가 흔적 없이 세상을 떠날 수도 있지만, 목자·목녀가 되어 이웃의 운명을 바꾸는 가치 있는 삶을 살 수 있게 된 것을 영광으로 생각하고, 그 엄청난 특권에 감사하며 끝까지 섬기는 것이다.

언뜻 생각하면 직장, 사업, 가정보다 목장을 1순위에 놓으면 인생의 삶에서 손해 볼 것 같지만, 그렇지 않다. 주님은 하나님 나라와 그의 의를 구하면 먹고 마시고 입는 일상의 문제를 전부 책임져 주겠다고 약속하셨다(마 6:33). 목자·목녀들이 목장 사역을 최우선에 놓았을 때 하나님이 직장, 사업, 가정에 개입하여 도우시며 약속의 말씀을 이루시는 것을 체험하게 된다. 이와 같은 체험이 있으므로 목자·목녀는 더욱 자신 있게 헌신하는 것이다.

이처럼 목장 사역에 올인하는 목자·목녀들을 만들기 위해 담임목사는 가정교회 사역이 단순히 목장 식구들을 돌보는 것이 아니라, 주님이 원하시는 교회를 회복하는 거룩한 운동에 참여하는 것이라는 큰 그림을 보여 주어야 한다. 가정교회를 통해 교회를 성경적으로 회복하려는 제2의 종교개혁에 동참하고 있다는 사실을 깨닫게 해 주어야 하는 것이다. 휴스턴 서울교회 목자·목녀는 가정교회를 통해 자신이 주님의 교회를 회복하는 거룩한 운동에 참여하고 있다는 사실을 알고 있기 때문에 이 운동에 자신을 참여하게 해 주신 하나님께 감사하며 자부심을 갖고 올인한다.

목자·목녀들이 사역에 올인하도록 하기 위해서는 담임목사 자신이 가정교회에 올인해야 한다. 교회 바깥 사역과 취미생활에 많은 시간과 에너지를 쏟는 목회자들을 종종 보곤 하는데, 담임목사가 가정교회에 올인하지 않는다면 목자·목녀들도 올인하지 않는다. 성도들은 담임목사를 따라가는 법이다. 담임목사가 헌신해야 성도들도 헌신한다. 성도의 헌신은 담임목사의 헌신과 비례한다.

목회를 뒷전으로 제쳐놓고 교회 밖 사역에 몰두하는 목회자도 있는데, 이렇게 하면 교인들은 목회자가 자기 비전을 위해 자신들을 이용한다고 생각한다. 이런 생각을 갖고 있는 한, 목자·목녀로부터 신약교회를 회복할 정도의 헌신을 기대하는 것은 어렵다. 그렇다고 교회 밖 사역을 포기하라는 의미는 아니다. 가정교회에 올인하여 교회를 잘 정착시킨 후에 그 사역을 감당하라는 말이다. 그러면 성도들은 가정교회 운동을 통해 섬김이 몸에 배고 목회자의 충성스러운 동역자가 되어 사명을 더 효과적으로 감당할 수 있게 될 것이다.

### 가정교회를 문화로 정착시키라

가정교회가 신약교회를 회복하고, 한국 교회를 살리기 위해서는 큰 물결을 이루어야 한다. 그러기 위해서는 원칙을 고수할 뿐만 아니라 고유한 가정교회 문화를 만들어야 한다.

목장, 목자·목녀 등 가정교회에서 통용되는 용어들, 주중에 한 번 가정집에서 남녀가 같이 모이는 목장 모임, 목장 식구들과 반드시 같이 나누는 식사, 다섯 개의 필수 삶 공부, 예수 영접 모임, 섬기는 리더십, 숙식을 제공하며 진행되는 세미나, VIP에게 최우선순위를 두는 것, 기신자 등록을 받지 않는 것 들은 가정교회의 고유한 원칙이자 문화이다.

문화라는 것은 인위적으로 만들려고 해서는 안 된다. 자연스럽게 형성되도록 해야 한다. 오히려 거부감만 생기기 때문이다. 문화는 정신을 담는 용기와 같다. 문화가 형성되지 않으면 어떠한 개혁 운동도 확산될 수 없고 전수될 수 없다.

가정교회의 역사는 20여 년이지만, 다수의 가정교회가 아직 뿌리를 내리지 못하고 있다. 그래서 가정교회의 문화가 완전히 뿌리를 내릴 때까지는 가정교회의 원칙을 따르고 관행을 좇는 일이 필요하다. 뿌리를 내렸다는 것을 어떻게 알 수 있을까? 가정교회의 관행이 자연스러워 보이고 낯설게 느껴지지 않으면 가정교회 문화가 자리 잡았다고 봐도 좋다.

이러한 문화가 형성되면 교회에서 담임목사가 은퇴하거나 떠나더라도 교회가 혼란을 겪지 않고 사역이 지속될 수 있다. 일반 교회에서 담임목사가 은퇴한 후에 갈등이 생기는 이유는, 전임자와 후임자 간의 인간적인 갈등도 있지만, 사역에서 오는 갈등도 크다. 후임목회자는 자신의 스타일대로 교회를 만들려고 하기 때문에 선임자가 이루어 놓은 것들을 무너뜨리고 자신의 것을 세우려고 한다. 그 과정에서 교회는 분란을 겪고, 영혼 구원에 쓰일 에너지는 소진되고 만다.

가정교회를 문화로 정착시키면, 목회 전수는 간단하게 이루어진다. 가정교회를 잘 아는 목회자가 후임으로 와서 선임자가 세워 놓은 바탕 위에 자신이 받은 은사와 소명에 따라 목회 특성을 더하면 되므로 교회는 계속 건강하게 자랄 것이다.

### '성경대로'의 원칙을 붙들라

가정교회 삶 공부 중 경건의 삶 교재인 《영적 훈련과 성장》을 쓴 리처드 포스터는 자신의 영적 멘토로 《하나님의 모략》(*The Divine Conspiracy: Rediscovering Our Hidden Life In God*, 복있는사람)을 쓴 달라스 윌라드를 꼽는다. 달라스 윌라드가 성 프란체스코의 고향 아시시를 방문했던 경험담은 내게 매우 인상적이었다.

귀족 출신의 성 프란체스코는 모든 재산을 버리고 스스로 가난을 선택한 수도사다. 그의 거룩함은 새나 동물조차도 순종하게 만들었다는 이야기가 있을 정도로 유명하다. 그가 한 가장 큰 기여는 담장 안에 갇혀 있던 수도사들을 해방시켜 세상 밖으로 나가 이웃을 돕고 복음을 전하도록 한 것이다.

성 프란체스코를 부를 때는 보통 '아시시의 성 프란체스코'라고 그의 고향을 붙여 말한다. 그런데 달라스 윌라드는 아시시를 방문했을 때 적잖이 실망했다고 토로한다. 성 프란체스코를 기념하기 위한 기념관이 있고 기념품이 즐비하지만, 막상 그의 위대한 신앙의 흔적은 찾아볼 수 없었기 때문이다.

이것은 아시시만의 문제가 아니다. 기독교 역사에 한 획을 그었던 운동이나 획기적인 역할을 감당했던 공동체 역시 숭고한 정신은 증발된 채 유적만 남아 있는 경우가 많다.

16세기 개혁 신앙에 뿌리를 둔 장로교회는 가장 보수적인 집단이 되어 있다. 사회적으로 약한 사람들에 대한 열정으로 시작된 감리교회는 이제 가진 자들의 모임이 되었다. 중생, 성결, 신유, 재림의 4중 복음으로 시작된 성결교회는 성결의 모습을 찾기 힘들다. 성경을 유일한 신조로 삼았던 침례교회는 이제 더 이상 성경이 삶의 기준이 되고 있지 않다. 성령의 뜨거움을 자랑했던 순복음교회는 이제 성령 체험이 없는 사람들로 채워지고 있다.

가정교회가 그와 같은 전철을 밟지 않을 것이라고 장담할 수 없다. 신약교회 회복은 구호로만 그치고, 가정교회, 목장, 목자·목녀라는 명칭과 '삶 공부'라는 이름의 성경 공부만 남을 수 있다. 그러므로 사투를 벌이듯 가정교회 정신을 붙들어야 한다. 국제가정교회사역원이 건물과 예산을 두지 않으려는 이유도 여기에 있다. 정신은 잃어버린 채 조직 유지가 목적이 되어 버린 단체가 되는 것을 경계하기 위해서다.

가정교회가 붙들고 나가야 할 가정교회 정신의 핵심은 '성경대로'다! 성경이 그렇다고 하면 그런 줄 알고, 성경이 아니라고 하면 아닌 줄 알고, 성경이 하라고 하면 하고, 하지 말라고 하면 하지 않는 것이다. 그리고 이 '성경대로'를 구체화시킨 3축과 4기둥에 따라 자신과 자신의 사역을 끊임없이 점검해야 한다.

가정교회의 정신인 가정교회 4기둥을 지속적으로 잡는다는 것이 생각만큼 쉽지가 않다. 영혼 구원하여 제자 만든다는 첫째 기둥은 교회가 부흥하고 성장하면서 흔들리게 된다. 목회자는 자기도 모르는 사이에 성장의 덫에 갇히고, 영혼 구원보다는 교회 성장에 더 관심을 갖게 되며 규모를 유지하기 위해 관리 목회에 빠진다. 그러면서 첫째 기둥을 버리고 영혼 구원하여 제자를 만드는 교회의 존재 목적을 망각할 수 있다.

삶으로 보여 주면서 제자를 만든다는 둘째 기둥도 어렵기는 마찬가지다. 보여서 제자를 만들려면 얼른 결과가 보이지 않고, 담임목사의 노력도 많이 들어간다. 그러다 보면 비효율적으로 느껴져서 가르쳐서 제자를 만드는 옛 패러다임으로 되돌아가고 싶은 유혹에 빠지기 쉽다. 그러면서 가르쳐서가 아니라 보여서 제자 만든다는 두 번째 기둥을 버리고 성경 공부가 '목장의 삶' 대신에 제자훈련의 자리로 복귀할 수 있다.

셋째 기둥인, 목회자는 목회자의 사역을 하고, 평신도는 평신도의 사역을 한다는 사역 분담 또한 만만치 않다. 평신도를 통해 목회를 한다는 것이 목회자에게는 쉽지 않다. 성도들에게 동기를 부여하는 일이 쉽지 않고, 이들을 사역자로 키우는 데 시간이 걸리다 보니 차라리 목회자가 직접 하는 것이 속 편하다고 생각한다. 아니면 고분고분 말 잘 듣고 일 잘하는 유능한 교역자를 고용해 사역을 맡기는 것이 효율적이라고 믿기 쉽다. 그러다 보면 셋째 기둥을 버리게 된다.

넷째 기둥인, 남을 성공시키는 종의 리더십도 마찬가지이다. 섬기기보다는 섬김을 받고 싶어 하는 것이 인간의 본성이다. 이것을 거슬러 종의 리더십을 갖는 것은 결코 쉬운 일이 아니다. 기도를 게을리 하고 성령 충만함을 소홀히 하면 종의 리더십은 다스리는 리더십으로 변질되어 버린다.

주님의 소원을 이루고 신약교회의 열매와 기쁨을 누리려면 가정교회의 기초가 되는 3축과 4기둥으로 끊임없이 자신의 목회를 성찰하는 것을 게을리 하지 않아야 한다.

가정교회 운동은 신약교회의 본질을
되살려 오늘의 교회를 신약교회로 회복하자는 운동이다.
본질이 회복된 교회는 당연히 성장하기 마련이다.
왜냐하면 교회는 조직이나 단체가 아닌
그리스도의 몸, 즉 살아 있는 유기체이기 때문이다.

# 6부

# 한국 교회의 위기를
# 극복할 수 있는
# 가정교회

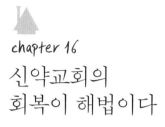

# 신약교회의
# 회복이 해법이다

### 쇠락의 길을 걷고 있는 한국 교회

"여러분을 보면 마음이 짠해집니다. 나는 좋은 건물만 지어 놓아도 사람들이 몰려오는 기독교 부흥기에 목회를 했습니다. 그런데 여러분은 한국 교회의 쇠락기에 목회를 하고 있습니다."

대형 교회에서 성공적으로 목회하고 은퇴한 어느 목회자가 젊은 목회자들이 모인 자리에서 한 말이다. 안타깝게도 이 말은 사실이다. 한국 교회가 쇠락기에 들어섰다는 것은 누구도 부인할 수 없다. 기독교 인구수가 줄고 있다. 역사가 깊은 교회에서는 젊은이들을 찾아보기 힘들고 나이 든 어르신들만으로 자리가 채워지고 있다. 전에는 절에 다니다가 교회 나오는 사람이 많았는데, 이제는 교회 다니다가 절로 가는 사람들이 많다. 요즘은 '가나안 성도'라는 말까지 일반 명사화 되어 교회 안에서 유행되고 있다. '가나안 성도'란 '(교회) 안 나가'를 거꾸로 읽은 것으로 '교회 다니지 않는 그리스도인'을 뜻한다. 2013년 1월, 한국기독교목회자협의회는 '가나안 성도'가 100만 명에 이를 것으로 추

가장 오래된 새 교회, 가정교회
–
192

산된다고 발표했다.

세상 사람들은 교회가 물질주의, 성공주의, 권위주의에 사로잡혀 있다고 비난한다. 그리고 슬픈 일이지만 우리 중 어느 누구도 이 사실을 부인하지 못한다. 사치스런 건축, 성적 부도덕성, 부정과 거짓, 목회 세습 등 온갖 추문들 때문에 세상 사람들은 기독교를 개독교라고 부르는 지경에 이르렀다. 한국 교회가 쇠락기에 들어선 것이 분명하다는 증거들이다.

그런데도 많은 목회자들이 이를 의식하지 못하고 있다. 교인수가 줄어드는 것은 교인들이 이주하기 때문이라고 안일하게 생각하고, 헌금액의 감소는 불경기의 여파라고 치부해 버린다. 30-40년 전에 비해 세상 사람들의 기독교인에 대한 반감이 얼마나 커졌는지를 느끼지 못하고, 아직도 길에서 북 치며 노방전도를 하고, 바삐 걸어가는 사람들 손에 전도지를 쥐어 주려고 한다. (이렇게 전도하는 이들의 노력과 수고를 폄하하는 것이 아니라, 비신자 입장에서는 이런 행위가 얼마나 부정적인 인상으로 비치는지를 말하는 것이다.) 아직도 기독교 부흥기의 환상에 빠져 아름답고 큰 교회 건물만 지어 놓으면 사람들이 모인다는 옛 패러다임을 버리지 못한 채 무리하게 교회를 건축했다가 경매에 넘어가는 경우도 허다하다.

이런 쇠락기 가운데 어떤 교회는 부흥한다는 소식이 들려오기도 한다. 하지만 속을 들여다보면 진정한 부흥이 아니다. 교회생활에 시험을 받아 발길을 끊었다가 다시 교회로 돌아온 사람들, 작은 교회를 다니다가 프로그램을 좇아 옮겨 온 사람들, 교회가 분란에 휩싸여 집단으로 이동한 사람들로 인해 교인수가 증가한 것이다. 이것은 진정한 교회 부흥이 아닌, 교인의 수평 이동에 의해 교회가 비대해진 것뿐이다. 이런 교회들은 교회의 양적 팽창에만 관심이 있지, 비신자 전도에는 별 관심이 없다. 이런 교회들이 한국 교회의 쇠락을 막을 것이라고는 기대하기 어렵다.

그래도 기대를 걸 수 있는 것이 가정교회이다. 가정교회는 비신자 전도를 사명으로 알고 이미 열매를 보이고 있다. 국제가정교회사역원 회원으로 등록한 목회자들의 교회를 보면 거의 모두가 매년 장년 주일 출석 인원의 3-20%에 해당하는 비신자들에게 세례나 침례를 주고 있다. 그래서 감히 신약교회를 회복하려는 가정교회가 쇠락기로 들어선 한국 교회의 대안이 되고, 희망이 될 수 있다고 말하는 것이다.

### 의인 10명만 있으면

수년 전, 가정교회에 대한 관심이 부쩍 늘어나고 가정교회를 위한 세미나가 곳곳에서 개최되기 시작할 즈음, 이런 상승세라면 21세기 후반에는, 교회라고 하면 으레 가정교회를 떠올리게 될 거라는 행복한 상상에 들뜬 적이 있다. 가정교회로 전환하는 교회가 늘어나 전통 교회 숫자의 10%가 된다면, 임계점에 달해 가정교회가 기하급수적으로 확산될 것이라는 기대도 가졌다. 영향력 있는 대형 교회가 합류하면 이런 때가 더 속히 오지 않을까 싶어서 담임목사를 만나 적극적으로 가정교회를 소개하고, 내가 발 벗고 나서서 부흥집회를 자청하기도 했다.

그러다가 현실을 보기 시작하면서 기대감도 점점 사라졌다. 가정교회를 하기 위해서는 목회자가 많은 것을 내려놓아야 하는데, 내려놓는 것이 쉽지 않았기 때문이다. 유교적인 분위기가 강한 한국 교회에서 권위주의를 버리고 섬기는 종이 되는 것은 쉬운 일이 아니다. 더구나 대형 교회 담임목사가 권위를 내려놓는 것은 거의 불가능하다.

이런 깨달음과 더불어 나에게 약간의 우울증이 찾아왔다. '가정교회 말고는 다른 대안이 없는 것 같은데, 가정교회도 해답이 안 된다면 한국 기독교는 앞으로 어떻게 될 것인가?', '오래된 텅 빈 건물에 머리 하얀 노인들 몇이 모여 예배드리는 유럽 교회의 모습이 한국 교회의 장래란 말인가?' 하는 자괴감이 들었기 때문이다.

그때 하나님은 '소돔과 고모라의 의인 10명'에 관한 말씀을 주셨다. 하나님은 아브라함에게 죄가 창궐한 소돔과 고모라를 불로 멸망시키겠다고 말씀하셨다. 아브라함은 하나님께 죄로 물든 소돔과 고모라의 멸망은 마땅한 일이지만, 이로 인해 의인까지 멸망시키는 것은 공평하지 않다고 탄원을 올린다(창 18장). 처음에 아브라함은 의인 50명만 있으면 멸망시키지 않으시겠느냐고 여쭈었다. 하나님은 50명만 있으면 그렇게 하겠다고 약속하셨다. 그러나 의인 50명이 있을 것 같지 않았다. 아브라함은 숫자를 조금씩 줄이고 줄여서 의인 10명만 있어도 두 도성을 멸하지 않겠다는 약속을 받았다. 그러나 소돔과 고모라에는 의인 10명이 없었고, 두 도성은 지구상에서 사라졌다.

의인 10명이 없어서 두 도성이 멸망했지만, 말을 바꾸어서 의인 10명이 있었다면 소돔과 고모라는 멸망을 피할 수 있었을 것이다. 한국 교회도 그와 같을 수 있다는 생각을 하나님이 주셨다. 한국 교회에 의인 10명에 해당하는 교회가 있다면 하나님이 한국 교회를 긍휼히 여기셔서 유럽 교회와 같은 쇠락으로부터 구해 주실지도 모른다고 생각한 것이다.

이 말씀을 받은 후 조바심치던 내 마음은 평온해졌다. 큰 교회들이 가정교회로 전환했으면 하는 바람도 없어졌고, 더 많은 교회들이 가정교회에 동참하기를 바라는 욕심도 사라졌다. 교회 규모나 교인수와 무관하게, 신약교회를 회복하려는 열정을 가진 동역자를 '의인 10명'으로 만들면 된다는 생각을 하게 되었다. 이러한 '의인'을 염두에 두고, '성경대로'라는 가정교회 원칙을 붙들고 진정한 성경적인 교회를 이루려는 목회자를 돕는 데 집중하겠다는 각오를 하게 되었다.

물론 가정교회가 한국 교회의 장래를 구할 수 있는 유일한 대안이라는 말은 아니다. 가정교회가 아니더라도 주님이 원하셨던 바로 그 교회를 이루려는 열망을 가지고, 주님의 소원을 이루려는 몸부림을 치는 목회자라면 하나님은 의인 10명 가운데 하나로 인정해 주실 것이다. 그럴 때 하나님의 긍휼하심을 입어 한국 교회가 쇠락한 유럽 교회와는 다른 길을 걷게 될지 모른다.

이렇게 말하는 나 자신이 돈키호테 같다는 생각을 한다. 한국의 많은 대형 교회에 비하면 크지도 않은 교회를 담임하던, 별로 알려지지 않은 목사가 한국 교회의 장래를 놓고 비분강개하는 말을 쏟아 놓고 있으니 말이다. 그러나 하나님이 주신 말씀이라고 생각되었기 때문에 여기에 밝히는 것이다.

### 신약교회를 하면 모두가 행복해진다

한 기독교 월간지와 인터뷰를 하게 된 자리에서 기자가 나에게 물었다.

"20년 동안 가정교회 사역을 하면서 신약교회 회복을 위해 애써 오셨습니다. 이 사역을 통해 목사님은 어떤 부분에서 가장 행복하셨습니까?"

그때 나는 첫손으로 꼽고 싶은 것이 안 믿는 사람이 구원을 받고 삶이 바뀌는 것이라고 대답했다. 가정교회에서 비신자를 VIP라고 부르는 이유는 우리에게 중요한 사람이라서가 아니라, 하나님께 중요한 사람이기 때문이다. 어쩌면 그들은 우리의 끊임없는 관심과 사랑과 섬김을 요구하는 귀찮은 존재일 수 있다. 쉽게 설득되지도 않고, 말도 잘 듣지 않는 얄미운 존재일 수 있는 것이다. 그러나 그들은 VIP로, 하나님께 귀한 존재이다. 그들은 탕자의 비유에서 예수님이 말씀하신 대로, 집 나간 둘째아들처럼 집 나간 자녀이다. 하나님 아버지께서 간절히 기다리시는 집 나간 자녀이다. 그래서 우리에게 그들은 VIP이다.

그들이 돌아왔을 때 하나님께서는 참으로 기뻐하신다. 이러한 하나님의 마음을 가르쳐 주기 위해 예수님은 탕자의 비유를 들며, 집 나간 자식이 돌아왔을 때 아버지가 큰 잔치를 베풀며 기뻐했다고 말씀하셨다. VIP가 구원받았을 때 맛보는 기쁨은, 잃어버린 줄 알았던 자식이 돌아왔을 때 느끼는 하나님 아버지의 기쁨이리라. 우리는 하나님 아버지의 기쁨을 VIP를 통해 나누어 맛보는 것이다.

성경은 단 한 영혼이 돌아와도 하나님이 천사들과 함께 기뻐하신다고 말한다(눅 5:20). 왜냐하면 이 세상의 모든 영혼이 하나님의 자녀이기 때문이다. 10명의 자녀를 가진 부모가 아이들을 데리고 놀이공원으로 소풍을 갔다고 해 보자. "각자 놀다가 오후 5시에 시계탑 아래서 모이자." 이렇게 말하고 헤어졌는데, 오후 5시가 되어 시계탑으로 가 보니 아홉 아이들은 모였는데 한 명이 보이지 않는다. 이럴 때 "10명 중에서 9명이 모였으면 됐다. 그냥 집에 가자!"라고 말할 부모가 이 세상에 누가 있으랴!

하나님께는 VIP가 집 나간 자녀이다. 한 사람도 빠짐없이 돌아오기를 기다리신다. 이런 하나님의 마음을 사도 베드로는 이렇게 표현했다.

"하나님께서는 아무도 멸망하지 않고, 모두 회개하는 데에 이르기를 바라십니다."벧후 3:9

사도 바울은 이렇게 표현했다.

"하나님께서는 모든 사람이 다 구원을 얻고 진리를 알게 되기를 원하십니다."딤전 2:4

교회생활이 재미없다는 평신도나, 목회가 재미없다는 목회자들은 믿지 않는 한 사람이 돌아오는 기쁨을 모르기 때문에 그렇게 말하는 것이다. 잃어버린 영혼이 돌아오는 기쁨을 맛보기 전까지는 교회생활의 참 기쁨을 안다고 말할 수 없다. 그래서 진짜 신앙생활은 목자·목녀가 된 다음에 시작된다고 해도 과언이 아니다. VIP의 영혼 구원을 해본 사람만이 그 기쁨을 이해한다.

가정교회 사역을 하면서 느낀 두 번째 행복은, 이기적이고 소비자적이었던 교인들이 섬기는 일꾼이 되어 가는 것을 보는 것이다. 한국교회 교인들은 자신도 모르는 사이에 소비자로 변해 버렸다. 소비자에게는 자신의 욕구가 가장 중요하다. 자신의 욕구를 채울 수 있고, 가장 적은 대가로 그 욕구를 채울 수 있는 곳을 끊임없이 찾는다. 소비자 교인은 교회에 와서도 교회가 어떤 도움을 주는지 끊임없이 계산한다. "은혜를 받았다"는 것도 설교가 자신이 공감하는 내용이었거나 지적이고 영적인 욕구를 채워 주었을 때 하는 표현이다. 그러다 교회가 자신에게 더 이상 도움이 안 되거나, 자신에게 큰 희생이 요구될 때 서슴지 않고 교회를 떠난다.

진정한 영적 성장은 얼마나 성경을 많이 아느냐, 얼마나 기도를 오래 하느냐로 가늠할 수 없다. 삶에 얼마나 섬김이 배어 있느냐가 척도가 된다. 섬김이 성숙함의 바른 기준이 되는 이유는 예수님이 인생의 목적을 섬김에 두셨기 때문이다. "나는 섬기러 왔다!" 주님은 인생의 목적을 그렇게 선언하셨다. 그러므로 예수님을 닮았다고 말하는 성숙의 정도 역시 섬김을 잣대로 확인할 수 있다. 진정으로 성숙한 사람은 섬김이 몸에 배어 있다. 섬김의 영역이 확대되고 강도가 높아지면 그 사람이 영적으로 성숙했다고 말할 수 있다.

세 번째 행복은, 교회로 인해 행복해졌다는 목회자와 평신도의 고백을 듣는 것이다. 서른 살에 예수님을 영접한 나는 평신도로 있는 동안 교회생활이 행복하다고 느낀 적이 거의 없었다. 나뿐만 아니라 주위 사람들을 보아도 교회로 인해 행복하다는 사람들이 별로 없었다. 큰 교회는 큰 교회대로, 작은 교회는 작은 교회대로, 목회자도 교인도 행복하지 않다. 목회자는 목회 때문에 힘들어하고 교인들은 교회에서 상처를 받으며 행복해하지 못한다.

그래서 목사가 되고 난 후, 교인들의 입에서 교회 때문에 행복하다는 소리가 나오도록 하는 것이 내 소원이었고, 그 소원이 가정교회를 통해 이루어졌다고 생각한다. 휴스턴 서울교회에 연수 오는 사람들 가운데에는 교인들이 행복하다고 말하는 것을 듣고 입에 발린 말이 아닐까 의심하는 이들도 있었다. 그러다가 교인들이 진정으로 행복해하는 것을 보고 가정교회에 진정한 관심을 갖게 되었다.

가정교회를 한다는 것은 주님이 원하시는 교회를 세워 간다는 뜻이다. 주님이 원하시는 교회를 세웠을 때 거기에는 기쁨과 행복이 있다. 나는 교인들이 행복해하는 모습을 보면서 행복한 목회자가 되었다.

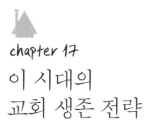

chapter 17

# 이 시대의
# 교회 생존 전략

### 소명은 하나님의 필요에서 시작된다

한국 교회에서는 교회 일을 열심히 해서 믿음과 신앙이 좋다는 소리를 들으면 신학 공부를 해서 목회자가 되거나 선교사로 헌신하는 것이 정석처럼 되어 있다. 그 결과, 한국에서 쓸 만한 평신도는 모두 신학교로 가 버리는 바람에 평신도의 힘이 약해졌다.

휴스턴 서울교회에서는 지난 20년 동안 신학교에 간 사람이 딱 네 사람뿐이다. 이수관 목사는 내 후임으로 세우기 위해 권면해서 신학을 하도록 했고, 목녀로 섬기던 백혜원 전도사는 남편과 사별한 후에 유치부 전도사가 되라고 권면하여 신학을 공부하게 했다. 나머지 두 사람은 스스로 원해서 신학원 과정을 마치고 한 사람은 중국 선교사로, 또 한 사람은 한국의 큰 교회에서 상담가로 섬기고 있다. 이 외에는 신학교에 가겠다는 사람이 하나도 없었다. 이미 목양을 하고 있기 때문에 목사나 전도사가 될 필요를 느끼지 않았기 때문이다.

나는 예전부터 신학교 가는 것을 말리는 목사로 알려졌다. 말리는 이유는 이들이 말하는 '소명'에 동의할 수 없었기 때문이다. 신학교 입학을 위해 추천서를 써 달라고 할 때 "왜 목사가 되려고 하십니까?" 하고 물으면 보통 이렇게 대답한다. "직장생활을 하는 데서 더 이상 의미를 찾지 못하겠습니다.", "주님의 일을 할 때 가장 기쁩니다." 이런 대답을 들으면 나는 항상 이같은 생각이 들었다. '목회자는 하나님의 필요를 채우기 위해 되는 것이지, 자신의 보람과 기쁨을 위해 되는 것이 아니지 않은가?'

목회자로서의 부르심, 즉 목회자로서의 소명은 신비스러운 방법으로 올 수도 있지만, 보통은 평범한 방법으로 찾아온다. 다음의 세 가지 질문을 통해 소명을 확인할 수 있다.

첫째, 하나님의 필요가 보이는가?

둘째, 하나님의 필요를 채우고 싶은 강한 욕구가 있는가?

셋째, 하나님의 필요를 채울 수 있는 은사나 경험을 가지고 있는가?

소명의 시작은 나의 필요가 아닌, 하나님의 필요로부터 시작되어야 한다. 다른 사람들에게 보이지 않는 하나님의 필요가 보이고, 다른 사람은 가고 싶어 하지 않는 곳에 가고 싶은 욕구가 있다면 소명이 될 수 있다. 그러나 이미 많은 사람이 일하는 분야에서 다른 사람이 하고 있는 일을 할 계획이라면, 과연 자신이 소명을 받았는지 진지하게 다시 씨름해야 한다.

소명은 삶을 통해서 확인되어야 한다. 선교사로 소명을 받았다면 단기, 중장기 선교사로 선교지에 머물면서 소명을 확인한 다음, 선교사로 헌신해도 늦지 않다. 목회자로 소명을 받았다면 목자·목녀가 되어 목장을 섬기면서 자신이 영혼 구원과 제자 만드는 데 필요한 자질과 은사가 있는지 검증해 보아야 한다.

평신도는 귀한 자리다. 하나님이 그 자리를 지키기를 원하시는데, 그곳을 버리고 목회자가 된다면, 하나님 입장에서는 이중으로 손해가 생긴다. 귀중한 평신도 사역자를 한 사람 잃어버리니 손해이고, 소명 없는 목회자가 하나 생기니 또 손해다. 목회자의 소명을 받은 사람은 목회자로, 선교사의 소명을 받은 사람은 선교사로, 평신도의 소명을 받은 사람은 평신도로 설 때 하나님 나라가 더 힘차게 확장될 것이고, 교회는 더 튼튼해질 것이다.

### 교회 개척은 신중하게!

한국 교회나 해외에 있는 한인 교회나 목회 환경이 날로 어려워지고 있다. 기독교에 대한 반감이 늘어나면서 문을 닫는 교회들이 늘어나고, 기독교인 숫자는 줄고 있으며, 전도는 더 힘들어지고 있다. 그런데 목회자는 과잉공급 현상을 보인다. 2013년 미국 LA 지역의 한인 교회는 약 1,300개인데, 목사 안수를 받고도 목회를 하지 않는 목회자를 최소 1,000명 정도로 추산했다. 호주 시드니의 경우, 등록된 한인 교회 숫자는 약 300개인데, 목회지가 없는 무임 목회자가 300명 정도 된다고 한다.

그런데도 목회자는 끊임없이 배출되고 있다. 장로교단을 대표하는 신학교인 총신대와 장신대에서만 매년 2천여 명의 졸업생을 배출하고 있고, 감리교, 기장, 고신, 성결교, 침례교 등의 교단 신학교와 연세대, 안양대, 백석대 등 종합대학교까지 포함하면 정식 인가를 받은 신학교를 졸업한 학생들은 1년에 수천 명을 웃돌 것으로 예상된다. 여기에다가 약 400개로 추정되는 무인가 신학교 졸업생까지 포함하면 해마다 1만 명 가량의 목사가 배출되고 있는 셈이다.

목회자들이 과다하게 양산되는 데는 여러 이유가 있겠지만, 그중 하나는 교회에서 목양을 할 수 있는 기회를 주지 않기 때문이다. 일반 교회에서는 평신도에게 의미 있는 사역이 주어지지 않는다. 모임에 빠짐없이 참석하고, 십일조 내고, 교회 행사를 도우면서 입 꼭 다물고 있는 교인을 이상적인 교인으로 여긴다. 그러다 보니 은혜를 받아 가슴이 뜨거워진 성도는 신학교라도 가서 전도사가 되어야 복음 사역을 할 수 있다고 생각한다. 신학교를 졸업하면 목사 안수를 안 받을 수 없으니 목사 안수를 받는다. 목사 안수를 받으면 교인들 눈치가 보여서 그 교회에 계속 머물러 있을 수 없게 되어 새로운 목회지를 찾는다. 목회지를 못 찾으면 교회 개척이라도 할 수밖에 없다.

그러나 개척교회를 통한 전도가 쉽지 않다. 교회를 대상으로 한 미국 통계를 보면 이전과는 달리 작은 교회를 통해 구원받는 사람보다 새들백교회나 윌로우크릭교회 같은 대형 교회를 통해 구원받는 사람이 더 많다고 한다.

왜 개척교회 전도가 어려운가? 자원이 부족하기 때문이라고 생각하겠지만 더 큰 이유는 개척교회 목사들이 목회 경험이 없기 때문이다. 그들은 전도사나 부목사로 섬기면서 교인들을 심방하고, 교회 내 프로그램을 운용하며, 성경 공부를 인도하고, 가끔 설교나 했을 뿐, 비신자를 품고 몸부림치며 기도하고, 이들에게 주님을 영접시켜 본 경험이 없다. 목회는 영적 전쟁인데 이를 치러낼 야성이 없는 것이다. 어떤 교회에서는 교회 개척을 위해 예배 처소를 마련해 주고, 몇 년 정도의 생활비를 보장해 주고, 일정 숫자의 교인을 딸려 보내지만 부흥은커녕 생존 조차 어려운 이유가 바로 비신자 전도 경험이 없기 때문이다.

그렇다고 기신자를 대상으로 교회를 개척해도 승산이 없다. 교회 문을 활짝 열어놓고 타지에서 이사 온 기신자나 교회생활에서 시험받은 신자들이 오기를 기대해 보지만, 근처 대형 교회도 똑같은 대상을 놓고 두 팔을 벌리고 있기 때문이다. 교인 입장에서 본다면 편안하고 좋은 시설, 다양한 프로그램을 구비한 대형 교회에 끌릴 수밖에 없다. 그러다 보니 교회 성장은커녕 그 교회를 통해 예수 믿게 된 신자들이 대형 교회로 옮겨 가지만 않으면 다행이다.

개척은 신중해야 한다. 확실한 소명이 있을 때 해야 한다.

### 교역자의 목장 경험이 소중한 이유

가정교회에서는 부교역자들에게 장년 목장을 맡겨 목회 실습을 시킨다. VIP를 품고 고민하고, 이들을 섬기며, 예수님을 영접하도록 돕고, 대행 목자로 키워 분가시키는 경험을 쌓도록 하는 것이다. 이와 같은 목회 경험은 교회 개척을 하든, 담임목사로 부임하든 비신자 전도의 열정이 있기 때문에 영혼 구원에 의한 교회 부흥을 가져올 수 있다. 어린이나 청소년 사역자, 행정 사역자도 마찬가지다. 이들이 평생 전문 사역자의 길을 걷더라도 구원받지 못한 사람들에 대한 관심과 안타까움을 가져야 전문 사역을 잘할 수 있다.

담임목사들 중에는 전문 사역자들에게 장년 목장을 맡기면 전문 사역이 소홀해지지 않을까 염려하지만, 평신도들도 자신의 전문 영역인 직장생활을 하면서 목자·목녀로 섬긴다. 전문 사역자들은 교회가 직장이다. 목자·목녀가 자기 일을 하면서 목장을 잘 섬길 수 있다면 교역자들도 전문 사역을 하면서 목장을 잘 섬길 수 있어야 한다. 어린이 목장이나 청소년 목장을 맡고 있는 교역자들은 자체 목장 사역이 있기 때문에 별도의 장년 목장을 맡을 필요가 없지만, 그 외의 전문 교역자들은 장년 목장을 맡아 사역하도록 하는 것이 본인을 위해서도 교회를 위해서도 좋다.

일부 목회자들은 부교역자가 교인들과 친밀해진 나머지 교인들을 데리고 나가 교회를 개척할 것을 우려해 목장 맡기는 것을 주저하기도 한다. 그러나 진정으로 가정교회가 말하는 교회의 존재 목적을 이해한다면, 그것이 문제가 되어서는 안 된다. 가정교회의 목표는 영혼 구원하여 제자 만드는 것이다. VIP가 구원받아 제자가 되는 것이 중요하지, 교인의 증가나 감소가 중요한 것이 아니다. 교인들을 개척 멤버로 보내 교회 분립도 하는 마당에, 가정교회를 잘 이해하고 있는 목자·목녀와 목회자가 함께 새로운 교회를 세워 영혼 구원 사역이 더 잘 이루어진다면 기쁨으로 허락해 줄 수 있어야 한다. 그러나 실제로 잘 정착된 가정교회에서는 담임목사가 종이 되는 리더십을 발휘하여 부목사를 잘 섬기기 때문에 부목사가 임의로 교인들을 데리고 나가 교회를 개척한 경우는 거의 없었다.

담임목사가 교회 개척을 시켜 줄 때에는 개척 목회자의 목장과 거기서 분가된 목장의 목자·목녀, 그리고 가능하다면 목장 식구들까지 함께 내보내는 것이 좋다. 전도의 동역자였던 이들이 교회 개척의 초기에 힘을 모은다면 교회 정착은 훨씬 수월해질 것이다. 또 원하는 다른 목자·목녀들도 개척에 동참시키면 개척교회는 힘을 얻어 짧은 시일

내에 영혼 구원하여 제자 만드는 교회로 세워질 수 있다.

### 원형 목장으로 시작하는 교회 개척

가정교회가 알려지기 시작하면서 가정교회로 교회를 개척하려는 목회자들이 늘고 있다. 하지만 가정교회 개척도 쉬운 것은 아니다. 예배처소를 구입할 필요 없이 일단 가정에서 모이면 된다지만, 이는 결과적으로 가정교회의 3축 중 목장 모임 하나만 있는 셈이다. 즉 가정교회의 3축인 목장 모임, 삶 공부, 주일연합예배가 균형 있게 돌아가지 않기 때문에 인간의 기본적인 욕구인 지, 정, 의가 고루 만족되지 않아 회심이나 영적 성장이 어렵다.

그럼에도 불구하고 진정 주님이 원하시는 교회를 이루고 싶은 마음에서 가정교회 개척을 하려는 목회자들이 있다. 이런 이들에게 해주고 싶은 말이 있다.

첫째, 개척 멤버 없이 순수 가정교회로 개척하려면 '교회'에서 시작하지 말고 '섬김'에서 시작해야 한다. 교회를 세우기 위해 교인들을 섬기는 것이 아니라, 섬김의 결과로 자연스럽게 교회가 이루어지도록 해야 한다는 말이다.

'교회 개척'을 목표로 비신자를 섬기면, 비신자들은 부담스러워서 그 섬김을 거절한다. 아무리 순수하게 섬기려 해도 믿어 주지 않는다. 그런 순수함을 세상에서 체험해 보지 못했기 때문이다. 이러한 경계심을 허물기 위해서는 목회자가 교인들과 비슷한 수준을 유지할 수 있는 직업을 갖는 것이 좋다. 경제적으로 어려운 게 눈에 보이는 사람으로부터 받는 섬김은, 받는 이로서는 마음이 편하지 않다. 가난한 사람으로부터 비싼 선물을 받았을 때의 기분을 생각해 보면 이해할 수 있을 것이다. 일반적인 가정교회 목장에서 목자·목녀가 목장 식구들을 이런 식으로 감동을 주지만, 비신자는 그렇지 않다는 사실을 기억해야 한다.

그래서 순수 가정교회로 개척하려면 목회자는 먼저 경제적인 자립을 확보해야 한다. 목회자가 목회를 겸할 수 있는 직장을 갖든지, 사모가 확실한 직장을 가져 생계 문제를 해결해야 한다. 장기간 교회에서 사례비를 받지 않아도 될 만큼 생계가 보장된 상황이 되어야, 비신자들은 목회자의 섬김을 편하게 받아들일 것이다.

둘째, 섬김의 대상은 교회에 도움이 될 사람보다 교회를 필요로 하는 사람이 되어야 한다. 그러다 보면 세상과 사람들로부터 소외된 사람, 대형 교회에서는 관심을 갖지 않는 사람들이 주로 대상이 된다. 그들은 대개 사람이 해결해 주기 어려운 다양한 문제들을 안고 있다. 이런 사람들을 하나님께 의지해서 문제를 해결받도록 해주어야 한다.

안국철 목사가 섬기는 청주 사랑의교회가 그 좋은 예다. 안 목사는 청주에 있는 한 교회의 초청을 받아 가게 되었는데, 막상 가 보니 사역을 할 수 없는 상황이었다. 전에 섬기던 교회로 돌아가고 싶지는 않았던 안 목사는 생계 문제를 해결하기 위해 영어 학원을 열었다. 학생들을 가르치다 보니 그들의 가정에 문제가 많다는 것을 알게 되었다. 학부모의 부부 싸움을 말리고 문제가 생기면 상담을 해 주면서, 자연스럽게 집에서 모임을 갖게 되었다. 모임에 오는 사람이 하나둘 늘어나고 알코올 중독자였던 학부모 중 한 사람이 목자로 자원하는 등 모임이 크게 활성화되면서 분가가 이루어져 여러 개의 목장이 생기게 되었고, 나중에 정식 교회가 세워졌다.

일반 가정교회는 물론이지만 특히 개척 가정교회는 기도가 사역의 주된 무기가 되어야 한다. 요즘 비신자들은 섬김에 감동받지도 않고, 논리에 설득당하지도 않는다. 그들은 하나님의 실체를 체험하기를 원한다. 하나님을 체험하게 하는 확실한 방법이 기도다. 기도응답을 받으면 처음에는 "우연이 아닐까?" 생각하다가 응답이 반복되면 "하나님이 정말 계시는 것인가?"라는 생각을 하게 된다. 이때 '생명의 삶'을 권유하면 수강을 하고, 종래는 예수님을 영접하게 된다.

### 교회 연합만이 살 길이다

구령과 제자훈련이 잘 이루어지기 위해서는 목장 모임, 주일연합예배, 삶 공부, 이 세 개의 축이 균형 있게 잘 돌아가 주어야 한다. 그러나 앞서 말한 것처럼 개척교회의 경우, 목장은 그런대로 움직이지만, 주일연합예배와 삶 공부가 많이 약해서 활발한 회심과 영적 성장이 이루어지기 어렵다. 이 문제를 해결할 수 있는 것이 개척교회의 연합이라고 생각한다.

개척교회 연합이란 가정교회를 하는 몇 개의 교회가 모여서 연합교회를 형성하는 것이다. 여기엔 목장이 하나인 개척교회도 있을 것이고, 목장이 서넛 되는 개척교회도 있을 것이다. 목장이 하나인 개척교회 목회자는 자신을 목자면서 초원지기로, 목장이 서너 개인 개척교회 목회자는 자신을 초원지기라고 생각하면 개념이 정리된다. 그리고 갈등이 생기지 않도록 연합한 교회 교인이 다른 지체 교회로 옮기는 것을 금하고, 떠나려면 아예 연합교회 자체를 떠나도록 해야 한다.

연합은 교회 통합과 다르다. 교단을 바꾸지 않고, 각 교회가 지역 교회로 존속하게 되기 때문이다. 또 연합한다고 해서 영구적으로 연합할 필요도 없다. 연합해서 교회가 성장하면 독립할 수도 있다. (독립할 때 절차는 명문화되어 있어야 하고, 연합하는 교회 목사들이 미리 다 동의해야 한다.)

연합의 장점은 여러 교회가 합쳐서 연합할 때 각각 따로 예배 처소를 구할 필요 없이 하나의 예배 처소를 같이 사용할 수 있다는 것이다. 또 예배 인원이 많아지니까 주일예배가 살아난다는 것이다. 주일예배에는 인원이 많아야 썰렁함이 덜하고 은혜가 더해진다.

설교는 목회자들이 돌아가면서 하고, 주일교회 봉사는 각 연합 지체교회가 돌아가면서 하든지, 함께한다. 그러나 헌금은 각 교회 이름이 적힌 봉투를 사용하여 드림으로써 재정적으로는 독립성을 유지한다. 이렇게 하면 각 교회의 정체성이 유지되면서, 결단과 헌신이 있는 주일예배를 드릴 수 있다.

연합을 하면 삶 공부도 살아난다. 규모가 작은 교회에서는 담임목사 혼자 삶 공부를 인도해야 하기 때문에 적시에 삶 공부를 제공하기 어렵고, 여러 개의 삶 공부를 동시에 제공하자면 목사의 부담이 크다. 연합을 하면 삶 공부를 나누어 맡아 제공할 수 있기 때문에 목사의 부담이 덜하고, 삶 공부의 질도 높아질 수 있다. 그러나 '생명의 삶'만은 연합한 모든 목사가 각각 자기 교회 교인들에게 제공해야 한다. '생명의 삶'을 통해 담임목사의 목회 철학을 이해하게 되고, 믿음생활의 첫 걸음을 내딛게 되기 때문에 다른 목사에게 맡길 수 없다.

연합교회를 이루는 데는 두 가지 방법이 있다. 첫째는 개척교회 목회자들이 동등한 입장에서 연합하는 것이고, 둘째는 사이즈가 큰 교회가 호스트가 되고 작은 교회들이 그 교회의 초원이 되어 연합하는 것이다.

후자의 경우에는 주일 설교를 돌아가면서 할 수는 없다. 주일 설교는 호스트 교회 담임목사가 하되, 연합한 다른 교회는 허락을 받아서 다른 요일(수요일)에 해당 교회 교인들이 모여 예배를 한 번 더 드릴 수도 있다. '생명의 삶' 공부는 모든 연합교회가 각자 제공하되, 나머지 삶 공부는 연합한 교회 담임목사의 재량에 따라 호스트 교회에서 제공하는 삶 공부를 수강하게 할 수도 있다. (연합교회 목사가 호스트 교회 담임목사의 요청에 의해 삶 공부 중 하나를 맡아 인도할 수도 있다.) 그러다가 연합한 교회가 어느 정도 사이즈가 되면 독립해 나가면 된다.

이와 같은 연합에 절대적으로 요구되는 것이 상호신뢰이다. 많은 목회자들이 은사에 따라 팀 사역을 시작했다가 얼마 안 가서 깨지는 경우를 경험한다. 이는 신뢰관계가 형성되지 못한 채 사역을 위해 동역을 시작했기 때문이다. 자존심, 경쟁심, 시기심 때문에 동역이 깨질 때가 많은데, 이런 것들을 버리고 동역할 수 있으려면 모두가 동의하는 분명한 교회의 존재 목적이 있어야 한다. 주님의 교회를 이루고자 하는 열망이 개인적인 야심을 극복하게 만들기 때문이다.

그래서 연합은 가정교회에서만 가능하다고 본다. 기신자 등록을 환영하는 일반 교회에서는 주변 교회가 교인 쟁탈전을 벌이는 경쟁 상대이다. 그렇기 때문에 공동 사역이 불가능하다. 그러나 기신자 등록을 거부하고 비신자의 영혼 구원에 집중하는 가정교회에서 연합은 비신자들에게 복음을 전하는 동역자이다. 그래서 연합이 가능하다. 특히 가정교회의 네 기둥 중 하나인 섬기는 리더십, 즉 다른 사람을 성공시키는 리더십이 몸에 밴 목회자들이라면 이와 같은 동역은 어렵지 않다.

인천의 소망교회(이정필 목사)와 작은교회(박태진 목사)가 연합의 한 예이다. 두 교회는 서로 교단이 다르지만 연합하였고, 연합하였지만 독립된 교회로 존재한다. 두 교회는 같은 건물을 사용해 예배를 드리되, 주일예배는 다른 시간대에 각각 드린다(수요 예배는 같이 드린다). 연합하기 전에 두 교회 모두 지역을 위한 도서관을 운영했는데, 자원을 합쳐서 공동으로 운영하니까 섬기는 인원도 많아지고 질도 높아져서, 3년 연속 인천시로부터 우수 작은 도서관으로 선정되었고, 1억 원 지원금을 받아 도서관 리모델링도 할 수 있었다.

성격은 약간 다르지만 또 하나의 연합의 예를 휴스턴 서울교회에서 볼 수 있다. 휴스턴 서울교회는 교회는 하나이지만 두 개의 회중(congregation)으로 이루어져 있다. 한어를 쓰는 한어 회중(KSC, Korean Speaking Congregation)과 영어를 쓰는 영어 회중(ESC, English Speaking Congregation)이다. 두 회중은 한 공간에 있으면서 독립적으로 예배드리고 사역한다. (초기에는 건물도 공유했지만 영어 회중이 커지면서 교회 옆에 있는 땅에 자체 건물을 지었다.)

휴스턴 서울교회를 대표하는 담임목사는 주일 출석 인원과 1년 예산이 더 많은 쪽 회중의 목사가 맡는다. 지금은 한어 회중이 크기 때문에 한어 회중 담임목사가 휴스턴 서울교회 담임목사이지만, 장래에 영어 회중이 한어 회중보다 커지면 영어 회중 담임목사가 휴스턴 서울교회 담임목사가 될 것이다.

미국에 있는 대부분의 한인 교회에서는 EM(English Ministry)이라는 애매한 용어를 사용하여 2세 교회를 운영하는데, 독자 교회로 인정해 주지 않고 부서 정도로 취급한다. 이렇게 문화적 차이를 인정하지 않고 한국적 문화를 강요하다 보니 사역의 한계를 느끼고 교회에서 떨어져 나가 자신들만의 교회를 세우게 된다. 그러나 독립을 해도 어려움은 있다. 영어 회중 교인들이 부모님들처럼 헌신되어 있지 않기 때문에 교회가 재정을 비롯해 다양한 문제를 겪게 된다.

한어 회중 쪽에서는 이들이 나가 버리면 청소년 교육이 문제가 된다. 어린이까지는 영어가 익숙하지 않은 부모들이 신앙적으로 양육할 수 있지만, 모든 것에 민감한 사춘기에 접어들면 영어에 능통한 교사가 돌봐 주지 않으면 진정한 신앙교육이 이루어지기 어렵다. 한어 회중이 건강한 영어 회중을 필요로 하는 이유가 여기에 있다.

2세들에게 신앙을 전수해 주려면 개념이 애매한 EM보다는 개념이 정확한 ESC로 이름을 바꾸고 재정적으로 후원하되 독립 교회로 인정해 주어 자부심을 키워 주어야 한다. 무엇보다 교회의 존재 목적인 영혼 구원하여 제자 만드는 교회가 되도록 해야 한다. 그러기 위해서는 2세 교회가 아닌 다민족 교회가 되어야 한다. 그래야 직장과 이웃 비신자를 교회로 데려올 수 있다. 신동일 목사가 담임하는 휴스턴 서울교회 영어 회중은 다민족 교회이다. 교인들의 약 40%, 목자·목녀들의 약 40%가 한인이 아닌 타민족으로 이루어져 있다. 이런 연합을 통해 몇 가정에서 시작한 영어 회중(New Life Fellowhip)은 현재 장년 출석 400명의 교회로 성장했다. 북미에 있는 많은 한인 교회들이 이러한 연합을 진지하게 고려하면 좋겠다.

# chapter 18

# 영적 전쟁을
# 치열하게 치르는 교회

## 정직성, 정확성, 투명성을 확보하라

최근 몇 년 동안 부끄럽게도 대형 교회 목회자들의 비리와 교회의 분란, 교회 세습 등에 세간의 이목이 집중되었다. 그 사이, 기독교에 대한 반감과 비난의 수위가 하늘을 찔렀다. "어떻게 교회와 목사가 이럴 수 있는가?"라는 요지의 비난을 들으면서 속이 쓰라렸지만, 한편으로는 교회와 목사에 대한 기대감이 여전히 존재하는 거라고 생각하면서 위안을 삼았다.

목회자의 비리와 부정 앞에서 교인들의 반응은 크게 두 가지로 엇갈린다. 목회자를 두둔하고 변호하면서 그 행위를 정당화시키려는 교인들과 그 반대편에서 목회자를 공격하고 매도하는 교인들이다. 그러나 그 어느 쪽도 바른 모습은 아니라고 생각한다.

목회자의 과실과 죄를 정당화시키는 것은 분명한 잘못이다. 이미 드러난 잘못을 아니라고 우기는 것은 성령님을 거역하는, 용서받을 수 없는 죄가 될 수 있다(마 12:31). 하지만 교회 문제의 핵심에 있는 목회자들을 싸잡아 비열하고 악한 인간으로 매도하는 것 또한 잘못이다. 그런 목회자들도 없는 것은 아니겠지만, 오늘날 미디어로부터 공격받는 목회자들 중에 실제로 그런 사람은 거의 없다고 생각한다. 목회자들의 '비리'와 '부정'은 인격의 비열함에서 비롯된 문제가 아니라 정직성, 정확성, 투명성이 결여된 결과이기 때문이다.

미국에서는 "당신은 거짓말쟁이다!(You are a liar!)"라는 말이 가장 모욕적인 말이다. 이 말을 들으면 권총을 빼들고 한판 붙어 보자는 상황이 전개된다. 그러나 한국에서는 선의의 거짓말은 너그럽게 용납되는 분위기다. 말기 암 환자에게 정확한 진단명을 이야기해 주지 않고 거짓말을 하는 예가 자주 있다. 이런 분위기가 목회 현장에도 그대로 적용되어 사소한 왜곡이 아무렇지도 않게 받아들여지고 세월이 흐르면서 목회자의 정직성이 사라지게 된다.

서양 문화는 모든 것이 정확하다. 동료랑 식당에 가서 밥을 먹으면 자기 밥값은 각자 지불하는 것이 당연한 일이다. 그러나 우리 문화는 그렇지 않다. 두루뭉술하게 넘어가는 것이 미덕이고, 정확하게 하자고 하면 인정머리 없는 사람이 되고 만다. 목회에서도 좋은 게 좋은 거라는 분위기가 형성되면서 정확성이 사라졌다.

동양의 가부장적인 정서는 교회에서도 그대로 유통된다. 담임목사를 아버지처럼 생각해서 담임목사가 원하는 것은 '은혜롭게' 처리하는 것을 덕목으로 안다. 그렇게 '은혜'로 모든 것을 처리하다 보니 투명성이 사라졌다.

비난을 받고 있는 대형 교회 목회자들은 악하거나 비열한 사람이라기보다는 세상적인 가치관과 문화 앞에 무릎 꿇은 사람들이다. 그렇다고 해서 그들의 잘못이나 죄가 정당화되는 것은 아니다. 잘못된 행동은 책임져야 하고 응분의 대가를 치르는 것이 마땅하다. 그러나 이들의 인격 자체를 매도하는 것은 옳지 않다.

언론은 마치 목회자들이 모두 부패한 종족이며, 그리스도인들은 모두 위선자인 것처럼 보도하지만 대다수 목회자들은 신실하고 대부분의 그리스도인들은 바른 삶을 살고 있다. 일반 텔레비전에 나오는 감동적인 삶을 사는 사람들 이야기를 보면 많은 이들이 그리스도인이다. 장애인 시설에 가서 평생 봉사하는 사람, 탈북자를 돕는 사람, 외국인 노동자의 권리를 보호하기 위해 애쓰는 사람, 가난한 나라에 가서 의술을 베풀고 학교를 세우는 사람들 중 절대 다수가 그리스도인이다.

이러한 사실은 종종 무시되고 소수 목회자의 비리로 전체 한국 교회와 그리스도인들이 매도되는 데에는 사단의 사주가 있다고 생각된다. 수많은 그리스도인들의 선행과 고귀한 삶이 주목받지 못하는 것, 비신자들이 교회와 그리스도인에 대해 혐오감을 느끼는 것, 그리스도인들이 좌절감을 느껴 교회와 멀어지게 되는 것에는 사단의 궤계가 있다고 의심할 수밖에 없다.

일반 미디어뿐만 아니라 기독교 미디어도 교회를 바로잡겠다는 목적으로 교회와 목회자들을 날카롭게 비판하는 것을 자주 본다. 그와 같은 비판도 필요한 일이지만, 비판으로는 교회를 무너뜨릴 뿐 세울 수 없다는 사실을 기억해야 한다. 비판의 수위와 강도를 조절해 선량한 교인들에게 목회자에 대한 냉소적인 자세를 심어 주거나 낙심하여 교회를 떠나게 하는 일이 없도록 신중을 기해야 한다.

주님의 영광이 되어야 할 교회가 오히려 수치를 드러내고 있는 요즘 원칙, 소통, 섬김, 나눔을 추구하면서 신약교회의 회복을 목표로 교회의 존재 목적을 분명히 하려는 가정교회의 부흥이 더욱 절실해진다. 주님이 원하시는 교회가 이 땅에 더 많아질수록 정직성, 정확성, 투명성의 결여로 생긴 교회와 목회자의 부끄러운 모습들이 사라질 것이다.

## 담임목사 사택을 자택으로 바꾸는 패러다임

한국이 경제적으로 선진국이라는 데에 이의를 제기하는 사람은 없을 것이다. 국민들의 생활수준은 크게 높아졌고, 사회 전반에 합리적 사고가 자리 잡기 시작했다. 하지만 이 합리적 사고로부터 가장 뒤처지는 곳이 교회가 아닌가 싶다. 21세기에 존재하는 단체 중에서 가장 비합리적인 단체 중 하나가 한국 교회라고 생각한다. 이런 비합리성 때문에 교회는 세상으로부터 공격을 받는다.

교회는 하나님이 지배하시는 곳이므로 합리성의 지배를 받아서는 안 된다고 주장하는 이들이 있다. 그러나 초자연적인 하나님의 역사를 믿는 것과 합리성을 부인하는 것은 별개의 문제다. 이성은 하나님이 주신 것이므로 무시해서는 안 된다. 우리가 부활을 부인할 수 없는 것도 이성적으로 판단할 때 증거가 명백하기 때문이다. 그래서 이성적으로 부활을 믿는 것이다.

이성을 사용할 때 얻어지는 것이 합리성이다. 이와 같은 합리성에 따라 이제 한국 교회는 '담임목사의 사택' 개념을, '담임목사의 자택' 개념으로 생각을 바꿀 때가 되었다. "사택이냐, 자택이냐"의 문제가 중요한 이유는 이것이 목회자의 은퇴와 맞물려 생기는 문제들 중에서 상당한 부분을 차지하고 있기 때문이다.

목회자가 은퇴할 때 사택은 후임목사에게 물려주어야 하는데, 이때 교회는 은퇴 목회자에게 자택을 마련해 주어야 한다는 부담을 안게 된다. 이런 재정적인 이유도 한 몫을 해서 은퇴하는 목회자들 가운데 자신을 잘 돌봐줄 목회자를 후임으로 세우거나 아예 아들을 후임 자리에 앉히는 경우가 생기기도 한다.

그러나 담임목사의 사택을 자택의 개념으로 바꾸면 은퇴 후 생기는 어려움을 미연에 방지할 수 있다. 은행에서 융자를 받든지, 아니면 교회가 융자를 해 주어 담임목사에게 자택을 마련해 주고, 담임목사의 사례비에 주택비를 포함시켜 융자금을 매월 상환하는 형식을 도입한다면 목사도 교회도 은퇴 목사 주택 마련 때문에 고민할 필요가 없다. 중간에 담임목사가 사임을 하게 되면 집을 매매해서 교회에서 부담한 융자금을 갚도록 하면 된다. 그러면 보통 집값은 상승하므로 여기서 생긴 차액은 목회자가 다음 임지에서 집을 구입할 때 첫 할부금으로 사용할 수 있게 된다.

더러 내 소유가 하나도 없다고 자랑하는 목회자들을 만나곤 한다. 그러나 우리가 사는 자본주의 세상에서 하나도 소유하지 않고 사는 것은 불가능하다. 실제로 무소유로 사는 목회자들이 없는 것은 아니지만, 사실 서류상으로는 자기 소유가 없더라도 교회의 소유를 자신의 것처럼 사용할 수 있기 때문에 엄격한 의미에서 무소유라고 보기 어려운 경우가 대부분이다. 합리성이 결여된 무소유와 사택의 패러다임에서 목회자가 자택을 소유하는 패러다임으로 바뀔 때가 되었다고 생각한다.

휴스턴 서울교회 교역자들은 모두 집을 소유하고 있다. 미국에서는 주택 자금 융자를 받아서 집을 사고 할부로 갚아 가기 때문에 첫 번째 할부금만 있으면 집을 구입할 수 있다. 교역자들에게 이 첫 할부금이 없으면 교회에서 무이자로 융자해 주려고 했는데, 다행히 다들 각자 할부금을 마련하여 주택을 구입했다.

교역자에게 자택을 구입하도록 해 주려면 교회 재정 운영에 조정이 있어야 한다. 그래야 교인들에게 부담이 덜 되고 잡음이 덜할 것이기 때문이다.

첫째, 힘에 부치는 건축은 피해야 한다. 건축헌금을 바칠 때에도 예전처럼 집을 팔아 바치는 식의 희생을 기대하기보다는, 교회가 은행 융자 시스템을 잘 이용해서 성도들이 장기간에 걸쳐 헌금으로 상환할 수 있도록 해 주어야 한다.

둘째, 재정을 투명하게 공개한다. 사용 금액, 용도, 목적을 분명하게 기록으로 남기고, 누가 요구하든 언제든지 열람할 수 있도록 투명성을 확보해야 한다. 담임목사부터 본을 보여 재정부에 돈을 청구할 때는 반드시 영수증을 첨부하도록 한다.

셋째, 목회자 사례비에는 생활비와 주택비를 포함시킨다. 사례비는 교인들의 평균 수입보다 약간 높게 책정하는 것이 적당하다. 목회자가 사례금을 가지고 전세를 얻든, 월세를 얻든, 주택을 구매하든 그것은 목회자의 선택이다.

휴스턴 서울교회에서 실행되는 이 사례를 한국 교회에 바로 적용하는 데는 다소 어려움이 따를 수 있다. 그러나 교회 재정의 정직성, 정확성, 투명성이라는 원칙을 지킨다면, 휴스턴 서울교회의 사례를 합리적으로 변용해 적용할 수 있을 것이다. 담임목사의 사택을 자택으로 바

꾸는 일 같은 재정적인 개선을 시작으로 교회의 비합리적인 재정 운
용의 문제들이 해결된다면, 담임목사의 은퇴를 둘러싸고 불거지는 잡
음들이 많이 줄어들 것이다.

## 후임목사를 키우라

2012년 8월, 나는 20년에서 4개월 모자라는 휴스턴 서울교회 담임
목사 사역을 마치고, 나보다 목회를 더 잘할 가능성을 갖고 있는 이수
관 목사에게 사역을 물려주고 은퇴했다.

앞서 말한 것처럼 명예로운 은퇴는 성경적인 교회, 1세와 2세 교회
의 평화로운 공존에 이어 내 목회의 세 번째 꿈이었다. 사실 휴스턴 서
울교회는 가정교회를 비롯하여 독특한 면이 많은 교회이다. 그래서 휴
스턴 서울교회의 문화를 잘 모르는 사람을 후임자로 정하면 혼란이 올
것 같았다. 때문에 교회 안에서 후임자를 세우기로 마음먹었다. 그때
당시 이수관 형제가 내 눈에 띄었다.

나는 동역자를 선택할 때 세 가지 기준을 놓고 본다. 역경을 극복한
경험, 대인관계, 충성도이다. 역경을 극복해 본 경험을 중시하는 이유는
이런 경험이 있는 사람들이 꾸준히 사역하는 것을 보았기 때문이다. 역
경을 극복한 경험이 없으면 적어도 성공한 경험이 있는지를 본다. 성공
이란 출세를 말하는 것이 아니라 자기 분야에서 일을 잘하는 것을 말
한다. 운동선수면 대표 선수로 뛰고, 음악가이면 콩쿠르에 입상하고, 가
게를 하면 사업체가 번성하고, 어머니면 자녀들을 잘 키우는 것이다.

이수관 목사는 그 당시 휴스턴 LG 지사원이었는데, 입사 동기 중에
서 승진이 제일 빠를 정도로 자기 분야에서 인정 받는 사람이었다. 대

인관계에서는 아내에게 잘하고 목장 모임을 잘하고 있었다. 또 충성도 면에서도 합격이었다. 이전 교회에서 목회자의 잘못으로 교회가 여러 번 분리되었는데도 그는 매번 담임목사 편에 섰다.

그래서 어느 날 개인적으로 만나 직장을 그만두고 신학을 공부해서 내 후임이 되면 어떻겠느냐고 말을 꺼냈다. "안 되겠습니다"라고 대답할 것이라는 나의 예상을 깨고 그는 "기도해 보겠습니다"라고 대답했다.

나중에 알게 된 사실이지만, 그는 목회자로 서원한 적이 있었는데 길이 열리지 않아 장로로 섬기라는 뜻으로 받아들였다고 한다. 그러나 나의 제안을 받고 하나님의 부르심을 확인했다는 것이다.

나는 그에게 후임이 되기를 제안하면서, 동시에 후임목사가 못 될 가능성이 있다는 사실도 말했다.

"내가 이 목자님을 후임으로 생각하고 키우겠지만, 내 후임이 못 될 가능성도 있습니다. 내가 은퇴하려면 앞으로 10년 정도 더 있어야 하는데, 그때 교인들이 후임으로 새로운 얼굴을 원할지 모릅니다. 그렇게 되면 나는 억지로 당신을 후임목사로 세울 수 없습니다."

그는 선선히 대답했다.

"목사님은 목회자로서의 제 소명을 확인해 주신 것뿐입니다. 저는 목사님이 은퇴하실 때까지 보필하는 것을 목표로 하고 그다음은 생각하지 않습니다."

이수관 목사는 직장을 사임하고 신학원에 가서 졸업한 후에 전도사, 부목사, 동사(同使)목사로 섬기다가 2012년 8월에 휴스턴 서울교회 담임목사가 되어 현재 교회를 안정적으로 잘 성장시키고 있다.

그러나 교회 안에 있는 사람을 키워 후임 담임목사로 세우는 것이 쉬운 일은 아니다. 우선 교인들의 반발이 있다. 휴스턴 서울교회에서도 이수관 목사를 후임자로 생각하고 신학교에 보낼 때 많은 사람들이 반발했다. 또 은퇴 직전에 후임자 투표를 할 때에도, 왜 다른 교회들이 하는 것처럼 여러 지원자 중에서 한 사람을 후보로 선택하지 않고, 단 한 명의 후보자만 놓고 투표를 하느냐고 불평하는 사람들이 있었다. 이것은 다른 형태의 세습이라면서 나를 곱지 않은 시선으로 바라보기도 했다.

후임으로 선택된 사람도 쉽지 않다. 담임목사를 보필해야 하는 긴 시간 동안 일단 자신의 꿈과 포부를 접고 담임목사 그늘 아래 있어야 하기 때문이다. 또 다른 교인들과 동등한 위치에 있다가 후계자로 발탁될 때 다른 교인들과의 관계가 껄끄러워질 수도 있다.

후임목사를 키우는 담임목사도 쉽지 않다. 특히 후임목사로 공식적인 결정이 난 후가 어렵다. 중요한 결정을 내릴 때 "그런 중요한 결정은 앞으로 담임목사가 될 나에게 넘겨주어야 하는 것 아닌가?" 하고 생각할 수도 있어서 신경이 쓰인다. 또 후임목사가 담임목회 사역을 준비하기 위해 사람들을 만나고 모임을 가지면 담임목사 입장에서는 "왜 내가 은퇴할 때까지 기다려 주지 않는 건가?" 하고 섭섭한 마음이 들기도 한다.

그러나 이런 많은 어려움에도 불구하고 은퇴하는 목사는 후임목사를 키워서 담임목사 사역을 물려주는 것이 최선이라고 생각한다. 특히 가정교회에서는 더욱 그렇다.

교회는 저마다 독특한 문화를 가지고 있다. 그런데 이것을 모르는 사람이 후임으로 오게 되면 자신의 능력을 보여 주어야 한다는 강박감에 기존의 것들을 다 무너뜨리고 새로운 것들을 시도하려고 한다. 그 과정에서 교인들, 특히 평신도 지도자들과 갈등이 생겨 일부 교인들은 따로 나가 교회를 개척하기도 하고, 목회자 본인이 교회를 떠나는 경우도 발생한다. 이러한 폐단 때문에 장기 목회를 한 목사가 은퇴한 다음에 바로 후임목사로 가는 것보다는 두 번째나 세 번째 후임목사로 부임하는 것이 좋다는 공공연한 이야기가 나돌기도 한다.

전임목사 은퇴 문제로 만신창이가 된 교회를 보면 초신자들이 교회에 대한 실망으로 떠났고, 남아 있는 교인들은 깊은 상처를 받았으며, 교회에 대한 안 좋은 소문이 퍼져 비신자 전도가 어려워졌다. 누가 부임하든지 회복하는 데에는 많은 시간과 에너지를 필요로 했다.

그러나 가정교회와 교회 문화를 잘 이해하는 후임목사가 세워지면 지금까지 해온 좋은 것들을 무너뜨리고 굳이 새 집을 지을 필요가 없다. 가정교회의 삶 공부를 비롯한 모든 관행이 개교회의 관행이 아니라 가정교회 관행이기 때문에, 후임목사가 가정교회를 잘 이해한다면 모든 것을 새로 시작할 필요 없이 이미 잘 세워진 터 위에서 하나님이 자신에게 주신 고유한 꿈과 사명을 이루어 갈 수 있다.

은퇴 후에도 교회 사역이 지속적으로 잘 이루어지느냐의 여부는 후임목사보다 은퇴하는 담임목사에게 달려 있다. 후임목사에게 자신을 개발할 수 있는 기회와 여유를 충분히 주고, 은퇴가 가까워지면 서서히 담임목사의 권리와 특권을 포기하고 후임목사에게 물려주어야 한다. 이것은 결코 쉬운 일이 아니다. 각광을 받던 주연 자리를 내주고 조연이나 엑스트라로 내려가는 것처럼 쉽지 않기 때문이다. 그러나 교회가 갈등 없이 계속 발전하려면 이를 악물고 해내야 한다. 그리고 일단 물러난 후에는 교회 일에 절대로 간섭하지 말고, 후임목사가 소신껏 사역하도록 해 주어야 한다.

가정교회 목회자들이 후임목사를 키워 담임목사 직을 물려줄 때 오는 유익이 있다. 은퇴 후 반드시 교회를 떠날 필요가 없다는 것이다. 은퇴하기 전에 사역을 이양해 주고 서로의 자리를 정립했기 때문에, 후임목사의 허락 아래 목자가 되어 평신도로 목회를 계속할 수 있다. 나는 은퇴 후 후임목사 중심으로 교회가 뭉쳐질 수 있는 기회를 주기 위해 2년 동안 한국에서 지내고, 그 후에 휴스턴으로 다시 돌아가 목자로 섬겼다. 1년 중 절반 이상을 한국에서 보내야 하기 때문에 정상적인 목자 사역이 불가능했지만 유능한 예비 목자·목녀가 있어서 사역을 잘 감당해 주었다. 곧 그들에게 목장을 물려주고 목장 식구로 지낼 예정이다.

## 한계를 극복하려는 치열함

가정교회가 성숙기에 들어서면 교회 성장의 열매도 보이기 시작한다. 10년 동안 교인수가 배가한 교회들이 여기저기 보인다. 이들의 성장은 교인들의 수평 이동에 의한 것이 아니고 비신자 전도에 의한 것이기 때문에 진정한 성장이다.

가정교회로 교회 성장을 이룬 목회자들에게는 한 가지 공통점이 있다. 바로 '치열한 목회'다! 교회 성장 비결을 찾아내기 위해 큰 교회 200개를 방문한 끝에 가정교회를 만났다는 목사, 가정교회로 체질화되기 위해 2년마다 정기적으로 휴스턴 서울교회에 연수를 가는 목사, 원조 가정교회를 봐야 한다며 직장생활로 바쁜 성도들을 설득해 휴스턴을 몇 번씩이나 방문한 목사, 문제가 생길 때마다 금식으로 해결하느라 1년에 150일을 금식하는 목사, 새벽기도회 외에도 매일 아침, 저녁 2시간씩 기도하는 목사, 사모의 동의 아래 매일 밤 교회에서 철야하는 목사 등 가정교회를 제대로 세우기 위해 치열하게 사는 이들이 많다.

신약교회 회복을 목표로 하는 가정교회라면 이런 치열함이 있어야 한다. 사단은 비신자 전도에 집중하는 가정교회를 보면서 위기감을 느낄 것이다. 사단의 지배 아래 신음하는 영혼들을 구출해 내려는 가정교회 성도들, 그리고 이들을 빼앗기지 않으려고 요동하는 사단 사이에는 지금도 영적 전투가 치열하다. 사단은 물리적, 정신적, 영적인 모든 수단과 방법을 가리지 않고 총공격을 하는데, 어떻게 가정교회 목회자들이 여유를 부릴 수 있겠는가? 앞서 열거한 것과 같은 치열한 목회만이 사단의 공격에 맞설 수 있는 유일한 방법이다. 이 상황에서 치열함 없이 목회한다는 것은 미사일을 날리는 적군 앞에서 소총으로 대항하는 것과 마찬가지다.

여러 치열함 가운데 사단에게 대응할 수 있는 강력한 방법 중의 하나가 바로 금식이다. 작년 한 해 가정교회 목회자들 사이에서는 다니엘 금식을 통해 영적 승리를 맛보았다는 간증이 줄을 이었다. 다니엘 금식이란 다니엘이 3주 동안 고기나 포도주를 입에 대지 않고 물과 채소만 먹으면서 기도한 것에서 비롯되었다. 다니엘 금식을 하는 동안에는 밥, 고기, 커피, 우유 등을 끊고, 주스, 채소, 과일, 두부, 고구마 등만 먹으면서 기도한다(젠센 프랭클린의 《성령으로 배부른 금식》(*Fasting*, 두란노) 참조). 그리고 이 기간 동안에는 텔레비전, 영화, 인터넷까지 모두 절연하는 미디어 금식도 함께한다.

뉴욕에서 가정교회를 하는 어느 목회자는 제자훈련의 전문가이고 깊은 영성의 소유자이다. 그런데도 교회가 성장하지 못했다. 세례를 받는 사람들은 계속 생겼지만 오래 있던 교인들이 하나둘 교회를 떠났다. 어떤 해에는 초원지기를 포함해 6명의 목자가 교회를 떠나기도 했다. 그럴 수도 있다고 생각하며 체념하던 어느 날, 목사님은 이것이 교회 부흥을 저지하려는 사단의 역사일지 모른다는 생각을 했다. 그래서 다니엘 금식을 선포하고 교인들과 더불어 10일 동안 금식했다. 그 후 변화가 나타났다. 교회를 떠나겠다고 했던 가정들이 결정을 번복하고 교회에 남기로 한 것이다. 심지어 어떤 가정은 기도 중에 하나님으로부터 교회를 떠나지 말라는 말씀을 직접 받았다고 한다.

사단은 교회의 부흥을 두려워한다. 이를 저지하기 위해 안간힘을 쓴다. 교회를 무너뜨리려는 악한 세력을 물리치기 위해서는 목회자 혼자만 금식하고 기도할 것이 아니라 성도가 더불어 힘을 모아야 한다. 다니엘 금식 기도, 금식을 동반한 세겹줄 기도, 교인 전체가 참여하는 연쇄 금식기도 등이 좋은 방법이다.

잘못된 교회 성장에 과민 반응하며 교회 성장 자체를 부인하는 것도 경계해야 하지만, 자신의 역량이 이 정도라고 지레 짐작해서 미리 포기해서도 안 된다. 자신의 목회 역량의 한계에 도달할 때까지 치열하게 목회를 해서, 비신자 전도에 의한 교회 성장, 신약교회의 회복을 이루어야 한다.

### 내가 금식하는 이유
목회자들 중에는 30일, 40일 작정 금식하는 이들이 있지만, 나의 최장 금식은 5일이다. 오래전, 나는 다니던 직장을 그만두고 신학교를 갈 것인지 말 것인지를 놓고 10일 작정으로 금식을 했다. 그런데 5일째 되는 날부터 토하기 시작하더니 막판에는 위액까지 나와 금식을 중지했다. 건강 상태가 안 좋아서 그랬나 싶어 몇 년 후 다시 시도했는데, 5일째 되는 날부터 같은 증상이 나타나 결국 포기했다.

그 후 나는 긴 금식은 하지 않고 짧은 금식을 생활화했다. 1997년 아내가 암 진단을 받은 후, 나는 아내의 건강을 위해 수요일 하루 금식하는 것을 생활화했다. '생명의 삶' 공부를 인도하거나 부흥집회를 이끄는 저녁에는 금식을 하면서 인도한다. 저녁 금식을 하면서 부흥집회를 인도하면 힘든 면이 없지는 않지만 금식하며 인도할 때와 금식 없이 인도할 때 결과에 차이가 있음을 느끼기 때문에 금식을 하게 된다.

'생명의 삶' 공부가 개강하는 날, 또는 목회자를 위한 세미나가 시작되는 날에는 온종일 금식한다. '삶 공부' 중에는 참석자들이 저녁 금식을 하면서 갖는 프로그램이 있는데, 수강생들은 저녁 금식만 하지만, 난 하루 종일 금식한다.

금식을 하기는 하지만 부끄럽게도 금식에 관한 특별한 이론이나 확신이 있어서 하는 것은 아니다. 리처드 포스터는《영적 훈련과 성장》에서 영적 감수성의 증가와 자신을 지배하는 것이 무엇인지 발견하게 되는 것을 금식하는 중요한 이유로 말하지만, 나는 가정교회 핵심 가치인 '단순한 성경 접근 방법' 때문에 금식한다.

구약성경을 보면 위기 상황을 금식을 통해 해결하는 예들이 허다하다. 여호사밧은 금식함으로 외적의 침범을 물리쳤고(대하 20장), 에스더는 금식으로 민족을 멸망으로부터 구해 냈다(스 4장). 신약성경에 등장하는 안디옥 교회는 금식하며 하나님을 섬길 때 하나님의 음성을 들었고, 이에 순종해 사도 바울과 바나바를 선교사로 파송했다(행 13장). 예루살렘 교회에서 이방인 그리스도인들에게 율법을 지킬 것을 요구하느냐, 하지 않느냐를 놓고 의논할 때 그들은 금식하면서 하나님의 뜻을 찾았다(행 15장).

이런 본을 좇아 나는 큰 결정을 앞두고 금식한다. 세 끼 밥을 다 찾아 먹으면서 하나님의 뜻을 찾는다면 밥 먹느라고 시간을 보내고, 밥 먹은 다음에는 소화시키느라 시간을 보내게 된다. 그러면 기도 시간도 부족해지고 집중도 안 된다.

금식은 나 개인뿐만 아니라 휴스턴 서울교회 문화로도 정착되었다. 신년 초에 10일 동안 갖는 새벽 세겹줄 기도회 때 온 교인이 저녁 금식을 하면서 기도회를 갖는데, 놀라운 기도응답들이 쏟아져 나온다. 또 휴스턴 서울교회 재임 시절, 교회에서 증축이나 개축을 세 번 했는데, 그때도 자원하는 사람들을 중심으로 하루씩 돌아가며 매일 24시간 연쇄 금식기도를 가졌다. 다른 교회에서는 건축이 끝나면 어려움을 겪는 일이 많다는데, 휴스턴 서울교회는 건축이 조용히 마무리되었다. 실제로 건축을 담당한 집사님은 철근 품귀 현상이 생겼을 때도 철근을 쉽게 구했고, 비가 와야 할 때 비가 왔고, 개어야 할 때는 개었다고 간증하기도 했다.

위기를 극복하려고 할 때 왜 금식을 해야 하는지 나는 아직 분명한 신학적인 답을 갖고 있지 못하다. 그러나 신앙생활을 하면서 깨달은 것이 있다면, 이유를 알지 못해도 하나님이 하라고 하실 때 그대로 순종하고 성경의 예를 좇으면 좋은 일이 생긴다는 것이다. 그래서 문제가 생기거나 꼭 응답받아야 할 기도제목이 있으면 성경의 본을 따라 금식하며 기도한다.

## 천국에서 받을 최고의 무공훈장

가정교회는 새로운 형태의 교회가 아니다. 주님이 처음에 꿈꾸셨던 교회이다. 그렇기 때문에 진정한 교회를 세우고자 하는 목회자에게 가정교회는 선택이 아니라 필수다. 이런 확신은 가정교회를 지속하게 만드는 중요한 동인이 되기도 하지만, 가정교회를 하지 않는 목회자들을 부정적으로 보게 만들기도 한다.

예를 들어 가정교회 목회자들 중에는 대형 교회 목회자들에게 반감을 갖고 있는 이들이 있다. 비신자 전도가 아닌 수평 이동에 의한 교회 성장이 못마땅하기도 하고, 전도를 통해 예수님을 영접한 비신자가 목자로 일할 만큼 성장했을 때, 자녀 교육 등을 핑계로 대형 교회로 옮겨 가는 것이 마치 대형 교회의 책임인 것처럼 원망하기도 한다.

그러나 가정교회 목회자들은 대형 교회를 적대시해서는 안 된다. 내부 갈등으로 지역 교회가 깨질 때, 대형 교회들은 탁월한 주일 설교와 다양한 프로그램으로 상처 입은 지역 교회 교인들을 받아들여 교회생활에서 떠나지 않도록 보듬어 주는 역할을 한다. 또 풍성한 인적, 물적 자원을 기반으로 수련원 같은 좋은 시설을 지어 다른 교회들이 사용할 수 있도록 하고, 사회복지 사역과 공익 사역을 통해 사회 속에서 교회와 그리스도인의 위상을 높이기도 한다.

일부 가정교회 목회자들은 대형 교회뿐만 아니라 가정교회를 정식으로 도입하지 않는 교회를 '짝퉁 교회'라고 부르며 비하하는 일이 있는데, 이것도 삼가야 할 일이다. 큐티로 교회를 잘 성장시킨 한 여성 목회자가 가정교회에 관심을 갖고 자문을 구해 온 적이 있다. 이 교회는 많은 여성들의 삶을 회복시키고 이들의 남편들을 구원하는 교회였다. 그래서 나는 가정교회로 전환하면 여러 무리가 따를 수 있으니 지금 하던 대로 계속하는 것이 좋겠다고 조언했다. 현재 이 교회는 정식 가정교회는 아니지만 목장, 목자라는 이름을 도입하고 가정교회 원리를 사용해 영혼 구원하여 제자 만드는 사역을 잘 감당하고 있다.

그러나 이런 교회들을 인정한다고 해서 이들을 수용한다는 뜻은 아니다. 이들을 수용하기 위해 원칙을 타협하면, 가정교회는 존재 가치를 상실할 수 있다. 신약교회를 회복하려면 오히려 고집스럽게 일반교회와 확실한 차별화를 보여 주어야 한다. 예수님이 말씀하신 것처럼, 우리는 세상의 소금이므로 짠맛을 상실하면 존재 가치 자체가 사라지고 만다.

가정교회의 영향력을 동심원으로 표현한다면, 국제가정교회사역원 회원 교회는 동심원 핵심에 있는 원에 속한다. 지역 모임에는 나오지만 회원으로 이름을 올리지 못한 교회는 이 원을 둘러싸고 있는 두 번째 동심원에 해당한다. 가정교회 원칙을 배워 다양한 이름의 소그룹을 운영하는 교회는 세 번째 동심원에 들어간다. 네 번째 동심원은 '생명의 삶' 공부만 도입해서 가르치는 교회들이다. 다섯 번째 동심원에는 구역을 목장, 구역장을 목자라 부르며 구역 공과 대신에 삶을 나누는 교회가 여기에 속한다. 이런 교회들을 다 합치면 한국과 미국에서 가정교회는 큰 영향을 미치고 있는 셈이다.

이와 같은 영향력을 견지하기 위해서는 동심원에서 핵심에 해당하는 그룹이 순수성을 유지해야 한다. 영향력을 넓힌다는 목적으로 원칙을 굽히고 타협해서 더 많은 교회들을 핵심 그룹으로 만들려다가 오히려 영향력을 상실할 수 있다. 변형된 가정교회를 하는 교회들은 그렇게 하도록 두면서, 핵심 그룹만은 가정교회의 3축과 4기둥에 충실해 신약교회 회복에 집중할 때 영향력이 계속 유지될 것이다.

신약교회를 회복하려는 목회자들은 그리스도인들로부터의 칭찬, 목회자들의 박수, 미디어의 관심을 기대하면 안 된다. 오히려 거부와 비난을 예상해야 한다. 인간은 낯선 것을 배격하는 성향이 있다. 그래서 성경적인 교회를 추구하는 가정교회는 일반 교회 목회자들이나 교인들이 불편하게 느낄 것이고, 거부감을 가질 수 있다. 우리는 그런 것을 의식하거나 눈길을 돌리지 말고 오직 하나님의 칭찬만을 추구해야 한다.

오래전에 감동적으로 본 영화가 한 편 있다. 19세기에 있었던 역사적인 사건을 근거로 만들어진 영화 〈줄루(Zulu)〉다. 1879년, 아프리카 대륙 남쪽에 거주하는 줄루라고 불리는 용맹한 부족이 영국군에 대항해 항쟁을 일으켰다. 1월 22일, 이들은 영국 정예 부대를 공격해 몰살시켰다. 이들은 여세를 몰아 근방에 있는 요새를 공격했다. 요새는 PX 겸 야전병원이었다. 이곳에는 마침 작업을 벌이고 있던 공병대, 요새 요원들, 치료받고 있던 부상병 등 고작 150명밖에 안 되는 영국 군인들이 있었다. 그들은 3,000-4,000명에 달하는 줄루 부족의 인해전술에 맞서 이틀이나 요새를 방어했고, 마침내 줄루 전사들로 하여금 이 요새를 포기하게 만들었다. 이 공로로 150명 중 11명이 영국 최고의 무공 훈장인 빅토리안 크로스(Victorian Cross)를 받는 영광을 누렸다.

훈장을 받은 사람 중에는 한 번도 총을 쏘지 않은 사람이 하나 있었다. 야전병원 의사였다. 이 의사는 줄루 전사들의 파상 공격과 얼굴을 인식할 정도로 근접해 올 때까지도 부상자 치료와 수술에만 몰두했다. 줄루 전사 한 명이 천장을 뚫고 칼을 휘두르며 뛰어내리다가 총격을 받고 수술대 옆에 추락해도 눈길 한 번 주지 않고 수술을 계속했다.

훈장 수여를 위한 개인 면담이 있었다면, 심사관은 이 의사에게 몇 명의 적군을 사살했느냐고 물었을지 모른다. 그러면 그는 한 사람도 죽이지 못했다고 답했을 것이다. 그러나 영국 여왕은 이 의사에게 최고의 무공 훈장을 수여했다. 비록 전과는 없었지만 목숨이 위태로운 상황에서도 흔들리지 않고, 부상병들을 살리고자 최선을 다해 임무를 수행했기 때문이다.

가정교회 목회자들이 이 의사처럼 되면 좋겠다. 많은 열매를 거두지는 못할지라도, 죽어 가는 한 영혼을 위해 최선을 다하는 목회자가 되면 좋겠다. 어떤 비판과 공격 앞에서도 흔들리지 않고 주님이 세워 주신 자리를 사명감으로 지키며, 주님 앞에서 심판받는 날 천국의 최고 무공훈장을 받았으면 좋겠다.

가정교회는 새로운 형태의 교회가 아니다.
주님이 처음에 꿈꾸셨던 교회이다. 그렇기 때문에 진정한 교회를 세우
고자 하는 목회자에게 가정교회는 선택이 아니라 필수다.

# 가정교회,
# 예수님이 꿈꾸는 교회

이 책을 읽은 독자들은 가정교회는 하나의 목회 방법도 아니고 교회 성장의 수단도 아니라는 것을 알게 되었을 것이다. 그럼에도 불구하고 많은 목회자들이 가정교회를 시도하는 이유는 가정교회가 신약교회이고 주님이 꿈꾸셨던 교회이기 때문이다. 또한 우리가 진정한 주님의 종이라면 주님이 원하시는 교회를 세우는 것 외에는 선택이 없다고 생각하기 때문이다.

가정교회를 시도하는 또 하나의 이유는 가정교회가 한국 교회를 살릴 수 있는 대안이라고 생각하기 때문이다.

기독교가 로마 제국을 뒤엎었던 힘은 가정교회에서 나왔다. 사회학자 로드니 스타크(Rodney Stark)는 《기독교의 발흥》(*The Rise of Christianity*)에서 콘스탄틴 대제가 기독교를 공인했던 서기 350년 즈음, 로마 시민의 약 절반 정도가 그리스도인이었을 것이라고 추정했다. (이 책에서 스타크 교수는 이러한 통계의 근거를 상세히 제시하고 있다.) 당시 로마 시민권을 가진 사람을 600만 명으로 추산하는데, 그 절반이면 300만 명이다. 엄청난 숫자 같지만 다음과 같은 계산을 해 보면 충분히 그 정도 될 수 있다는 것을 알 수 있다.

서기 40년 기독교 인구를 작게 잡아 1,000명이라고 할 때, 신도수가 10년마다 40% 증가했다고 하면(이단 종파인 모르몬은 지난 100년 동안 10년마다 43%가 증가했다.), 서기 50년에는 1,400명, 100년에는 약 7,530명, 300년에는 약 630만 명, 그리고 콘스탄틴 대제가 기독교를 공인한 350년에는 약 3,400만 명이 된다.

10년에 40% 증가라면 큰 숫자로 보이지만, 매년 3.42% 증가하면 10년 만에 40%가 된다. 그렇다면 모든 가정교회가 매년 장년 주일 출석 인원의 3% 정도 장년 세례(침례)를 주면 가정교회도 초대교회처럼 세상을 바꿀 수 있을지 모른다는 소망이 생긴다. 장년 세례 3%이면 교인이 30명인 교회에서는 매년 세례 1명, 교인이 100명인 교회에서는 3명이다. 국제가정교회사역원 주소록에 이름을 올린 정회원 교회들은 거의 다 장년 주일 출석 인원의 3-20% 정도에게 이미 장년세례를 베풀고 있다.

많은 목회자들과 평신도들이 신약교회는 2천 년 전의 유물이 아니라 21세기에도 재현될 수 있는 주님이 원하시는 바로 그 교회라는 것을 깨달았으면 좋겠다. 그리고 초대교회와 같은 역사가 일어날 수 있다는 것을 믿으면 좋겠다. 신약교회 회복을 위한 동역자가 이곳저곳에서 일어나 주님이 꿈꾸셨던 교회를 세우고, 한국에 새로운 부흥의 물결을 일으킬 그날이 오기를 소원해 본다.

마지막으로 국제가정교회사역원 북미 총무인 성승현 안수 집사가 최근에 휴스턴 서울교회에서 집사로 안수받는 사람에게 준 권면의 말 중의 한 부분을 여기에 옮긴다.

"이 땅에 주님이 교회를 세우신 지, 2천 년이 넘는 세월이 흐르는 동안, '교회'와 '세상'은 아주 미묘한 관계 속에 지내 왔습니다. 초대교회사에서 교회는 세상의 무시무시한 핍박을 받은 까닭에 (세상을 칭하는) 제국과 천국은 양립할 수 없는 적대 관계가 되어 지내 왔습니다. 그러다가 4세기 초, 그리스도인 황제 콘스탄틴 대제가 로마 황제로 등극하면서, 제국과 천국은 퓨전이 되어 버렸고, 그 이후 천년이 넘는, 소위 중세기 동안에는 동반 관계가 지속되었는데, 이 과정에서 제국은 교회를 타락시켰고, 교회는 제국을 병들게 하고 말았습니다.

그 이후 16세기 초, 교회는 종교개혁을 단행하면서 스스로를 정결케

하기 위해 세상으로부터 탈피를 선언했고, 그때부터 세상과 교회 사이엔 건너기 힘든 골이 파여 갔습니다. 세상은 교회의 종교적인 위선을 질타했고, 교회는 세상의 죄성을 단죄하였습니다.

그러다가 현대에 와서 '세상과 구별되지 않는 교회', '세상과 전혀 소통하지 못하는 교회', '세상에 영향력을 행사하지 못하는 교회'라는 비난의 소리를 듣게 되었습니다.

이때 이런 세상에 돌을 던지거나 이런 세상으로부터 도피하기보다 하나님께서 세상을 포기하지 않으셨기에, 세상을 사랑하기로 결심하고 세상 한가운데로 뛰어들어 세상을 부둥켜안은 교회가 있습니다. 세상 안에서 녹고, 부서지고, 썩어지기를 소원하며, 비록 세상에서 교회가 신뢰와 영향력을 잃어 가고 있지만, 하나님의 소망은 여전히 '교회'에 있음을 확신하고, 이를 이루기 위해 세상 한가운데로 들어간 '교회'가 있습니다. 그 교회가 바로 '가정교회'입니다."

＊ 이 글의 주요 참고 문헌은 다음과 같다. 로버트 뱅크스, 《바울의 공동체 사상》, 장동수 역 (서울: IVP, 2007); 빈센트 브래닉, 《초대교회는 가정교회였다》, 홍인규 역 (서울: UCN, 2005); 제임스 D. G. 던, 《바울신학》, 박문재 역 (고양: 크리스챤다이제스트, 2003), 714–95; 홍인규, 《바울신학 사색》 (용인: 킹덤북스, 2010), 427–65; 한스 큉, 《교회》, 정지련 역 (서울: 한들출판사, 2007); 헤르만 리델보스, 《바울신학》, 박영희 역 (서울: 개혁주의신행협회, 1992), 512–76; P. T. O'Brien, "Church," in *Dictionary of Paul and His Letters* (Downers Grove: Intervarsity Press, 1993), 123–31; Roger W. Gehring, *House Church and Mission: The Importance of Household Structures in Early Christianity* (Peabody: Hendrickson, 2004); J. H. Roberts, "The Pauline Ecclesiology," in A. B. Du Toit (ed.), *Guide to the New Testament V: The Pauline Letters* (Pretoria; N. G. Kerkboekhandel, 1985), 265–99; Udo Schnelle, *Apostle Paul: His Life and Theology* (Grand Rapids: Baker Academic, 2003), 559–76.

# 바울과 교회*

홍인규(백석대학교 신학대학원 신약학 교수, 신학대학원장)

구원은 단순히 인간 개인과 하나님 사이의 화해를 뜻하는 것이 아니다. 그리스도는 모든 사람을 대표하고 대신하여 구원을 성취하셨기 때문에(고후 5:14 이하; 롬 6:3 이하; 골 3:3) 새로운 인류와 새로운 공동체의 기초가 되신다(고전 3:11; 15:20 이하; 고후 4:6; 5:17; 골 3:10; 엡 2:14-15). 이런 그리스도를 믿는 자들은 하나님과 친밀한 관계를 회복할 뿐만 아니라 다른 믿는 자들과도 새로운 인격적인 관계를 맺게 된다. 복음은 믿는 자들을 하나님과 함께, 그리고 다른 믿는 자들과 함께 묶는다. 그리스도께 받아들여진 사람들은 그가 기꺼이 맞이하신 다른 사람들을 받아들여야 한다(롬 15:7). 따라서 하나님과의 화해는 다른 사람들과의 화해를 필연적으로 수반한다(빌 4:2-3). 복음을 믿고 순종하는 것은 단순히 개인적인 일만은 아니다. 그것은 공동체적인 차원을 지닌다. 그러므로 복음을 받아들이는 것은 공동체, 곧 교회 안으로 들어감을 의미한다. 그리스도인이 된다는 것은 교회 공동체의 일원이 되는 것이다.

바울에게 있어서 교회는 정말 중요하다. 그의 사명은 그리스도의 복음을 전하여 교회를 세우는 것이었으며, 그의 편지들은 교회에 보낸 편지들이었다. 그러면 최고의 신학자요 최고의 목회자인 바울이 이해한 교회는 무엇인가? 교회는 어떤 종류의 공동체인가? 교회 공동체를 무엇에 비유할 수 있는

가? 교회는 모여서 무슨 활동을 하며, 그 활동의 목적은 무엇인가? 교회의 다양한 직분들의 역할은 무엇인가? 그리고 세상에 대한 교회의 사명은 무엇인가? 사도 바울은 짧은 기간 동안 지중해 연안에 수많은 교회들을 세웠는데, 그 성공 비결의 핵심은 무엇인가? 오늘날의 교회는 과연 성경적인 교회인가? 이 글의 목적은 바로 이런 질문들에 답하는 것이다.

## 1. 가정 모임으로서의 교회

### 1) '에클레시아'의 의미

바울이 자기 서신에서 그리스도의 이름으로 만나는 집단을 지칭하는 데 가장 즐겨 사용한 단어는 '에클레시아'다. 이 단어는 바울서신에서 60회 이상 등장하는데, 이 숫자는 신약의 다른 책들에서 사용된 경우를 모두 합친 것보다 더 많다.

'에클레시아'라는 단어 자체는 바울이 사용하기 수세기 전에 헬라 문헌들과 구약성경의 헬라어 번역본인 칠십인역(LXX)에서 발견된다. B.C. 5세기경부터 고대 그리스 도시 국가의 시민들이 자기들의 복지에 영향을 미치는 문제들을 결정하기 위해 모였던 정기적인 모임을 가리킬 때 이 말을 사용했다. 우리는 사도행전 19장 39, 41절에서 이런 의미로 '에클레시아'라는 말이 사용된 예를 발견할 수 있다.

칠십인역에서는 하나님 앞에 모인 이스라엘 백성의 '총회'에 해당하는 히브리어 카할(qahal)을 번역할 때 '에클레시아'가 일반적으로 사용되었다(예-신 4:10; 9:10; 왕상 8:14, 22, 55; 대하 6:3, 12; 시 107:32). 이 용어는 또한 종교적인 성격이 적거나 비종교적인 모임을 가리킬 때도 사용되었다. 예를 들면, 전쟁을 준비하기 위해 모인 군사들의 모임(삼상 17:47), 또는 위험스런 행악자들의 집회(시 26:5)를 가리킬 때 사용되었다.

그러면 바울은 '에클레시아'라는 단어를 어떤 의미로 사용하고 있을까? 바울서신에서 가장 먼저 작성된 편지는 데살로니가전서이다. 데살로니가의 그리스도인들에게 인사하면서 바울은 이렇게 말한다. "바울과 실루아노와 디모데는 하나님 아버지와 주 예수 그리스도 안에 있는 데살로니가인의 교회(에클레시아)에 편지하노니"(살전 1:1). 여기서 바울은 편지의 수신자를 '데살로니가인의 에클레시아'라고 부른다. 그리고 바울은 편지 마지막 부분에서 "거룩하게 입맞춤으로 모든 형제에게 문안하라 … 모든 형제에게 이 편지를 읽어 주라"(살전 5:26-27)고 간절히 부탁한다. 여기서 우리는 '데살로니가인의 에클레시아'가 데살로니가 그리스도인들의 실제적인 모임이나 정기적으로 모이는 공동체를 가리킨다는 것을 알 수 있다.

하지만 '데살로니가인의 에클레시아'는 정기적인 정치 회합과 구별된다. 왜냐하면 인사말에서 바울은 '데살로니가인의 에클레시아'를 언급하면서 '하나님 아버지 … 안에 있는'이라는 어구를 덧붙이기 때문이다. 또한 그것은 매주 모이는 유대인의 회당 모임과도 구별된다. 왜냐하면 '주 예수 그리스도 안에'라는 어구를 첨가하기 때문이다. 데살로니가전서 1장 1절과 동일한 표현이 데살로니가후서 1장 1절에도 나타난다. "바울과 실루아노와 디모데는 하나님 우리 아버지와 주 예수 그리스도 안에 있는 데살로니가인의 교회(에클레시아)에 편지하노니."

이 두 편지의 다른 곳에서는 그리스도인들의 모임이 복수로 언급된다. 데살로니가후서 1장 4절에서는 '하나님의 교회들'이라는 일반적인 표현이, 데살로니가전서 2장 14절에서는 '유대에 있는 하나님의 교회들'이라는 특수한 표현이 등장한다. 바울의 다른 편지에서도 '에클레시아'의 복수 형태가 수없이 나타난다(갈 1:2; 고전 7:17; 11:16; 14:33, 34; 16:1; 고후 8:19, 23, 24; 11:8, 28; 12:13; 롬 16:4, 16). 이것은 '에클레시아'(교회)가 사람들의 실제적인 모임이나 정기적으로 만나는 그룹에만 적용될 수 있음을 의미한다.

우리는 또 '에클레시아'(교회)의 복수 형태가 특정 지역 이름과 함께 나타나고 있는 것을 발견한다. 곧 '갈라디아 여러 교회들'(갈 1:2; 고전 16:1), '아시아의 교회들'(고전 16:19), '마게도냐 교회들'(고후 8:1), '유대의 교회들'(갈 1:22)이라는 표현들이다. 바울이 인식한 교회는 하나의 전 세계적인 또는 보편적인 교회가 아니라 특정한 장소나 지역에서 모이는 교회였다. 오늘날 우리가 보통 말하는 우주적인 교회는 바울에게 생소한 개념이었다.

'에클레시아'의 핵심적인 의미가 '모임'이라는 것은 특별히 고린도전서 11장 18절에 나오는 표현, 곧 "너희가 교회에 모일 때에"(NASB, NIV, NKJV, NRSV)라는 표현에서 더욱 분명해진다. 바울은 그리스도인들이 함께 모여서 교회가 된다고 생각했다. 바울은 그리스도인들이 고립된 개개인으로서는 교회 역할을 할 수 없다고 보았다. 개개인들이 교회로서 모일 때에만 교회가 되는 것이다. 바울서신(그리고 신약성경)에서 '에클레시아'가 그리스도인들이 모이는 건물을 가리키는 것으로 사용된 적은 단 한 번도 없다.

## 2) 가정에서 모이는 그리스도인 모임

그러면 그리스도인들의 모임 장소는 어디였을까? 바울은 에베소에서 고린도 교회에 편지를 보내면서 에베소 교회를 언급하며 "아굴라와 브리스가와 그 집에 있는 교회가 주 안에서 너희에게 간절히 문안하고"라고 기록한다(고전 16:19). 또한 바울은 약 2-3년 후에 로마의 성도들에게 편지를 쓰면서, "나의 동역자들인 브리스가와 아굴라에게 문안하라 … 또 저의 집에 있는 교회에도 문안하라"고 말한다(롬 16:3, 5). 3차 전도 여행이 끝난 후 감옥에 수감된 바울은 친구 빌레몬에게 편지를 보내는데, 그 편지 서두에서 빌레몬, 그의 아내 압비아, 아킵보 그리고 '네 집에 모이는 교회'에게 인사한다(몬 2). 마지막으로 골로새서에서 바울은 "라오디게아에 있는 형제들과 눔바와 그 여자의 집에 있는 교회에 문안하라"고 말한다(골 4:15).

이와 같은 문안 인사에서 우리는 당시 그리스도인들의 모임 장소가 개인의 가정이었다는 사실을 분명히 알 수 있다. 실제로 신약성경에 나타난 지역교회들은 모두 예외 없이 가정교회다. 3세기 중엽 이후에 가정집과는 다른 별도의 교회당이 세워지기 시작하는데, 콘스탄틴에 의해 기독교가 공인되어(A.D. 313년) 바실리카(basilica)라는 직사각형의 교회당 건물이 세워지기 전까지 가정교회는 가장 보편적인 교회 형태였다.

한 도시에 여러 가정교회들이 존재했다면, 전체 연합 모임은 있었을까? 고린도전서 14장 23절을 보면, "온 교회가 함께 모여"라는 표현이 나온다. 여기서 '온 교회'는 고린도에 있는 모든 가정교회들의 그리스도인 모임을 가리킨다. 그러면 '온 교회'의 모임 장소는 어디였을까? 고린도에서 작성한 것으로 여겨지는 로마서의 마지막 인사 부분에서, 바울은 가이오란 사람으로부터의 안부를 전하면서 가이오를 "나와 온 교회를 돌보아 주는" 사람이라고 소개한다(롬 16:23). 고린도의 재무관 에라스도(롬 16:23)처럼, 가이오도 고린도에서 신분이 높은 사람이었을 것이다. '온 교회'가 함께 모임을 가지려면 아주 큰 집이 필요했을 텐데, 가이오와 같은 사람이라면 능히 그런 집을 소유할 수 있었을 것이다.

여기서 반드시 주목해야 할 것은 바울이 전체 모임도 '교회'라고 부르고, 그 큰 모임에 속한 작은 가정 모임도 '교회'라고 부르고 있다는 사실이다. 그는 작은 가정교회의 지위가 '온 교회'의 지위로부터 도출되는 것으로 보지 않았다. 그리스도인들이 함께 모이는 곳마다, 그 모임은 하나님의 교회였다. 이처럼 작은 가정교회들은 독자적인 공동체를 형성하였다. 하지만 그것들은 또한 '온 교회'의 일부로 여겨졌다(고전 1:2). 바로 이런 이유 때문에 바울은 고린도의 '온 교회'에 단 하나의 편지만을 보냈다.

바울의 교회가 작은 모임이든지 큰 모임이든지 모두 개인의 가정집에 모였다는 사실은, 우리에게 당시 교회의 크기에 대해 무언가를 말해 준다. 당시 도시에 사는 일반인의 집에는 적어도 10-20명 정도의 사람들을 수용할 수 있는 방이 있었다. 아마도 처음 교회는 이러한 방에서 시작되었을 것이다. 교회가 수적으로 성장하면, 자연스럽게 더 작은 그룹들로 나뉘어졌다. 그런데 모든 교회들이 함께 예배하기를 원하면, 다른 집의 더 큰 방이나 안뜰(inner courtyard)에서 전체 모임을 가졌다. 이러한 '온 교회'의 수는 고대 로마 집의 크기와 고린도전서, 로마서, 사도행전에 나타난 고린도 교회의 인물 정보를 고려할 때 약 50명 정도였던 것 같다.

사도행전을 보면 그리스도인들은 밤에 모임을 가진 것으로 묘사된다 (행 12:12-19; 20:7-11). 당시 대부분의 사람들이 낮에 일해야 했음을 고려한다면 충분히 이해할 만하다. 그러면 어느 날 저녁에 모였을까? 사도행전 20장 7절에 언급된 "그 주간의 첫날"은 하루를 일몰 시점에서 시작하는 유대교의 방식에 따르면 토요일 저녁일 것이다. 하지만 바울의 교회들이 모두 헬라 도시에 세워졌기 때문에, 헬라식으로 말한다면 "그 주간의 첫날"은 일요일이고 그리스도인들의 모임은 일요일 저녁에 이루어졌을 것이다.


## 2. 교회의 중심 이미지

앞에서 본 바와 같이, '에클레시아'는 교회를 이해하는 데 아주 중요한 용어다. 하지만 그 단어만 가지고는 교회가 무엇인지 다 알 수 없다. 바울은 그리스도인 공동체를 묘사하기 위해 아주 다양한 이미지들을 제시했는데, 그 중에서 바울의 교회 이해에 특별한 빛을 던져 주는 이미지는 '하나님의 가족'과 '몸' 이미지다.

## 1) 가족

바울서신(그리고 신약성경)에서 그리스도인들은 자주 가족으로 불리고, 다양한 가족 용어가 초기 그리스도인 공동체에 대해 말할 때 사용되고 있다. 하나님은 그들의 아버지시다(예-살전 1:1, 3; 살후 1:1-2; 갈 1:1; 롬 8:15). 예수님은 아주 독특한 의미로 하나님의 아들이시며, 그에 의해 속량함을 받은 자들만이 하나님의 자녀가 된다(갈 4:5-7). 그들은 '그 아들의 영'을 마음 가운데 받아, 예수님처럼 아주 친근하게(막 14:36) 하나님을 "아빠 아버지"라고 부를 수 있게 되었다(갈 4:6; 참조. 롬 8:15). 로마서 8장 17절에 의하면, 하나님의 자녀는 하나님 아버지의 영광을 계승하는 "하나님의 상속자요 그리스도와 함께한 상속자다."

하나님의 자녀는 하나님의 가족이다(갈 6:10; 엡 2:19; 딤전 3:15). 그리고 모든 그리스도인들은 한 분 하나님을 아버지로 모신 형제들이다. 따라서 바울은 교회에 편지를 쓸 때, 동료 그리스도인들을 친밀하게 114번이나 '형제들'이라고 부른다. 이 용어는 남성과 여성 모두를 지칭한다.

바로 이러한 가족 관계 때문에 교회 공동체에 대한 바울의 권면에서 사랑이 핵심을 차지한다. 그의 서신에는 도처에 사랑의 권면이 등장한다(예-갈 5:22; 6:2; 고전 12:25-26; 롬 12:10, 15; 15:1-2, 5; 빌 2:2, 4; 골 3:12-14; 엡 4:32-5:2). 사랑은 공동체의 내적 생활에서 가장 중요한 일이다. 우리는 공동체 안에서 "모든 일을 사랑으로 행해야 한다"(고전 16:14). 사랑은 공동체의 구성원들을 하나로 묶기 때문이다(골 3:14).

사랑은 단순히 다른 사람에 대한 감정이나 태도가 아니라 의지적인 행동이다. 그것은 '수고'(살전 1:3)이며, 다른 사람의 짐을 대신 져 주는 것이다(갈 6:2). 사랑은 항상 구체적인 섬김의 행위로 표현된다. 사랑은 대가를 바라지 않고 다른 이에게 주는 것이다.

교회 공동체 안에서의 가족 관계를 표현하는 용어나 사랑의 언어가 바울서신에 나오는 것만큼 핵심적인 위치를 차지하거나 강렬한 의미를 지닌 곳은 그 당시 기독교 외에 그 어떤 종교나 공동체에도 없었다. 하지만 바울이 그렇게 말한 최초의 사람은 아니다. 바울의 가르침과 권면을 지지하는 분은 바로 예수님이시다. 예수님은 자신의 주위에 둘러앉은 사람들을 보시며 이렇게 말씀하셨다.

"내 어머니와 내 동생들을 보라 누구든지 하나님의 뜻대로 행하는 자가 내 형제요 자매요 어머니이니라"(막 3:34-35).

바로 이런 예수님의 뜻을 받들어 초기 그리스도인 공동체는 사랑의 가족 공동체가 되기를 추구했다.

바울에게 있어서 그리스도인들이 가족이 되는 것은 그 무엇보다도 중요한 일이었다. 그것은 그들의 공동체적 정체성을 나타내는 것이었다. 그래서 바울은 공동체 모임을 가족적인 분위기를 자아내는 가정집에서 갖고, 구성원들 사이의 관계를 가족적인 언어로 표현하였다. 물론 당시에는 그리스도인들이 모일 수 있는 장소가 따로 없어, 어쩔 수 없이 가정집을 모임 장소로 선택할 수밖에 없었을 것이다. 하지만 바울이 공동체의 모임 장소로 가정집을 선택하고 서로를 가족 언어로 호칭한 데는 아주 중요한 신학적인 이유가 있었다. 그것은 그들이 가족이었기 때문이다. 가정집보다 가족적인 분위기를 더 적절하게 제공하는 곳은 없다. 초기 그리스도인들은 가정집에서 함께 모여 공동 식사를 하며, 인종과 계급과 성(性)의 차이를 초월하여 친밀하게 교제함으로써 상호간의 유대를 돈독히 하였다.

## 2) 몸

이처럼 바울은 '가족' 이미지를 사용하여 그리스도인 공동체 안에 존재하는 관계에 대해 말하고 있다. 그런데 그가 공동체를 '몸'에 비유할 때는 주로 몸의 지체들의 기능, 곧 은사에 관심을 집중하여, 가정집에 모이는 그리스도인 공동체를 은사 공동체로 이해한다.

　바울서신에서 몸 개념을 길게 설명하는 곳은 고린도전서 12장 4-27절과 로마서 12장 4-8절, 그리고 에베소서 4장 7-16절이다. 이 세 곳에는 공통점이 하나 있는데, 그것은 그리스도인의 공동체인 그리스도의 몸을 은사 공동체로 묘사하고 있다는 것이다.

　은사(charisma)는 하나님이 은혜(charis)로 주시는 행위의 결과를 의미한다. 은사는 로마서 12장 4-6절에서 '기능(praxis)'과 동의어로 사용되고 있다. 4절에서 바울은 "모든 지체가 같은 기능을 가진 것이 아니니"라고 말하고, 6절에서는 "우리에게 주신 은혜대로 받은 은사가 각각 다르니"라고 말한다. 은사는 몸의 지체의 기능이다. 그것은 개별 지체가 몸 전체에 행하는 기여, 곧 몸 전체 안에서의 기능이다. 달리 말하면, 은사는 다른 지체들의 유익을 위한 섬김의 행위다. 고린도전서 12장 4-6절에는 이런 은사의 또 다른 동의어들이 등장하는데, 그것들은 '직분(diakonia)'과 '사역'이다. 더 나아가 바울은 은사와 성령을 관련시켜, 은사를 '성령의 나타내심'(고전 12:7)이라고 하고, 또 '신령한 것'(고전 12:1)이라고 말한다.

　은사들은 다양하다. 고린도전서 12장 8-10절, 28-30절과 로마서 12장 6-8절에 있는 은사 목록들을 보면, 은사들은 기본적으로 말의 은사와 행위의 은사로 구성되어 있다. 말의 은사에는 지혜의 말씀, 지식의 말씀, 예언, 방언, 방언 통역, 가르치는 것, 위로하는 것 등이 있고, 행위의 은사에는 치유, 능력 행함, 서로 돕는 것, 섬김, 구제, 돌봄(또는 다스리는 것), 긍휼을 행함 등이 포함된다.

　여기서 강조해야 할 것은 교회 공동체의 모든 지체는 한 사람도 예외 없이 은사, 곧 다른 지체들을 위한 사역을 부여받았다는 사실이다(고전 12:7, 11). 사람의 몸이 나름대로의 기능을 가진 다양한 기관들로 구성되어 있듯이, 그리스도의 몸인 공동체도 나름대로의 은사를 가진 다양한 지체들로 이루어져 있다. 몸의 지체는 단지 개인이 아니라 공동체 안에서 독특한 기능을 하는 지체,

곧 각기 자신의 은사를 가진 지체이다.

바울이 볼 때, 기능하는 지체와 기능하지 않는 지체, 섬기는 지체와 단지 섬김만 받는 지체라는 구별은 없다. 몸의 모든 지체들은 각각 자신의 은사를 따라 공동체 안에서 능동적인 봉사를 해야 한다. 그 어떤 지체도 자신의 은사가 무가치하다거나 중요하지 않다고 생각해서 몸과의 관련성을 부정해서는 안 된다(고전 12:15-16). 또한 그 어떤 지체도 한 몸에 속해 있는 다른 지체의 은사를 소용없다고 말해서는 안 된다(고전 12:21). 만약 직임이 소수에게만 제한되면, 그 결과는 기괴한 형태의 몸, 곧 80-90%는 마비되고 단지 10-20%의 기관들만 작동하는 몸이 될 것이다. 이런 몸에서는 성령이 신령한 은사들과 더불어 심각하게 희생된다. 하나님은 몸을 여러 상이한 지체들이 상호 의존해야 하는 유기체로 구성하셨다. 그러므로 모든 지체의 자발적인 참여가 있어야 공동체가 합당하게 기능할 수 있다. 공동체에 대한 바울의 비전은 다양성으로 이루어진 하나 됨이다.


### 3. 교회 모임에서의 활동과 그 목적

앞에서 본 바와 같이, '에클레시아'의 본질적인 요소 중 하나는 모임이다. 그리스도인들은 정기적으로 한자리에 모여 예배 모임을 가졌다(고전 11:20; 14:23). 당시에는 작은 가정교회의 모임은 매주 있었고, 전체 연합 모임인 '온 교회'는 한 달에 한 번 정도 가진 것 같다. 작은 가정교회의 모임에서는 각 지체들의 은사 나눔이 제한을 덜 받았고 '온 교회'의 모임에서는 더 다양한 은사들이 나타났다는 점만 다를 뿐, 두 종류의 모임은 기본적으로 동일한 기능을 했을 것이다.

## 1) 모임에서의 활동

그러면 그리스도인들이 한자리에 모여 예배를 드릴 때 어떤 활동들이 있었을까? 고린도전서 11-14장에는 '온 교회'의 공중 예배 중에 발생한 문제들을 집중적으로 다루고 있는데, 우리는 여기서 초기 교회의 예배 활동에 대한 중요한 정보를 얻을 수 있다.

고린도전서 11장 20절 이하를 보면, 우리는 먼저 공동체 모임에 공동 식사와 주의 만찬이 있었음을 알 수 있다. 말하자면, 가정집에서 모든 성도가 참여하는 애찬(love feast) 중에 주의 만찬이 거행된 것이다. 대부분의 식사처럼, 주의 만찬은 틀림없이 교회로 모이는 집의 남자 주인의 손에 의해 차려졌을 것이다. 성경 어느 문맥에서도 의식을 집행하는 성직자나 어떤 공식적인 사람이 있었다는 암시가 전혀 없다. 공동체 구성원들이 한자리에 모여 함께 빵과 포도주를 먹고 마시는 것은, 하나님과 사람 사이의 관계뿐만 아니라 사람과 사람 사이의 관계를 실제적으로 심화시켜 준다. 마치 가족이나 작은 그룹이 공동 식사에 참여함으로써 그들 상호 간의 유대 관계를 보여 주며 더욱 굳게 할 수 있는 것과 같은 것이다.

또한 바울은 고린도전서 14장 26절에서 예배 활동에 대해 중요한 진술을 한다.

"그런즉 형제들아 어찌할까 너희가 모일 때에 각각 찬송시도 있으며 가르치는 말씀도 있으며 계시도 있으며 방언도 있으며 통역함도 있나니 모든 것을 덕을 세우기 위하여 하라"(참조. 고전 14:6).

여기서 언급된 '찬송시', '가르치는 말씀', '계시', '방언', '통역' 등은 그 당시 공중 예배의 기본적인 요소들이었다.

고린도전서 14장 15-16절에는 다른 예배 요소들이 언급되어 있다. 그것들은 '기도', '찬양', '감사' 그리고 공동체의 반응인 '아멘'이다. 또한 고린도전서 16장 22절의 '마라나타("우리 주여 오시옵소서")'도 초기 종말론적인 기도로서, 당연히 예배 활동에 포함되었을 것이다.

이상의 여러 활동들 외에도 교회 공동체 모임에서는 다양한 은사 나눔이 있었을 것이다. 예를 들면, 능력 행함, 병 고침, 영을 분별함, 위로하는 일, 구제하는 일, 긍휼을 베푸는 일 등과 같은 다양한 섬김들이다.

바울은 어떤 고정된 예전 형태를 세우는 데는 관심이 없었다. 만약 고정된 예전을 고집하면, 그것은 성령의 자유로운 의사소통을 제한하게 될 것이다. 초기 공동체 모임의 형식과 내용 중에 어떤 것은 미리 정해져 있었고, 어떤 것들은 성령의 인도에 따라 모임 도중에 결정되었다.

## 2) 활동의 목적

이와 같이 그리스도인 공동체의 모임에는 다양한 활동들이 있었다. 그러면 그 활동들의 목적은 무엇인가? 고린도전서 14장 26절에서 바울은 "모든 것을 덕을 세우기 위하여 하라"고 말한다. 이것은 고린도전서 12장 7절에 나타난 은사의 목적과 부합한다. "각 사람에게 성령을 나타내심은 유익하게 하려 하심이라." 여기서 '유익한 것'은 고린도전서 10장 23절에 의하면 덕을 세우는 것이다. 여기서 바울은 이렇게 말한다. "모든 것이 가하나 모든 것이 유익한 것은 아니요 모든 것이 가하나 모든 것이 덕을 세우는 것은 아니니." 덕 세움은 교회 활동의 주된 목적이다. 이것은 다른 곳에서도 반복적으로 언급된다(고전 14:3-5, 12, 17; 살전 5:11; 엡 4:11-16). 예배 중에 믿는 자들이 다양한 은사들을 사용하는 목적은 자기의 덕을 세우기 위한 것이 아니라 교회의 덕을 세우기 위한 것이다. 하나님을 영화롭게 하는 것과 교회를 유익하게 하는 것은 서로 구분되는 것이 아니다(고전 10:31-33). 하나님은 교회의 덕이 세워지는 예배를 통해 영광을 받으시는 것이다. 덕 세움과 예배는 동전의 양면이다.

덕을 세운다는 것은 공동체 안에서 여러 가지 방식으로 나타날 수 있다. 이러한 여러 방식은 다양한 은사들을 통해 섬김을 받는 공동체 생활의 여러 단

면들과 관련되어 있다. 그렇다면 덕 세움이란 말씀의 은사들을 통해 하나님과 교회 공동체와 세상에 대한 깨달음을 증진하는 것, 실제적인 섬김과 보살핌을 통해 공동체 지체들의 심리적 욕구를 충족하고 지체들 사이의 조화를 이루는 것, 구제와 치유 행위들을 통해 공동체의 신체적 복지를 향상하는 것, 시와 찬양을 통해 심미적이고 감정적인 욕구를 충족하는 것, 방언을 통해 무의식적인 영역에서도 하나님과의 교제를 가능하게 하는 것 등 공동체 생활의 모든 측면을 망라한다(고전 14:2-19).

덕을 세우는 것은 교회 공동체를 세우는 것이다. 이것은 공동체 지체들의 믿음과 지혜와 지식이 증가하고, 지체들 상호 간에 일치를 이루는 것이다. 이런 세움은 지체들이 자기 은사를 가지고 서로 섬기며 서로의 필요를 채워 줄 때 성취된다. 그런데 섬김은 반드시 사랑으로 이루어져야 한다. 사랑이 없는 은사 사용은 열매를 맺지 못한다(고전 13:1-3). 각자는 자기를 기쁘게 하지 말고 이웃을 기쁘게 하되 선을 이루고 덕을 세워야 한다(롬 15:1-2).

유대인의 모임은 토라 중심이었다. 곧 성경 낭독, 강론, 신앙 고백이 회당 예배의 중요한 내용이었던 것이다. 또한 헬라인의 종교 모임은 행진, 춤, 극적인 의식 그리고 신성한 식사를 중심으로 이루어졌다. 그러나 그리스도인들은 각자 자기 은사를 가지고 서로 세워 주기 위해 모임을 가졌다. 이것이 바울에게는 예배 행위였다.

가톨릭은 점차적으로 헬라 종교의 방식을 따라 제의 활동을 예배의 중심으로 삼았고, 개신교는 유대교 회당의 방식을 따라 성경책을 예배의 중심에 두었다. 물론 성경과 성찬이 교회에서 근본적인 것이지만, 교회가 말씀 듣기와 성례전으로 축소되어서는 안 된다. 이미 본 바와 같이, 공동체 안에서 성령의 임재와 사역은 그보다 더 다양하고 풍요롭다. 바울이 볼 때, 그리스도인의 공동체 삶은 주로 지체들과 하나님 사이의 교제 그리고 지체들 상호 간에 말과 행위로 표현되는 교제가 중심을 이룬다.

## 4. 공동 참여, 특별한 섬김 그리고 권위

### 1) 공동 참여

그리스도인 공동체의 모든 지체는 모임에 참석하여 공동체에서 특정한 역할을 수행해야 할 책임을 갖는다. 바울이 볼 때, 교회 공동체 안에서 제사장과 평신도, 직분자와 일반 신자, 거룩하게 구별된 자와 보통 사람 사이의 구별은 없다. 이제 그리스도 안에서 거룩한 것과 세속적인 것의 구분은 없고, 모든 성도가 믿음과 사랑과 삶 전체를 제물로 드리는 제사장이다(빌 2:17; 4:18; 롬 12:1).

바울은 공동체 안에서 평범한 지체들을 지배하는 지도자 계층이 존재한다는 개념도 거부한다. 교회에는 오직 섬기는 자들, 곧 섬김을 받기 위해서 온 것이 아니라 도리어 섬기러 오신 예수님을 본받는 자들만이 있을 뿐이다. 또한 바울은 공동체 안에 영적 엘리트 계층의 존재도 거부한다. 공동체의 모든 지체는 성령을 소유하고 성령의 인도를 받는, 원칙적으로 신령한 자들이다(갈 5:16, 18; 6:1). 이처럼 바울의 공동체 신학에는 전통적인 종교적 구분들이 더 이상 존재하지 않는다.

여기서 우리가 주목해야 할 것은 바울이 그의 서신들에서 지역 교회의 몇몇 권위 있는 사람들을 상대로 말하는 일이 거의 없다는 것이다(참조. 빌 1:1; 몬 1:1). 사실, 바울은 지역 교회에 편지를 쓸 때 일부 지도자 집단에 속한 사람들만을 수신자로 삼은 것이 아니라, 교회 공동체 전체를 수신자로 삼았다. 그의 가르침과 권면은 일반적으로 공동체 전체를 향한 것이다. 바울이 볼 때, 각 지체는 공동체 안에서 기능을 갖고 있고, 공동체의 공동생활과 예배에 대한 책임을 가지고 있다. 여기서 우리는 바울이 개 교회를 그리스도의 몸으로 이해한 것을 다시 한 번 기억해야 한다. 공동체의 모든 지체들은 "모든 지혜로 피차 가르치며 권면하고"(골 3:16; 참조. 살전 5:11; 고전 14:31; 롬 15:14), "짐을 서로 지며"(갈 6:2), "서로 같이 돌보며"(고전 12:25; 참조. 빌 2:4), "서로 덕을 세워야 한다"(살전 5:11). 만약 공동체에 어떤 문제가 있다면, 그 문제 해결에 대한 책임도 공동체 전체에게 있다(예-살후 3:14; 고전 5:3-5; 11:33-34). 심지어 예언을 판단할 책임도 예언자들에게만 있는 것이 아니라(고전 14:29) 공동체에게도 있다(살전 5:20-22).

## 2) 특별한 섬김과 권위

공동체의 모든 지체가 공동체의 일에 공동으로 참여하고 책임을 지지만, 어떤 사람들은 다른 사람들보다 더 많은 수고를 한다. 그들은 자발적으로 특별한 섬김에 헌신하여 더 많은 책임을 지기 때문이다. 고린도전서 16장 15-18절에서 바울은 스데바나와 그의 가족이 "성도 섬기기로 작정하였다"고 말하면서, 그런 사람들에게 순종하고 그들을 인정해 주라고 고린도 교인들에게 권면한다. 바울은 그들을 지도자 직위에 임명한 적이 없었다. 그런데 스데바나는 '아가야의 첫 열매'로서 스스로 나서서 교회 성도를 섬기기로 한 것이다. 이 섬김은 틀림없이 자기 집을 교회 공동체의 모임 장소로 제공하고, 그에 따른 모든 수고를 자임한 것이다. 이런 모든 섬김과 수고에 대해 교인들은 감사와 존경의 마음을 가지고 그들의 인도를 따르는 것이 마땅하다.

데살로니가전서 5장 12-13절에서도 우리는 바울의 비슷한 권면을 발견한다. "형제들아 우리가 너희에게 구하노니 너희 가운데서 수고하고 주 안에서 너희를 다스리며 권하는 자들을 너희가 알고 그들의 역사로 말미암아 사랑 안에서 가장 귀히 여기며." 여기서 '수고하고 다스리며 권하는 자들'이란 이미 형성된 공적 지위를 차지하고 있는 지도자 집단에 대한 언급이 아니다. 그들은 자기 집을 교회 공동체의 모임 장소로 제공하고 성도들을 자발적으로 섬기며 권하는 자들이다. 사도행전 17장 1-9절에 의하면, 그들 가운데는 야손도 포함되어 있을 것이다. 그런 자들에게 사실상 지도자적 지위가 인정되어야 한다는 것이 바울의 생각이다. 자기희생적인 섬김과 권위는 같이 가는 것이다.

빌립보서 1장 1절에서 바울은 특별한 설명 없이 '감독들과 집사들'을 언급한다. "그리스도 예수의 종 바울과 디모데는 그리스도 예수 안에서 빌립보에 사는 모든 성도와 또한 감독들과 집사들에게 편지하노니." 여기서 '감독'이라는 직분은 바울서신에서 처음으로 등장하는 명칭이다. (목회서신은 빌립보서보다 뒤늦게 작성되었다.) 아마도 처음에는 가정교회 리더에게 공식적인 지위가 없다가 나중에 부여된 것 같다. 여러 학자들이 주장하는 바와 같이(예-게링〈Gehring〉, 슈네러〈Schnelle〉), '감독들'은 고린도의 스데바나처럼 자기 집에서 모이는 교회 성도들을 섬기는 가정교회 리더들이다. (디모데전서 3장 2-7절과 디도서 1장 5-9절에서 언급된 감독과 장로는 동일한 직분을 가리키는 것 같다.) '감독들'이라는 복수형은 바울이 빌립보서를 쓸 때 빌립보에 이미 여러 개의 가정교회들이 존재하고 있었던 것을 암시한다. '집사'는 감독의 사역을 옆에서 돕는 자일 것이다. 아마도 공동 식사와 주의 만찬 준비를 포함한 여러 섬김을 자임했을 것이라 생각된다.

가정교회 리더들은 사회적으로 신분이 높고, 자기 집을 소유할 정도로 부유한 자들이었다. 당시 로마 사회에서는 도시나 농촌이나 광산에서 노동으로 생활해 가는 무산 계급에 속한 자들이 다수를 차지하였다. 그들은 여러 사람들과 함께 살아가는 비좁은 숙소에 거했다. 이런 하류층 사람들이 교회 공동체 안에서도 다수를 이루었다(고전 1:26). 이런 사회적 상황 속에서 가정교회 리더들은 자기 신분과 재산을 교회 공동체를 섬기는 기회로 삼았다. 자기 집을 교회의 모임 장소로 제공했을 뿐만 아니라 교회 성도들에게 물질적인 도움과 함께 여러 가지 실제적인 도움을 주었다. 또한 가르치고 권면하는 것을 포함하여 다양한 목회적 역할을 수행하였다. 바로 앞에서 언급한 스데바나와 야손 외에 브리스가와 아굴라(고전 16:19; 롬 16:3, 5), 가이오(롬 16:23), 빌레몬(몬 2), 눔바(골 4:15) 등이 그러했다. 공동체의 역할은 그러한 인물들의 섬김의 가치를 인정하고 그들을 존경하고 순종하는 것이다.

### 3) 바울의 사도적 권위

이제 우리는 자신이 세운 교회 공동체들과의 관계에서 바울의 권위가 어떠했을지를 생각해 볼 때가 되었다. 바울은 각 교회마다 그 교회를 세운 사도가 있고, 따라서 사도는 그 교회 안에서 첫째가는 직임과 권위를 지닌다고 생각했다(고전 12:28; 엡 4:11). 하지만 바울은 기본적으로 자신과 교회 성도들과의 관계를 법적, 행정적 또는 정치적 관점보다는 가족적 관점에서 본다. 곧 복음으로써 그들을 낳은 '아버지'나 '어머니' 또는 그들을 돌보는 '유모'로 자신을 이해한 것이다(고전 4:15; 살전 2:11; 갈 4:19; 살전 2:7).

바울은 교회 탄생 초기에는 성도들이 여러 영역에서 자신의 도움을 필요로 한다는 것을 알고, 그들의 성장을 위해 많은 수고를 하였다. 하지만 그는 처음부터 그들이 성령을 소유하고 성령의 은사를 부여받아, 하나님과 다른 지체들과의 관계 속에 깊이 뿌리 내릴 수 있는 무한한 잠재력을 갖고 있다는 사실을 깊이 인식하고 있었다(살전 4:8; 갈 3:3-5; 고전 2:12-16; 롬 8:9-14). 따라서 바울은 자신의 사도적 권위를 "성도를 온전하게 하여 봉사의 일을 하게 하며 그리스도의 몸을 세우려는" 목적으로 행사했다(엡 4:12). 말하자면 몸의 지체들을 훈련시켜 그들이 공동체를 효과적으로 섬길 수 있도록 많은 은사들 중 하나로 공동체 안에서 자기 권위를 행사하는 것이다. 바로 여기에 사도 바울이 짧은 기간 동안 지중해 연안에 수많은 교회들을 세운, 놀라운 성공 비결이 있다.

바울은 자신의 사도적 부르심과 여러 비범한 은사 그리고 교회를 세운 많은 수고에도 불구하고, 교회들 위에 군림하지 않고 그들을 권위적으로 대하지 않았다. 그는 독재적으로 명령하지 않고, 자신의 뜻에 복종하도록 강요하지 않은 것이다. 대신에 바울이 자기 공동체들을 가르칠 때 사용했던 용어로는 격려와 호소와 권면의 단어들이 가장 빈번하게 나타난다. 고린도후서 1장 24절은 바울이 자기 교회들에게 견지했던 태도의 핵심을 보여 준다. "우리가 너희 믿음을 주관하려는 것이 아니요 오직 너희 기쁨을 돕는 자가 되려 함이니."

바울에게 있어서 교회의 주인은 자신이 아니라 그리스도시다(고후 4:5). 그런데 그리스도는 "근본 하나님의 본체시나 하나님과 동등됨을 취할 것으로 여기지 아니하시고 오히려 자기를 비워 종의 형체를 가지사 … 죽기까지 복종하셨다"(빌 2:6-8). 이런 그리스도의 복음은 세상에서 사람들을 변화시키며, 그들 가운데 하나님의 새로운 나라를 계속 세워 나가는 능력을 발휘한다.

자기희생적인 섬김만이 세상을 변화시킨다. 진정한 권위는 말과 행위로 사람들을 섬김으로써 나타난다. 사람들을 세상적인 힘으로 지배하려 하는 것은 아무리 의도가 선해도 감동을 줄 수 없고 존경심을 불러일으킬 수도 없다. 바울은 자기를 희생하여 사람들을 섬김으로 그리스도를 본받고 그리스도를 화려하게 드러냈다(예-살전 2:8). 바로 여기에 모든 시대, 모든 사람들에게 미치는 그의 영향력의 비밀이 있다.


## 5. 세상에 대한 교회의 사명

지금까지 우리는 교회 공동체의 내적 세움에 대한 바울의 견해를 고찰해 보았다. 마지막으로 살펴볼 것은 교회 공동체의 외적 성장, 곧 외향적 선교에 대한 그의 입장이다. 내적 세움과 외적 세움은 분리될 수 없다. 이 둘은 같이 가야 교회 공동체가 진정으로 세움을 받게 된다.

처음에 언뜻 보면 바울서신에는 선교적 활동을 고무하는 말씀이 거의 없는 것 같다. 하지만 자세히 들여다보면 이것은 전혀 사실이 아니라는 것을 곧 바로 알게 된다.

바울이 볼 때, 복음 전파와 선교는 그리스도의 승천과 재림 사이의 중간기 동안에 가져야 할 교회의 본질적 사명이다. 우리는 교회의 본질적 사명을 다른 일에서 찾아서는 안 된다. 바울에게 주어진 특수한 임무도 복음을 전파하여 모든 민족이 믿고 순종하게 하려는 것이었다(롬 1:5; 16:26).

사실 복음 선포는 예수님이 제자들에게 가장 우선적으로 당부하신 사명이다(막 1:35-38; 16:15; 마 28:18-20; 행 1:8; 고전 1:17; 참조. 딤후 4:1-2). 이 사명을 수행하기 위하여 바울은 한 곳에서 다른 곳으로 계속 이동했다. 로마서 15장 19-24절에 의하면, 그는 예루살렘에서 일루리곤까지 이동했고, 또 일루리곤에서 로마를 거쳐 스페인까지 가야만 했다. 결과적으로 복음이 로마제국 전역에서 열매를 맺으며 퍼져 나갔다(골 1:6; 참조. 1:23). 바울의 모든 사역은 하나님에 의해 구원받기로 작정한 이방인과 유대인의 충만한 수를 채우는 데 집중되었다(롬 11:25-26). 바울은 그 충만한 수가 채워지면 인류 역사도 끝이 나고, 그리스도의 초림으로 시작된 종말이 완성된다고 전망했다(롬 11:15).

전 세계의 복음화와 교회의 전 세계적 확장이라는 거대한 비전 때문에, 바울은 이미 구원받은 교회가 범사에 선교적 자세를 취해야 하며, 선교 사역에 여러 방식으로 참여하도록 권하고 있다. 그는 여러 곳에서 자신과 자신의 선교 사역을 위해 중보기도를 요청하고 있다. 곧 "전도할 문을 열어 주시고"(골 4:3), "입을 열어 복음의 비밀을 담대히 알리게 하시고"(엡 6:19), "주의 말씀이 퍼져 나가 영광스럽게 되게"(살후 3:1) 해 달라는 기도를 부탁한다. 더 나아가 자신의 선교 여행을 위해 실제적 도움을 달라고 자주 요청한다(고전 16:6, 11; 고후 1:16; 롬 15:24; 딛 3:13).

여기 괄호 안에 언급된 성경구절들에는 하나의 특수한 용어가 그 도움을 청하는 데 사용되고 있다. 그것은 '보내 주다'(프로펨포)라는 동사다. '프로펨포'는 '여행을 도와주다'라는 뜻이다. 곧 양식이나 돈이나 기타 여행에 필요한 것과 길동무를 붙여서 여행을 보내는 것을 의미한다. 이 동사는 선교사 지원을 의미하는 초기 기독교의 언어다(행 15:3; 20:38; 21:5; 요삼 6절도 보라). 이런 도움은 우발적인 도움을 주는 것이거나 교회가 사도의 사역에 동정을 표하는 정도가 아니라, 오히려 선교하는 교회로서의 자신의 존재 양식을 반영하는 것이다.

이 선교적 자세는 간접적으로 교회 공동체의 거룩한 삶과도 일치하고 있다. 성도들은 불신자들의 박해에 미움이 아니라 온유함으로 대응하며, "모든 사람 앞에서 선한 일을 도모해야" 한다(롬 12:17). 그리고 불신자들의 인정을 받고 그들과 화목하기 위하여 할 수 있는 모든 일을 행해야 한다(롬 12:18). 원수들에게도 먹을 것과 마실 것을 주어야 한다(롬 12:20). 성도들은 무슨 일을 하든지 불평하거나 다투지 말고, 흠 잡힐 데 없고 순결한 사람이 되어, 악하고 비뚤어진 세대에서 세상을 비추는 빛이 되어야 한다(빌 2:14-15; 참조, 살전 5:5). 그리고 우호와 관용을 모든 사람들에게 나타내야 하며(빌 4:5), "각각 자기 일을 돌볼 뿐더러 또한 각각 다른 사람들의 일을 돌보아야" 한다(빌 2:4). 또 외부 사람들을 예의 바르게 대하고, 아무에게도 신세를 지는 일이 없도록 해야 한다(살전 4:12). 성도들의 말은 소금으로 맛을 내어 언제나 은혜가 넘쳐야 한다(골 4:6). 성도들은 "선한 일에 힘써야" 하고(딛 3:8), 대적하는 자가 흠잡을 근거를 찾지 못하도록 순결한 삶을 살아야 한다(딛 2:8). 그리고 성도들은 "그리스도의 복음에 합당하게 생활해야" 한다(빌 1:27). 특별히 마지막 권면에는 선교적 동기가 강하게 나타나 있다.

이러한 선교적 삶에 대한 권면들과 함께, 좀 더 직접적이고 의도적인 선교에의 부름이 있다. 바울은 여러 곳에서 그리스도와 사도인 자신을 본받으라고 격려한다(고전 4:16; 11:1; 살전 1:6). 그리스도는 죄인들을 구원하시기 위해 친히 종이 되어 십자가에서 죽기까지 자신을 희생하셨다(빌 2:7-8). 이런 그리스도를 본받아 바울은 복음을 위해 모든 것을 포기하고 모든 사람들의 종이 됨으로써 가능한 한 많은 사람들이 복음을 듣고 구원받게 되길 소원했다(고전 9장).

그러면서 그는 성도들에게 다음과 같이 요청했다. "나와 같이 모든 일에 모든 사람을 기쁘게 하여 자신의 유익을 구하지 아니하고 많은 사람의 유익을 구하여 그들로 구원을 받게 하라 내가 그리스도를 본받는 자가 된 것같이 너희는 나를 본받는 자가 되라"(고전 10:33-11:1). 이 말씀에서 우리는 그리스도와 사도를 본받는 자가 되는 것과 많은 사람들을 구원하기 위해 모든 사람들의 종이 되는 것이 직결되어 있음을 본다.

선교 활동에 대해 좀 더 직접적으로 자극을 주는 말씀들도 있다. 에베소서 6장 15절에서 바울은 평화의 복음을 선포할 준비를 갖추라고 말한다. 그리고 골로새서 4장 5절에서는 "외인에게 대해서는 지혜로 행하여 세월을 아끼라"고 권면한다. 여기서 "세월을 아끼라"는 말은 시간이 제공하는 기회를 최대한 이용하라는 의미를 지니고 있다. 세월이라는 것은 무상한 것으로, 그리스도의 재림과 함께 끝나게 될 잠시 동안의 유예기간과 같은 것이다. 하지만 성도들에게는 이 기간이 대단히 값지며, 그리스도를 증언할 수 있는 기회를 제공한다. 그러므로 바울은 세월을 최대한 아껴 매 순간을 복음 전파의 기회로 삼아야 한다고 충고한다. 바울에게 있어서 성도들이 지혜롭지 못하게 처신하여 교회의 가장 중요한 사명이 실패로 끝나는 것은 최대의 비극이다.

교회들은 이러한 바울의 선교적 권면에 순종했다. 성도들은 선교사들을 위해 중보 기도하고 그들에게 실제적인 지원을 했을 뿐만 아니라(빌 1:5), 세상에서 말과 선한 행실로 복음을 전파하였다. 그 결과 복음은 처음부터 빠른 속도로 외부 세계를 향해 퍼져 나갔다(살전 1:8; 롬 1:8).

이상에서 본 바와 같이, 말로나 행위로나 또는 직접으로든 간접으로든 복음 전파가 세상을 향한 교회의 본질적인 사명이라는 사실은 바울서신 여러 곳에서 확증된다. 사도 바울 자신의 사역에서와 똑같이, 복음 전파의 가장 깊은 동기는 교회가 그리스도 안에 있는 하나님의 종말론적인 구원의 계시자라는 사실이다(엡 3:8-10). 교회는 그리스도의 몸이며, 온 세상을 구원하시려는 하나님의 계획이 교회 안에서 그리고 교회를 통하여 완전히 이루어진다(엡 1:23).

바울의 교회 이해를 간단히 정리하면, 다음과 같다.

1) 교회(에클레시아)는 그리스도인들의 실제적 모임이나 그리스도인들이 정기적으로 모이는 공동체를 가리킨다.
2) 그리스도인들의 모임은 작은 가정교회 모임과 작은 가정교회들의 연합 모임('온 교회')이 있었다. 두 모임 모두 개인의 가정에서 모이는 가정교회였다. 사실 바울서신과 신약성경에 언급된 지역 교회들은 하나도 예외 없이 가정교회다.
3) 매주 가정집에서 모이는 그리스도인 공동체는 하나님을 아버지로 모신, 사랑의 가족 공동체다.
4) 그리스도인 공동체는 몸에 비유되는데, 이것은 몸의 모든 지체들이 자신의 은사를 따라 능동적인 봉사를 해야 합당하게 기능하는 공동체이기 때문이다.
5) 그리스도인 공동체의 모임에는 다양한 예배 활동과 은사 나눔이 있었는데, 이런 활동들의 목적은 공동체 지체들의 다양한 필요를 채워 줌으로써 서로를 세워 주는 것이다.

6) 모든 지체들은 공동체에서 특정한 역할을 수행하여 공동체 일에 공동으로 참여하고 책임을 진다.

7) 어떤 지체들은 다른 지체들보다 자발적으로 특별한 섬김에 헌신하여 더 많은 수고를 한다. 곧 자기 집을 공동체 모임 장소로 제공하고 성도들을 섬기며 권한다. 공동체의 역할은 감사와 존경의 마음을 가지고 그런 인물들에게 순종하는 것이다.

8) 바울은 사도지만 교회 위에 군림하지 않고, 섬기러 오신 그리스도를 본받아 교회를 섬겼다. 그리고 성도들을 훈련시켜, 그들이 공동체를 효과적으로 섬겨 공동체를 세우도록 하였다.

9) 말로나 행위로나 또는 직접으로든 간접으로든 복음을 전파하는 것은 세상을 향한 교회의 본질적 사명이다. 온 세상을 구원하시려는 하나님의 계획은 교회를 통해 이루어진다.

초기 기독교 역사 약 300년 동안 교회가 전혀 문제가 없었던 것은 아니지만, 바울의 교회 이상과 대체로 일치하였다. 초대교회 그리스도인들은 모이면 서로 사랑하고 각자 자기 은사를 가지고 서로의 다양한 필요를 채워 주었고, 흩어지면 기회가 있을 때마다 말과 행위로 복음을 전파하였다. 그리하여 기독교는 A.D. 313년 거대한 로마 제국의 공인을 받았다. 박해받는 소수 종교였던 기독교가 제국의 공식적인 종교가 된 것이다.

그런데 기독교 공인 이후 웅장한 바실리카(직사각형의 교회당 건물)의 출현과 함께 발생한 가정교회의 소멸 그리고 고대 후기에 시작되어 중세 초기에 빠른 속도로 교회 안에 정착된 성직자주의로 인하여, 교회와 그리스도인의 삶에 대한 이해는 심각한 질적 변화를 겪게 되었다. 교회는 그리스도인들의 공동체가 아니라 건물로 이해되고, 교회 안에서 가족 공동체의 특성이 상실되고 개인주의가 뿌리내리게 되었다. 또한 성직자와 평신도가 구분되기 시작하면서 만인제사장의 근원적 의미가 사라지고, 리더십이 소수의 성직자에게 집중되었다. 성직자는 자신들만이 성령을 소유하고 있다고 착각하고 일반 성도들 가운데 성령이 역사하는 것을 가로막았다. 그럼으로써 성직자는 섬기는 종이 아니라 군림하고 지배하는 특권층이 되고, 평신도는 자기 은사로 그리스도의 몸을 세우는 능동적 사역을 빼앗기고 예배의 수동적 관람객으로 전락하였다. 점차 성령의 불은 교회 안에서 꺼져 갔다. 불행하게도 현재의 교회는 이런 타락의 역사에서 자유롭지 못하다. 우리는 근원에서 멀어진 현재의 수치스런 모습을 겸손하게 인정해야 한다.

참으로 다행한 것은 현재의 교회가 자기 안에 수많은 문제들을 인식하고 신약성경으로 돌아가고자 노력하고 있다는 것이다. 하지만 아직도 초대교회와 현재의 교회 사이에는 엄청난 거리가 있다. 현재의 교회는 다시 근원과 본질로 돌아가야 한다. 성령이 다시 교회 안에서 아무런 방해 없이 자유롭고 역동적으로 역사하도록 해야 한다. 교회가 근원과 근본에 뿌리내리지 않으면, 시대적 유행을 따르거나 분명한 목표 없이 바람 부는 대로 표류하게 될 것이다. 교회의 근원, 처음 역사 그리고 처음 단계에 성령의 가장 자유로운 역사, 가장 창조적인 깊이, 가장 풍요로운 생명 그리고 가장 희망찬 미래가 있었다. 교회가 근원적인 형태와 본질로 되돌아간다면, 교회는 다시 성령과 은사와 사랑과 생명으로 충만하게 될 것이다. 그러면 세상은 다시 교회에 희망을 걸고 교회로 돌아올 것이다. 교회 회복에 온 세상의 회복이 달려 있다!